ESSAI
DE
MÉTAPHYSIQUE POSITIVE

PA

M. DO...

Associé corres...

EN VENTE A LA MÊME LIBRAIRIE

DOMET DE VORGES
La Métaphysique en présence des sciences. 1 vol. in-12.. 2 fr. 50

WADDINGTON (CH.)
Dieu et la Conscience. 2ᵉ édit. 1 vol. in-12............ 3 fr. 50

BAGUENAULT DE PUCHESSE
L'Immortalité. — *La mort et la vie.* 3ᵉ édit. revue. 1 vol.. 3 fr. 50

BAUTAIN (L'ABBÉ)
La Conscience ou la Règle des actions humaines. 2ᵉ édit. 1 vol. 3 fr. 50

COUSIN
Introduction à l'histoire de la Philosophie. (Cours de 1828). 1 vol.. 3 fr. 50
Premiers essais de philosophie. (Cours de 1815). Nouvelle édition. 1 vol. in-12.................................... 3 fr. 50
Du vrai, du beau et du bien. 21ᵉ édit. 1 vol........ 3 fr. 50
Philosophie de Locke. (Cours de 1830.) Nouv. édit. 1 vol. 3 fr. 50

SAISSET
Descartes, ses Précurseurs, ses Disciples. 2ᵉ édition. 1 vol... 3 fr. 50
Le Scepticisme, Ænésidème, Pascal, Kant, etc. 2ᵉ édit. 1 vol... 3 fr. 50

FERRAZ
Philosophie du devoir. (*Ouvrage couronné par l'Académie française*). 2ᵉ édit. 1 vol.................. 3 fr. 50
Nos devoirs et nos droits. — Morale pratique. 1 vol. 3 fr. 50
Histoire de la philosophie en France au XIXᵉ siècle :
  1ʳᵉ partie : *Socialisme, Naturalisme*, etc. 3ᵉ édit. 1 vol...... 4 fr. »»
  2ᵉ partie : *Ultramontanisme et Traditionalisme.* 2ᵉ édit. 1 vol. 4 fr. »»

J.-J. AMPÈRE
Philosophie des deux Ampère, avec introduction de BARTHÉLEMY SAINT-HILAIRE. 2ᵉ édit. 1 vol.................. 3 fr. 50

A. DE MARGERIE
Théodicée. — Dieu, la création, etc. (*Ouvrage couronné par l'Académie française*). 3ᵉ édit. 2 vol........... 7 fr. »»
Philosophie contemporaine. 1 vol.................... 3 fr. 50

MÉTAPHYSIQUE POSITIVE

DU MÊME AUTEUR

LA MÉTAPHYSIQUE

EN PRÉSENCE DES SCIENCES

Paris 1875

1 vol. . . . . 2 fr. 50

ESSAI
DE
MÉTAPHYSIQUE POSITIVE

PAR

M. DOMET DE VORGES

Associé correspondant de l'Académie d'Amiens, Membre
de la Société scientifique de Bruxelles.

OUVRAGE HONORÉ D'UNE MENTION A L'ACADÉMIE DES SCIENCES
MORALES ET POLITIQUES

Omnia esse propter suam operationem
(*Suar disput. metaph.* disp. 18 sec. 1.)

PARIS

LIBRAIRIE ACADÉMIQUE

DIDIER ET Cⁱᵉ, LIBRAIRES-ÉDITEURS

35, QUAI DES AUGUSTINS, 35

1883

Tous droits réservés.

AVANT-PROPOS

Montrer que la vraie métaphysique, la métaphysique d'Aristote et de ses successeurs, est une science positive, qu'elle remplit toutes les conditions d'une science, qu'elle est fondée comme toute autre science sur des faits élaborés par le raisonnement et l'analyse : tel est le but du présent essai.

L'occasion de ce travail a été fournie par un concours ouvert il y a quelques années devant l'Académie des sciences morales et politiques. L'Académie avait proposé pour sujet d'étude : la métaphysique considérée comme science. Douze mémoires, si nous ne nous trompons, ont répondu à l'appel : deux prix et deux mentions honorables ont été accordés. Le traité que nous publions aujourd'hui a obtenu une mention.

Nos concurrents plus heureux ont déjà publié

leurs mémoires. Nous avons cru, bien que moins favorisés, devoir faire comme eux. Il nous a semblé que le point de vue auquel nous nous sommes placés étant très différent du leur, il y aurait intérêt à mettre en lumière cette autre face de la question. Nous croyons en effet que les problèmes signalés par l'Académie ne peuvent être bien résolus qu'en s'appuyant sur la grande scolastique du XIIIe siècle, actuellement si peu connue. Sans suivre servilement cette philosophie, qui nous paraît avoir besoin de quelques modifications en vue des progrès réalisés depuis, nous la regardons, principalement en métaphysique générale, comme un guide excellent, et nous sommes persuadés que si l'Académie a accordé quelque attention à notre mémoire, c'est en raison des vues que nous a inspirées l'étude des vieux docteurs. Nous voudrions faire partager cette conviction aux amis de la philosophie pour l'honneur d'une science qui a été si longtemps la gloire de l'Université de Paris.

Nous comprenons d'ailleurs que l'Académie en décernant une mention honorable témoigne que l'ouvrage ainsi récompensé renferme des aperçus utiles, mais qu'il est imparfait. Aussi nous sommes-nous attachés à l'améliorer sans en altérer l'esprit général. La première partie notamment a été refaite toute entière, et ce travail est un des motifs qui ont retardé notre publication.

ESSAI
DE
MÉTAPHYSIQUE POSITIVE

> Omnia esse propter suam operationem. (Suar. disput. metaph. disp. 18 sec 1.)

INTRODUCTION

La métaphysique est bien déchue dans l'opinion des peuples modernes. N'y a-t-il pas en cela quelque ingratitude ? Sans doute la métaphysique ancienne n'a ni tout expliqué ni tout deviné. Le vouloir a peut-être été son tort, ce qui est le tort de l'esprit humain lui-même. Mais quelle forte gymnastique intellectuelle, quelle puissante préparation à la science moderne, que ces discussions interminables si l'on veut et subtiles, ne laissant néanmoins aucune idée qui ne fut contrôlée, aucun point qui ne fut examiné sous tous les aspects !

Aujourd'hui c'est la matière que l'on interroge, que l'on ramène à ses derniers éléments. On veut savoir de quels atômes chaque corps est composé et de combien d'atômes ; on veut arriver aux forces particulières dont l'ensemble constitue les grandes forces de la nature.[1] On a parfaitement raison, l'homme qui ne sait qu'en gros, ne sait rien. Mais n'a-t-on pas trop abandonné cet esprit de recherche et d'exactitude en ce qui concerne les choses de l'intelligence? Ce serait une grande erreur de croire que nous connaissons seulement l'univers par les qualités et les changements sensibles que nous fournit l'observation. Nous en connaissons plusieurs autres conditions que l'on ne saurait rapporter à aucun sens. Ce sont ces conditions que représentent les notions imprimées dans notre âme. Une science incomplète les nie sans pouvoir s'en passer ; elle ne les remarque pas parce qu'elle ne sait pas les démêler derrière les données sensibles. Mais une science complète doit les préciser aussi bien que les conditions expérimentales: c'est pourquoi il faut une métaphysique.

L'oubli de ce genre d'études crée pour la science moderne un péril sérieux. Que servirait en effet au savant d'avoir analysé le monde entier, s'il ne

---

[1] Helmholtz, *Rev. scient.*, n° 28. 1872-1873.

comprenait pas lui-même les conclusions auxquelles il arrive. Ce n'est pas tout de connaître les faits, il faut encore saisir leur signification intime ; or cette signification ne peut être exactement connue si l'on ne conçoit clairement les principes dont les faits sont la manifestation. Une partie de la vérité reste donc nécessairement lettre close pour le savant qui n'a pas reçu une forte éducation philosophique, et il risque de s'égarer dans des hypothèses inconcevables et contradictoires aux yeux de qui s'est rendu un compte exact des conditions générales des êtres.

Si l'antiquité a voulu tout voir de l'œil droit, tâchons de ne pas crever cet œil pour nous réduire à tout voir de l'œil gauche. Si elle a voulu juger de tout par les seuls principes, tâchons de ne pas nous enfermer dans la contemplation des faits matériels. Je ne dirai pas comme Platon que les faits ne valent pas la peine d'une étude. Il faut les étudier puisque nous passons au milieu d'eux, avec eux et que nous avons besoin de leur secours. Il faut les étudier parce qu'eux seuls en définitive, si nous ne voulons nous jeter dans des spéculations extra-scientifiques, peuvent nous renseigner sur les choses éternelles.

Mais il faut les étudier sous les deux faces. Tout

en développant les études expérimentales, remettons-nous donc à cultiver cette faculté qui va vers l'essence des choses, qui lit en elles, comme l'indiquait admirablement le terme latin *intelligere*, qui démêle ce que les apparences passagères couvrent d'immuable. Rendons à la métaphysique son rang qui est d'être la science dernière, celle qui résume et complète toutes les autres, qui prend le monde tel que l'observation la plus parfaite le donne et cherche ce qu'il en faut conclure pour la partie que les observations n'atteignent pas. Comprenons avec l'antiquité que la métaphysique est la science maîtresse, non pas que les autres sciences ne puissent se constituer sans son concours, mais parce qu'elle fournit leurs dernières conclusions et forme leur couronnement.

Telle a été cependant la révolution opérée dans l'esprit humain par le rapide essor des sciences physiques que beaucoup d'hommes, instruits d'ailleurs, ne veulent plus même reconnaître à la métaphysique le titre de science. Ils n'y voient qu'un roman mystique, une suite de fictions ingénieuses et de suppositions en l'air. Nous voudrions consacrer cet essai à combattre un préjugé si fâcheux et si contraire au développement régulier de la science et de la raison. Nous tâcherons de montrer que la métaphysique sainement entendue est vraiment une science et remplit toutes les conditions d'une science. Nous expliquerons ensuite sur quelle base légitime et pleinement expérimentale reposent les principes de cette science. Nous chercherons enfin la cause des incertitudes et des erreurs plus nombreuses dans la métaphysique que dans toute autre étude, erreurs qui nous paraissent presque toutes dériver de la tendance périlleuse d'un grand nombre de métaphysiciens à négliger les parties fondamentales de la science pour s'enfoncer dans la recherche de problèmes ardus, souvent prématurés et pour l'étude desquels ils ne se sont pas assurés d'abord les secours nécessaires.

PREMIÈRE PARTIE

LA MÉTAPHYSIQUE EST UNE SCIENCE

CHAPITRE I

DÉFINITION DE LA SCIENCE.

Pour reconnaître si la métaphysique est une science cherchons d'abord ce qu'est une science, quels caractères la font reconnaître et quels sont les procédés scientifiques. Si l'étude appelée métaphysique répond à notre définition et si elle emploie des procédés scientifiques, il sera impossible de lui contester le titre de science.

Nous définissons la science dans le sens le plus général, la connaissance distincte de la réalité. Une science, c'est la connaissance distincte d'un certain ordre de réalités.

Cette définition n'est pas sans analogie avec celle adoptée par un des chefs de l'école positiviste anglaise, M. Herbert Spencer : la science n'est pas autre chose, dit-il, qu'un développement supérieur de la connaissance vulgaire.[1] En effet le savant n'a pas d'autres facultés que le peuple, il ne connaît donc pas d'autres réalités, ou s'il en connaît d'autres, ce n'est que par le rapport qu'elles ont à des réalités connues de tous. Mais il connaît mieux, il distingue une foule de détails, de rapports et de conséquences que le vulgaire ne saisit pas ; et son œuvre est de tendre à connaître de mieux en mieux, de faire ressortir un nombre toujours plus grand de ces circonstances contenues implicitement et confusément dans la connaissance vulgaire.

Faut-il donc rejeter la belle et profonde définition d'Aristote : la science est la connaissance certaine et évidente des choses par leurs propres principes.[2] Non certes, cette définition reste vraie comme marquant l'idéal auquel la science doit tendre. La science complète, la science générale du monde ne sera faite que lorsqu'on pourra tout expliquer par les premières lois et par les premières causes. Mais ici nous cherchons une définition qui puisse

---

[1] *Premiers principes*, p. 17.
[2] *Eth.*, l. VI, ch. III.

convenir à chaque science particulière. Or plusieurs des sciences fondées dans l'âge moderne ne pourraient rentrer dans la définition d'Aristote.

L'antiquité n'ignorait pas l'utilité de l'observation, mais elle ne savait pas observer. Elle croyait que toute observation possible est renfermée dans l'usage ordinaire des sens, et elle n'avait aucune idée des méthodes particulières qui ont ouvert depuis un champ si vaste à l'étude expérimentale. Elle ne voyait donc autre chose à faire que d'appliquer les données de la raison aux faits connus : pour elle, il n'existait que des sciences rationnelles, et ce sont celles-là seulement que vise la définition d'Aristote. Mais les modernes se sont aperçus que la connaissance vulgaire est vague, confuse et inexacte sur beaucoup de points, que le seul travail de bien connaître les faits est déjà un labeur immense. Ils ont donc créé des sciences distinctes consacrées à développer et à rectifier l'observation et dont l'étude doit logiquement précéder et préparer celle des sciences rationnelles. A ces sciences nouvelles il faut évidemment une définition plus large.

Nous allons montrer d'ailleurs que notre définition est plus élevée qu'elle ne paraît au premier abord et quelle renferme les caractères des sciences

1.

rationnelles aussi bien que ceux des sciences expérimentales, les recherches les plus hautes de la spéculation aussi bien que l'étude matérielle des faits.

CHAPITRE II

CARACTÈRES GÉNÉRAUX DES SCIENCES.

Pour donner en effet à notre définition tout son développement et en apprécier exactement la valeur, nous devons rechercher quels sont les caractères généraux qu'elle implique et les conditions qu'elle suppose dans toute science véritablement digne de ce nom.

Elle nous apprend d'abord une chose fort importante, à savoir que la science doit être désintéressée. En effet si la science est la connaissance de la réalité, si c'est là son caractère propre et fondamental, elle ne peut se proposer un autre but, au moins un autre but dernier et principal sans changer de nature. Si on veut autre chose que connaître la réalité, on veut autre chose que la science; toute fin proposée en dehors de cette connaissance, si bonne qu'elle puisse être d'ailleurs, est nécessairement extra-scientifique.

C'est donc une faute de comprendre parmi les sciences proprement dites certaines connaissances directement ordonnées vers un but pratique, telle que la médecine, l'économie politique, etc... Ces connaissances appartiennent à un groupe distinct, celui des arts. J'accepterai le nom de sciences appliquées en vogue aujourd'hui, pour tenir compte de ce fait que la forme théorique et spéculative y a souvent une très grande place à côté de l'enseignement professionnel. Mais il nous paraîtrait dangereux de confondre dans la même catégorie des sciences dont le but propre est de savoir et d'autres qui ne sont complètes que quand elles ont abouti à des conclusions pratiques.

Cette distinction est en effet capitale ; car selon le but où tend une étude, elle requiert des conditions et des aptitudes différentes. La science pure convient aux esprits observateurs et méditatifs ; comme elle ne vise qu'à connaître ce qui est, elle ne demande qu'une intelligence patiente et pénétrante. La science appliquée au contraire, qui veut indiquer ce qu'il faut faire pour arriver à un résultat donné, est incomplète et incertaine sans le contrôle de la pratique, parce que les théories humaines sont toujours trop générales pour s'appliquer aux faits avec une parfaite sécurité. Un homme de cabinet peut suffire à la science pure, mais la science appliquée ne peut être bien enseignée que par un homme qui a pratiqué.

Conflerez-vous une chaire de pathologie à qui n'a jamais vu un malade ? La science appliquée organisée par les hommes de cabinet mène à l'utopie : c'est un danger dans lequel sont tombés trop souvent les économistes.

La science pure doit-elle donc rejeter toute considération pratique ? non assurément, ces considérations sont utiles et les applications qu'elles engendrent ne sont nullement à dédaigner. Elles contribuent d'ailleurs à la popularité de la science et par suite à son développement ; peu d'hommes étant capables de travailler par le seul amour de la vérité et sans un intérêt actuel. Mais il serait bien regrettable qu'on en vînt à organiser la science uniquement en vue des applications qu'elle peut fournir. En agissant ainsi, on la fausserait ; car on serait conduit à méconnaître l'importance objective de vérités qui ne seraient point immédiatement utiles. On la rendrait même inféconde ; car, ainsi que l'expérience nous l'apprend, les grandes découvertes qui ont enrichi notre époque ont presque toujours eu pour point de départ une étude qui semblait d'abord purement théorique. La science ne doit donc aller aux applications qu'indirectement et sans les avoir en vue ; elle cherche uniquement la vérité et il se trouve que la vérité est utile.

On est trop porté aujourd'hui à oublier ces considérations et à penser que la science doit être organisée en vue d'un résultat. Claude Bernard lui-même, malgré l'élévation de son esprit, paraissait croire que le but de la science est d'agir sur les phénomènes pour les diriger. Ce peut être le but du médecin ; ce n'est pas celui du savant.

Pourquoi étudier la science pure ? Pourquoi scruter tant de mystères dont la connaissance ne nous apportera peut-être jamais aucun avantage ? C'est une question que les âmes élevées ne poseront jamais. L'homme est fait pour la vérité, et ceux-là seuls sont pleinement hommes que des facultés supérieures ou un loisir intelligent ont mis à même de triompher des difficultés qui empêchent l'homme de vaquer à la vérité. On peut dire en un sens que le monde n'existe que pour ceux-là : « Humanum paucis vivit genus », disait un grand poëte. S'ils paraissent quelquefois ne servir à rien, c'est qu'ils sont, je parle ici dans l'ordre purement naturel, le terme final, l'épanouissement dernier de l'espèce. Il n'y a que les fins secondaires qui soient utiles.

Aussi la nature a-t-elle attaché à cette occupation une jouissance supérieure, moins enivrante peut-être, mais plus pleine, plus sereine et plus constante que toute autre jouissance. Puisque le bonheur dans la fin est ce qu'on appelle la béatitude, on peut dire que le savant est en possession de la béatitude possible ici-bas. Ce n'est pas une hyperbole que nous risquons ici. Nous reproduisons simplement l'opinion de l'école scolastique. Tout en reconnaissant que la béatitude suprême consiste dans la vue intuitive de Dieu, elle n'a pas hésité à enseigner que la science est une participation de la vraie et parfaite béatitude [1]. Et cela se comprend; la béatitude est la vue de Dieu en lui-même, la science est la vue de Dieu dans ses œuvres.

Telle est donc la grandeur de la science de n'avoir d'autre but qu'elle-même, d'être à elle-même sa fin.

Mais cette leçon n'est pas la seule que nous puissions recueillir de la définition proposée. Elle nous apprend encore et surtout que la science doit être objective. Elle doit être la représentation sciemment exacte de la réalité, autrement elle n'est

---

[1] Ita consideratio scientiarum speculativarum est quædam participatio veræ et perfectæ beatitudinis (S. Th. *Somme théol.*, I^a 2^æ q. 3 à 6.

pas la science. Si nos idées ne représentent pas la réalité telle qu'elle est en elle-même, elles peuvent constituer un roman plus ou moins ingénieux, mais non une science : la science, c'est voir ce qui est. Si nos idées représentent la réalité sans que nous nous en doutions, il n'y a rien à tirer d'une coïncidence qui nous échappe à nous-mêmes.

L'objectivité de la science est admise par tous en principe et cependant combien souvent dans la pratique on heurte cette vérité fondamentale. Laissons de côté ces théories subjectivistes, qui enseignent expressément, comme le font Kant ou Herbert Spencer, que nous ne connaissons directement que des modes de conscience [1]; affirmation fausse pour être incomplète, car ce qui est mode de conscience est en même temps et surtout acte de perception. Négligeons ces combinaisons sophistiques, ces rêves construits sur une idée sans souci d'en vérifier les conséquences, comme on en voit trop souvent en philosophie. La science même qui veut être sérieuse et objective, est rarement à l'abri de tout reproche. Il est plus difficile qu'on ne le croit de marcher toujours d'accord avec la réalité; le subjectivisme nous envahit à notre insu, et,

---

[1] *Premiers principes*, p. 160.

sans le vouloir, nous mêlons toujours à nos affirmations sur le monde quelque chose tiré de notre propre fond.

De là les erreurs de la science humaine et sa division en écoles nombreuses. Si tous ne voyaient que la réalité pure, il n'y aurait qu'une science, comme il n'y a qu'une vérité, qui n'est, suivant l'admirable pensée des scolastiques que la conformité du jugement aux choses [1]. Comment se fait-il donc que les intelligences les plus éminentes produisent souvent sur le même sujet des affirmations différentes, quelquefois contradictoires ? Chacune croit avoir la vérité, chacune en a ordinairement une partie ; mais elle exagère son point de vue par rapport à ses préoccupations particulières, en sorte que la vérité pure et simple est ce qu'il y a de plus rare au monde.

Les altérations subjectives de la science tiennent à deux causes principales : l'une est dans l'intelligence même, l'autre dans la volonté qui l'applique.

L'intelligence est par nature le miroir de la réalité, mais le miroir, si fidèle qu'il soit, est toujours un miroir. L'image qu'il donne représente bien les caractères de l'objet subsistant, mais dans des con-

---

[1] Veritatem esse conformitatem judicii ad rem cognitam. (Suar. *Disp. metaph.* disp. 8 sec. I.)

ditions différentes ; ainsi l'idée produite par l'intelligence représente exactement la réalité, mais elle n'existe pas du même genre d'existence que la réalité. La réalité est la chose subsistante, l'idée n'est que la chose pensée, et de cette différence fondamentale résultent plusieurs autres. Si l'on n'en tient pas compte on risque d'objectiver des chimères. Ainsi, au début de la scolastique, on a voulu déclarer l'existence propre et directe des universaux.

D'autre part la volonté de l'homme est faible, préoccupée, quelquefois perverse. Certains hommes ont un intérêt positif à ne pas voir la vérité. La plupart ont des préférences, fruit de l'éducation, du tempérament ou des habitudes, dont ils ne se défont ni volontiers, ni facilement. Or, bien que la volonté ne puisse faire voir à l'intelligence une chose qui ne lui est pas présente, elle possède un pouvoir très étendu pour détourner son attention, la porter toute entière du côté qui lui convient, et par là, non seulement lui cacher une partie des choses, mais encore lui faire accepter des conclusions sans valeur pour qui considèrerait les faits dans leur intégrité.

Quel remède à ces inconvénients ? Le premier et le plus simple est une très-grande attention, et le soin de se reporter aussi souvent que possible à la réalité concrète. Il n'y a pas de science si abstraite où l'on ne trouve quelquefois occasion de comparer les résultats avec les faits. Mais cette attention et ce soin sont peu de chose, si l'individu se tient renfermé en lui-même. Tant de causes d'erreur agissent sur nous à notre insu. Il faut donc un remède plus efficace. Ce remède dont l'importance ne nous paraît pas assez comprise est dans la multitude des travailleurs. On recherche les travailleurs dans les sciences expérimentales pour pouvoir accumuler un plus grand nombre de faits. Ce motif est juste, mais il ne doit pas être le seul ni même le principal. Il faut beaucoup de travailleurs dans toutes les sciences, parce que les éléments subjectifs, nécessairement variés, se neutralisent ; parce que le point de vue de chacun est rectifié par celui des autres ; que les conceptions individuelles s'évanouissent dans la comparaison des divers travaux, et que l'on peut ainsi approcher indéfiniment de la vérité.

Qui nous délivrera de la science isolée, de la science personnelle, de la science dite originale, comme on se la permet trop souvent en philosophie ? On admire beaucoup certains travaux parce qu'ils offrent des conceptions imprévues et qu'ils portent l'empreinte d'une individualité puissante. Ce peut être de l'art, du grand art si l'on veut, une haute et sublime poésie, mais ce n'est pas, à ce point de vue du moins, de la science. Le propre de la science est d'être impersonnelle, de présenter des idées nettes, précises, accessibles à tous ceux qui veulent s'y appliquer. La science n'est pas le patrimoine d'un Platon, d'un Aristote, d'un Augustin ou d'un Leibniz. Elle est le patrimoine de l'humanité ! Et si Platon ou Leibniz ont mêlé à leur science quelque chose de trop personnel, quelque chose de trop particulier à leur génie propre, c'est précisément en cela qu'ils se sont ordinairement trompés.

Je le dis donc, non-seulement pour les simples amateurs, mais pour les plus grands génies, la science ne vit, ne s'affermit, ne se développe que par des comparaisons. Une idée n'a de valeur que lorsqu'elle a été examinée, contrôlée, adoptée par un grand nombre d'esprits. Les hommes de génie n'ont qu'un privilège, c'est de trouver plus facilement les bonnes idées. Mais leurs découvertes ne valent que par la généralité des adhésions et plus ces adhésions sont unanimes, plus les nouvelles affirmations acquièrent un haut degré de certitude.

Toutefois il manque encore quelque chose à une

idée admise par tous les contemporains. Elle n'est pas à l'abri de toutes les chances d'erreur et il existe un moyen de réduire celles-ci davantage. Ce moyen, c'est de comparer les travaux récents avec ceux des âges précédents. Si chaque homme a ses préjugés, chaque siècle a aussi les siens, d'autant plus dangereux que l'on s'en méfie moins, et que l'accord des savants d'une même époque leur confère une sorte d'autorité. Tel âge ne veut croire qu'aux faits d'observation physique, tel autre préfère l'observation intime, tel autre ne reconnaît de valeur qu'au raisonnement. Chacun, sujet à l'entraînement de son inclination particulière, déclare volontiers que les âges précédents ont été dépourvus d'esprit scientifique et que tout est à recommencer.

Il faut se garder d'une disposition si injuste qui ne peut avoir d'autre fondement qu'un grand orgueil et l'entêtement dans son propre sens. Il n'y a aucun motif de juger que les penseurs des âges précédents n'aient pas eu le même désir de la vérité, la même pénétration, la même puissance de raisonnement que nous possédons aujourd'hui. On serait plutôt tenté, en comparant les sommités des différents siècles, de croire le contraire. Quelle supériorité pouvons-nous donc avoir sur les anciens ?

une seule, celle d'être venus après eux et de profiter de leurs travaux. Est-il sage de réduire cet avantage autant qu'il est en nous en affectant d'ignorer leurs enseignements ou de les condamner en bloc ?

Au contraire la prudence autant que la modestie nous recommande de faire des études anciennes la base de nos propres études. Je ne dis pas de s'y conformer en tout, mais d'y prendre son point de départ. Ce point de départ n'est pas absolument exact; mais celui que vous imagineriez le serait-il davantage ? Voyez comme la science de l'individu se développe. Il recueille d'abord la science des maîtres, il se l'assimile ; et si cette science n'est point parfaite, c'est en se l'assimilant qu'il acquière la faculté de la rectifier. On ne le voit pas, rejetant un matin tout ce qu'il avait appris, tenter de faire une science nouvelle sur un plan nouveau ; ou plutôt on ne voit cela qu'en philosophie.

Ainsi doit se développer la science de l'humanité ! et cet enchaînement par lequel elle est transmise de mains en mains, corrigeant sans cesse les erreurs des premiers initiateurs, et éclairant de plus en plus les vérités qu'ils ont entrevues, est ce qu'on appelle la tradition.

La tradition est tout à la fois opposée à l'esprit

de nouveauté et à l'esprit de routine. L'esprit de nouveauté veut tout faire par lui-même, tout ce qu'il n'a pas découvert ne lui paraît pas mériter un examen sérieux. Il faut que la vérité date de lui. Quand cet esprit prédomine, l'humanité ressemble à un architecte qui recommencerait à chaque instant un plan nouveau et n'en finirait aucun.

La routine prétend au contraire tout conserver sans changement. Elle prétend, car M. Helmholtz l'a très-bien remarqué, elle ne conserve pas [1]. Ce n'est pas conserver la science que de conserver des formules dont le sens s'altère peu à peu, d'une manière d'autant plus dangereuse que personne n'en a conscience. La routine tient à cette timidité et à cette paresse d'esprit qui nous fait trouver plus commode et plus sûr de répéter l'opinion du maître : c'est le défaut des savants médiocres.

La vraie tradition est active ; elle s'appuie sur la formule ancienne, mais après l'avoir comprise, après en avoir pénétré le sens intime. Elle doit la comparer aux interprétations successives données par les âges précédents, la refaire pour ainsi dire à son propre compte avec les modifications qu'imposent les nouvelles découvertes, en se tenant toutefois aussi près que possible de l'esprit qui l'a

[1] *Rev. scient.*, 1878-1879 n° 1.

dictée. Rarement, il est utile de l'abandonner complètement. Ce n'est pas un travail facile, je l'avoue, et il expose à une grande responsabilité ; mais c'est l'unique moyen de faire progresser la science d'une manière régulière. Les doctrines de l'école varient ainsi peu à peu ; mais elles varient d'une manière consciente, raisonnée, méthodique, conservant une direction toujours une. C'est la seule perpétuité possible en ce monde. Quelques-uns croient que l'immobilité absolue est la permanence ; ils se trompent, l'immobilité, c'est la mort.

Nous insistons à dessein sur ces considérations ; elles touchent de près à la question qui nous occupe. Si la métaphysique n'avait pas abandonné brusquement ses traditions, si elle avait conservé l'allure régulière suivie par toutes les autres branches du savoir, nous ne serions pas obligés de prouver aujourd'hui qu'elle est une science.

Mais, dit-on, les nouvelles découvertes ont complètement changé l'aspect du monde, la philosophie moderne était donc obligée de se placer à un point de vue tout à fait nouveau.

Il y a dans cette excuse beaucoup d'exagération. Les nouvelles découvertes, si imprévues qu'elles fussent, ont bien pu changer profondément l'idée que nous nous faisions du monde physique, c'est-à-dire de cet ensemble de phénomènes qui se déroulent sous nos yeux, mais elles n'ont pas changé et ne pouvaient pas changer notre manière de concevoir ce que nous connaissons par la raison et la conscience. Or ce sont précisément ces choses qui sont le fondement de la philosophie. Il n'y a donc lieu de modifier l'ancienne philosophie que dans les détails et sur les points qui confinent à l'observation physique, tels que la théorie de la constitution des corps, et peut-être dans une moindre mesure, celles de la vie ou de la sensation. Ceux qui demandent des modifications plus intimes ou ne se rendent pas compte des principes qu'ils attaquent, ou se conduisent par des motifs cachés sous des prétextes scientifiques.

Bien plus profonde avait été au point de vue philosophique la révolution produite par l'apparition du christianisme. Par sa morale et par ses dogmes, il bouleversait complètement les idées que les anciens se faisaient des rapports des êtres et de leur origine. La croyance à la Trinité ouvrait un jour nouveau sur la constitution des êtres; la notion d'un Dieu créateur changeait totalement la manière de concevoir la matière.

Cependant les docteurs chrétiens n'ont point hésité à s'approprier la philosophie païenne, ils ont conservé ses méthodes et toutes celles de ses conclusions qui pouvaient s'accorder avec la religion nouvelle. Éclairés par la révélation, ils n'ont pas cru que ce fut un motif de repousser les lumières acquises jusque-là par la raison naturelle. Ils ont accepté et développé la tradition antique.

Nos pères ont rompu cette tradition au xvi° siècle : Car remonter, comme ils l'ont fait, à Platon et à Aristote, en négligeant saint Thomas et Suarez, c'était en philosophie comme si l'on abandonnait Cuvier et Élie de Beaumont pour s'arrêter à la géologie de Buffon. C'est à nous de renouer la chaîne, de reprendre en le corrigeant cet enseignement suivi qui s'était incessamment développé pendant près de deux mille ans. Alors la philosophie appuyée, non sur des opinions particulières, mais sur une série de déductions contrôlées successivement par les docteurs de tous les âges, n'apparaîtra plus comme un roman ou une fantaisie individuelle, mais comme une véritable science.

Ainsi la science, par le seul fait d'être essentiellement la connaissance de la réalité doit être désintéressée, objective et par suite traditionnelle, ce qui est le moyen le plus sûr, en dehors de l'observation externe souvent impossible, d'assurer son objectivité. Toutes les sciences régulièrement constituées ont ces caractères ; toutes sont organisées dans le but principal de savoir, et dans toutes chaque génération de savants s'appuie sur les travaux de la génération précédente, sauf à les réformer en cas de nécessité démontrée.

Mais la science n'est pas seulement une connaissance quelconque de la réalité, c'est encore, avons-nous dit, une connaissance distincte. Qu'est-à-dire ? et comment ce nouveau caractère la sépare-t-il des connaissances ordinaires ?

Nous croyons pouvoir dire que la connaissance scientifique est distincte de trois manières : 1° par une plus grande précision, en délimitant plus nettement les données confusément contenues dans la connaissance vulgaire ; 2° par une plus grande profondeur, en pénétrant dans ces détails intimes que le vulgaire ne connaît qu'implicitement ; 3° par plus d'étendue, en constatant les divers rapports des choses. Ces trois assertions demandent quelques développements.

Il n'est pas besoin d'une grande attention pour remarquer que l'homme ne connaît rien que par masses. Dans l'ordre physique le premier coup d'œil jeté sur le monde nous offre une plaque confuse de couleurs, il faut que l'expérience aidée du mouvement, nous habitue à mettre chaque objet à su place, et nous n'apprenons à faire complètement cette opération que pour une distance limitée. Au delà, les signes deviennent vagues, les illusions et les méprises continuelles. De même dans l'ordre des notions, nous n'envisageons nettement que celles qu'il nous a été donné de considérer à part. L'occasion nous en est presque toujours fournie par les besoins de la vie. Les notions qui n'ont point un rapport direct avec ces besoins restent ordinairement confuses dans une masse indistincte : on les possède sans s'en rendre compte.

Mais celui qui veut appliquer son intelligence non plus à la satisfaction des nécessités journalières, mais à la connaissance des choses, ne peut se contenter de ces notions confuses. Le raisonnement appuyé sur des idées vagues ne donnerait rien de certain ; il exposerait même à des chances d'erreur croissantes à mesure que la science s'éloignerait de son point de départ. Le premier soin du savant sera donc de distinguer nettement chaque objet et chaque idée, d'en bien marquer le caractère et d'en fixer exactement les limites. Il n'y a de science faite qu'où ce travail est accompli. Le caractère propre de la connaissance scientifique est donc d'être précise, et elle n'est scientifique que sur les points où elle est précise.

Ce caractère a une conséquence immédiate sur laquelle il est bon d'insister parce qu'elle est souvent mal comprise. Il s'agit de la nécessité d'un langage scientifique. « J'aime un langage que tous puissent entendre, » me disait un littérateur éminent. Il avait raison quand il s'agit d'exprimer des idées courantes telles que celles dont s'entretiennent la littérature et l'histoire. Mais il en est autrement dans la science ; un langage spécial y est de rigueur. Croit-on que les savants cherchent à s'entourer de mystères ? nullement : la science est à tous et tous peuvent apprendre le langage scientifique. Mais les notions de la science ne coïncidant pas exactement avec les notions vulgaires, il est indispensable sous peine de confusion de leur appliquer des termes différents. Le fait seul d'appliquer un mot ordinaire à une signification plus restreinte que celle admise par l'usage commun, constitue un langage à part ; or ce fait est fréquent et ne peut s'éviter. Le savant qui voudrait n'employer que le langage vulgaire en son sens vulgaire serait nécessairement inexact ; la clarté de son style ne serait qu'apparente, changée en obscurité dès qu'on voudrait pénétrer dans le vif des questions. On sait combien sont peu satisfaisants, au point de vue de la science sérieuse, les meilleurs ouvrages de vulgarisation.

Le langage scientifique doit-il être unique dans chaque science ? Du moment qu'un langage spécial est nécessaire, il me semble évident qu'il doit être le même pour tous. Quelques-uns paraissent croire que l'on doit donner toute liberté aux savants, à la seule condition que les termes soient bien définis : Il ne faut pas disputer sur les mots, dit-on. Assurément l'emploi de tel ou tel mot est de soi secondaire ; mais, en fait, la différence d'expression sur les notions de quelque importance introduit dans la science une véritable anarchie. N'oublions pas que la science est une œuvre commune, œuvre de toute l'humanité. S'il y a autant de langues que de savants, comment comparer les théories diverses ? quel travail ne faudrait-il pas pour saisir la véritable opinion de chacun ? Vous ne voulez pas de la formule en usage ; soit ! vous avez peut-être de bonnes raisons. Mais au moins indiquez-les. Précisez le sens de la formule au point de vue de ceux qui l'emploient ; montrez ce que ce sens a d'inexact, relevez les côtés négligés. J'admets qu'ensuite vous modifiez le sens de la formule ou que vous proposiez une formule nouvelle. Mais de grâce ne construisez pas de toutes pièces une théorie toute neuve sans préciser en quoi elle diffère des anciennes données. Autrement comment voulez-vous que l'on s'y reconnaisse et que l'on édifie avec des éléments pour ainsi dire incommensurables la science régulière et traditionnelle.

Dans toutes les sciences régulièrement constituées, le langage est uniforme. En astronomie, en physique, en chimie, etc., tous les auteurs expriment les mêmes données fondamentales par les mêmes formules. Au contraire en psychologie, en morale, en métaphysique, chacun s'arroge le droit de se forger un dictionnaire. Il y a presque autant de langages, on pourrait dire presque autant de sciences que d'auteurs. Les amateurs les moins préparés veulent aussi se donner le plaisir de traiter ces hautes questions, fabriquent leurs expressions tirées de leurs préoccupations habituelles, qui de la médecine, qui de la physique, qui de la physiologie. C'est une invasion des barbares !

La science veut donc une langue particulière parce qu'elle exige des notions plus précises que celles de la connaissance vulgaire. Mais il ne lui suffit pas de préciser les notions communes. Il faut encore les étudier plus à fond, entrer dans leur nature intime. Tout objet, tout concept, même celui qui paraît le plus simple à première vue, est en effet complexe. Il renferme des éléments divers que le vulgaire ne remarque pas et dont il n'a que faire. La science sépare ces éléments. Dans un corps où la simple vue ne saisit qu'une masse homogène, l'intelligence scientifique sait trouver une foule d'atômes et des atômes de natures diverses. Dans un être elle distingue cent propriétés inaperçues pour le plus grand nombre. Souvent les notions habituelles en sont bouleversées. Qu'est-ce qu'une graine pour le peuple ! un objet utile à un certain but dont il connaît le nom et la forme. Le savant y démêle un organisme dont il indique les différentes parties, ainsi que l'origine et la composition de chacune de ces parties. Quoi de plus simple pour l'œil vulgaire qu'un rayon de lumière ; le savant montre sous sa blancheur une foule de rayons colorés, il note même la trace des rayons éteints.

Mais où la science montre surtout sa grande supériorité, c'est dans l'étendue que lui donne l'étude des rapports qui relient les différents êtres. L'homme sans étude voit confusément ces rapports ; ils sont inhérents aux choses. Mais il ne s'en inquiète qu'autant qu'ils touchent à ses besoins. La science au contraire cherche les rapports essentiels, ceux qui sont fondés sur la nature même des êtres. Aussi ses classifications sont-elles souvent fort différentes de celles du vulgaire. Le fruit ou le légume de l'homme du peuple est tout autre chose que le fruit ou le légume du botaniste. Le sel ou l'acide dans l'usage commun ne rappelle point la même idée que le sel ou l'acide de la chimie. En un mot le savant classe les objets d'après leur valeur intrinsèque ; les autres hommes les classent d'après les circonstances extérieures.

Des rapports de ressemblance qui fondent les classifications, la science s'élève aux rapports de dépendance qui relient entre eux les êtres de l'univers. Elle note le rôle de chacun d'eux et ce qui détermine ce rôle ; elle formule des lois générales, qui permettent de prévoir les faits à venir par la règle des faits passés. Elle découvre dans chaque être la trace de sa dépendance vis-à-vis d'autres êtres et devine ainsi l'existence et certaines propriétés des êtres qu'elle ne connaît pas directement. Puisque l'inconnu agit sur le connu, on peut l'atteindre ; puisque Uranus a des perturbations, on a pu découvrir Neptune.

Par ces développements, notre conception de l'univers est peu à peu transformée : l'aspect extérieur des choses perd son importance, les apparences se dissipent, le décor tombe, et nous tendons à substituer aux caractères que nous fournissent les sens, des caractères purement intelligibles fondés sur des rapports et quelques notions générales. Telle est évidemment la tendance actuelle de la science sérieuse ; c'est ce que prépare l'invasion dans les sciences physiques des formules mathématiques, la théorie mécanique de la chaleur et la conception dynamique de l'univers. La science moderne n'est donc point réellement matérialiste ; elle marcherait plutôt à l'idéalisme ; et, si la métaphysique se met en mesure de prendre la tête du mouvement, nous arriverons peut-être à définir le monde avec de l'être et des rapports, quelque chose d'approchant, suivant la pensée de M. Henri Martin, de la manière dont Dieu l'envisage lui-même [1].

Aristote avait pressenti cette transformation quand il avait défini la science, la connaissance des choses par leurs propres principes. Son seul tort a été de vouloir arriver trop vite à cette science parfaite, d'avoir cru qu'il pourrait combler, en partant des principes, la distance énorme qui les sépare des faits apparents. La science moderne a montré que c'est au contraire en creusant les faits qu'on approche peu à peu des principes. Loin donc de redouter le progrès des sciences phy-

---

[1] *Phil. spir. de la nat.* t. I, p. 20. « voir la vérité à la manière
« de Dieu, voilà l'idéal. »

siques, nous y applaudissons de tout cœur. Nous voulons seulement maintenir les principes dans la région qui leur est propre, convaincus que le jour où les deux ordres d'étude arriveront à se toucher, ils s'uniront d'eux-mêmes, comme les deux électricités mises en présence s'élancent l'une vers l'autre.

Résumons-nous : La science est une connaissance distincte de la réalité, connaissance désintéressée, œuvre impersonnelle, précisant nettement les objets, pénétrant dans leur nature intime et mettant en relief leurs rapports divers. Elle a pour caractères extérieurs de suivre une tradition, sans s'y asservir et d'user d'un langage propre. On ne contestera pas, je pense, que ces caractères ne se rencontrent dans toutes les sciences considérées aujourd'hui comme faites, et les explications qui précèdent ont dû montrer qu'ils sont indispensables à toute science digne de ce nom. Il suffira donc d'établir que la métaphysique les possède pour montrer qu'elle est une science.

Mais auparavant nous voudrions dire quelques mots des procédés que les sciences emploient pour arriver au développement propre à chacune, parce que nous aurons également à établir qu'une métaphysique régulière n'emploie que des procédés de même nature.

CHAPITRE III

DES PROCÉDÉS SCIENTIFIQUES.

Nous avons dit que la connaissance scientifique est plus précise, plus approfondie et plus étendue que la connaissance vulgaire. Elle obtient ces trois qualités par l'emploi de trois moyens correspondants : l'observation, l'analyse et le raisonnement. L'observation fait connaître plus exactement l'objet, l'analyse en distingue les parties et le raisonnement met ses rapports en lumière.

L'observation scientifique n'est souvent distincte de l'observation vulgaire que par une attention plus soutenue. Les anciens n'observaient pas le monde physique avec d'autres moyens que le peuple, et dans le monde interne de l'âme il sera toujours impossible de faire autrement. La seule différence consiste alors en ce que le savant observe l'objet avec plus de suite, en note plus exactement les divers aspects et l'envisage surtout dans ses propriétés constitutives indépendamment de l'usage que l'on en peut tirer.

Mais dans les temps modernes on a découvert une foule d'instruments qui aident les sens, en accroissent la portée et par là même agrandissent considérablement l'étendue de l'univers observable. C'est un grand bienfait pour la science, car le point de départ de tous les progrès est dans des observations complètes. Ce que cette condition laisse à désirer, quand on emploie les sens seuls, on s'en aperçoit facilement aux anomalies et aux contradictions apparentes qu'offre à l'esprit, qui veut l'étudier de près, le monde sensible. Dès qu'on augmente la force des sens, leurs renseignements deviennent aussitôt plus intelligibles ; et plus d'une singularité qui embarrassait beaucoup les anciens a disparu devant une observation plus parfaite.

En dépit de tant de secours que les modernes se sont procurés, il reste encore beaucoup de difficultés à bien observer. On ne peut même jamais se flatter d'avoir fait une observation absolument complète. Le nombre des aspects d'un être est pour ainsi dire infini ; les plus savants ne peuvent pas tout voir. Que de traits inaperçus jusqu'au jour où une circonstance fortuite vient en révéler la valeur et dont la découverte change quelquefois des branches entières de la science !

Si l'on veut que l'observation scientifique porte autant que possible tous ses fruits, il importe beaucoup que les observateurs s'entendent pour suivre la même méthode et observer la même face des faits. Ainsi leurs observations deviennent comparables ; on peut facilement les contrôler l'une par l'autre et en déduire des conséquences sûres.

Telle science n'a pu se constituer définitivement que depuis qu'on a établi des règles fixes d'observation [1]. Il faut toujours en revenir au même point, la science est une œuvre commune et non isolée ; elle ne se forme que par le concours de tous.

On reproche souvent aux philosophes de ne pas aimer l'observation. Ce serait un grand tort, si toutefois ce reproche était fondé aussi souvent qu'on paraît le croire. Qu'un philosophe n'aime pas à faire lui-même des observations, c'est chose naturelle ; ce rôle ne lui appartient pas et la tendance de son esprit ne l'y a pas ordinairement préparé. Mais il doit savoir que la base de ses méditations est le monde réel, que par conséquent mieux on connaîtra le monde réel, plus le fondement de ses travaux sera solide et assuré. Il doit désirer les progrès de la science expérimentale, s'en enquérir avec soin, en tenir grand compte et ne pas regarder à sacrifier une théorie ancienne, si une nou-

---

[1] *La Météorologie.*

velle découverte vient à en détruire l'idée mère.
C'est du reste ce qu'ont fait beaucoup de philosophes et des plus grands, un Aristote, un Albert le Grand, un Leibniz. On les a toujours vus empressés de s'informer des nouveaux secrets révélés par une étude plus approfondie de la nature. La leçon du fait, j'entends du fait précis et scientifique, est en définitive la meilleure partout où elle est possible. Bien vain ou bien imprudent celui qui voudrait s'en passer.

Quand l'observation a suffisamment déterminé toutes les faces du sujet, il faut passer à l'analyse.

L'analyse a pour but d'entrer dans la nature intime du sujet ; c'est une observation plus profonde facilitée par des moyens particuliers dont l'effet est de mettre en évidence des circonstances que la simple observation n'atteindrait pas.

Ainsi la vue, aidée des meilleurs instruments, nous fera connaître la forme des corps, leurs mouvements et même le nombre de leurs parties ; mais elle ne nous apprendra rien sur la composition de ces parties. Il faudra des méthodes spéciales pour pénétrer plus avant. La chimie nous apprendra par ses décompositions à distinguer les éléments primitifs des corps ; l'anatomie nous fera connaître les éléments constitutifs de l'organisme vivant, et aujourd'hui l'anatomie ne se fait plus seulement par la dissection, on a des procédés très-ingénieux pour séparer les derniers éléments histologiques. La physique analyse la lumière par le prisme. La physiologie par la méthode que Claude Bernard a appelée expérimentation, met en relief une foule de propriétés du tissu vivant, en les obligeant à se manifester à part.

Les méthodes d'analyse sont, on le voit, de nature très-diverse ; mais quelles qu'elles soient, l'analyse a toujours un caractère propre qui la distingue de l'observation ; elle est active. Elle ne se contente pas de regarder le monde, elle le travaille en tous sens pour lui arracher ses secrets.

Le rôle de l'analyse est grand dans les sciences physiques. Ces sciences se sont transformées depuis que l'on s'est avisé que ce qui paraît simple à l'examen le plus attentif est encore très complexe et depuis qu'on a trouvé des moyens de réduire cette complexité.

Mais l'analyse matérielle dont nous parlons ici ne peut s'étendre au domaine entier de la science. Elle ne peut s'exercer que sur les corps, et encore faut-il que nous puissions agir sur ces corps. Elle laisse donc beaucoup de choses indistinctes ; beaucoup d'objets restent sans analyse bien qu'ils soient encore très-complexes. Enfin les notions dernières fournies par les objets analysés matériellement sont loin d'être parfaitement simples en elles-mêmes.

Cette situation est dangereuse, car tout ce qui n'est pas précisé, tout ce qui n'est pas actuellement saisi dans ses derniers éléments prête à des méprises et à des confusions qui troublent et retardent beaucoup la science. Le savoir ne sera parfait qu'après l'analyse complète de toutes les données. L'analyse matérielle ne pouvant s'étendre à tout, il est évident par là que les sciences expérimentales, quelles que soient leurs prétentions, ne peuvent arriver par elles seules au savoir complet et universel. Il faut y joindre un autre secours, l'analyse intellectuelle, domaine propre des sciences philosophiques.

L'analyse intellectuelle réduit la complexité des notions. Tantôt, elle se borne à décomposer ces notions elles-mêmes, à mettre en évidence leurs divers aspects; c'est l'analyse logique. Tantôt à l'aide de ces mêmes notions considérées comme représentant les choses, elle cherche à démêler dans les êtres ces derniers éléments que l'expérimentation physique ne peut atteindre; c'est l'analyse métaphysique.

Ainsi, j'ai la notion du beau. Tant que j'ignore les éléments qui constituent cette notion, je ne puis m'en servir avec sécurité ; je ne puis que déclarer l'impression produite sans la justifier. Ai-je compris au contraire que l'idée de beauté est formée de celles d'unité et de variété, qu'elle allie la fécondité et la simplicité de l'être, je puis juger exactement de ce qui est beau ; je m'appuie sur une analyse logique.

J'ai la notion de force : tant que je ne saurai pas exactement en quoi consiste la force, j'appliquerai le mot au hasard d'après des analogies vagues et je m'exposerai à confondre des choses essentiellement diverses. Je fais l'analyse logique de cette notion ; je reconnais que la force est l'aptitude à produire une action, ce que les scolastiques appelaient la causalité de la cause efficiente. Aussitôt je discerne les confusions cachées sous une foule de formules trop employées aujourd'hui. Ou si je préfère me réduire au sens du mot force en mécanique et n'appeler de ce nom que la quantité de mouvement dont chaque corps peut disposer, je n'essaierai pas de m'en servir en dehors de cette science spéciale, sans avoir exactement défini le mouvement, notion dont on parle tant de nos jours, qui paraît claire parce qu'elle est sensible, et qui est en réalité très obscure.

Mais au lieu de m'adresser aux notions je m'adresse aux choses : je prends les êtres ramenés par l'analyse matérielle à la plus grande simplicité, je me demande si ces derniers êtres simples ne cachent pas encore une certaine complexité, ne renferment pas des éléments divers quoiqu'inséparables en fait. Je reconnais que l'être n'est pas l'essence, que l'essence n'est pas la faculté, que la faculté n'est pas l'action que par conséquent on ne peut pas appliquer les mêmes conséquences à une chose, selon qu'elle est envisagée, dans son être, dans son essence ou dans ses actes. Alors je fais une analyse métaphysique, prolongement de l'analyse expérimentale dans la sphère où les moyens matériels ne réussissent plus.

Les savants contemporains se préoccupent trop peu de l'analyse intellectuelle. Ils croient avoir assez fait quand ils ont nettement distingué un ordre de phénomènes d'un autre. Ils ont peut-être assez fait, tant qu'ils se tiennent dans les limites de leur science particulière ; mais cela ne suffit pas, quand ils veulent, comme ils le veulent souvent, s'élever à des conceptions supérieures. Il faut alors, pour que la marche de l'esprit humain soit assurée, que les notions obtenues par les études expérimentales soient parfaitement éclairées et que les êtres soient résolus dans leurs dernières conditions intégrantes.

Je sais que l'analyse intellectuelle est particulièrement sujette à un défaut déjà signalé, l'introduction dans la connaissance d'éléments subjectifs. Ce défaut, l'analyse matérielle n'en est pas absolument exempte; il s'y glisse sous forme de procédés incomplets et de négligence dans les opérations. Mais il ne faut pas se dissimuler que l'analyse intellectuelle y est beaucoup plus exposée, lorsque le philosophe, cédant à des tendances personnelles, ne s'attache pas à tenir toujours son esprit en présence de la réalité.

Est-ce un motif pour l'abandonner? non, car sans elle il est impossible d'arriver aux dernières raisons des choses, d'avoir sur les objets les plus importants des notions parfaitement intelligibles et claires. Mais apportez l'attention la plus scrupuleuse; méfiez vous de votre sentiment propre; c'est ici surtout que la tradition est utile. Ne vous en écartez jamais sans motif rigoureusement déduit. Une analyse admise depuis longtemps, maniée et remaniée cent fois par une foule d'esprits supérieurs, a plus de chances d'être vraie que les aperçus les plus originaux d'un génie indépendant.

Les résultats de l'analyse intellectuelle sont

constatés par les définitions. De même que, dans les sciences expérimentales, on conserve des échantillons classés et étiquetés qui représentent les découvertes accomplies ; de même, pour tout ce qui est insaisissable aux sens, on conserve des définitions qui résument le travail des maîtres. Les définitions sont le nerf des sciences suprasensibles ; elles en sont la base, le moyen et le but. Il faut définir pour préciser l'objet d'une étude, pour diriger le raisonnement avec sûreté, pour formuler les conclusions de la science. On ne peut se flatter de bien connaître un objet, s'il n'est pas nettement défini.

Ce n'est pas une chose simple et facile que de produire une bonne définition. Il ne suffit pas d'indiquer dans l'objet deux ou trois caractères arbitrairement choisis, alors même que ces caractères seraient spéciaux. C'en est assez peut-être pour la définition de nom qui sert au début d'une science à distinguer de tout autre l'objet que l'on veut étudier. Mais on ne saurait appuyer sur une semblable définition une démonstration sérieuse.

La vraie définition, qui est la définition essentielle, a d'autres exigences. Elle doit indiquer, non tel ou tel caractère distinctif, mais le caractère essentiel, celui sans lequel la chose n'existerait pas. Une telle définition ne peut souvent être formulée que comme conclusion de toute une science. Quelle différence entre la définition de la lumière par le commun des hommes et celle qu'en pourrait donner un Fresnel ou un Arago. Il n'y en a pourtant qu'une bonne, celle qui indique la véritable nature de l'objet.

Les scolastiques ne connaissaient pas dans l'ordre physique ces définitions profondes, fruit d'une observation prolongée et d'une expérimentation habile, mais ils avaient une méthode excellente pour définir les objets dès que l'expérimentation a terminé son rôle. Ils avaient pour règle de définir par le genre et par l'espèce ; c'est-à-dire de prendre le caractère qui différencie l'espèce de toute autre et de l'ajouter au genre immédiatement supérieur. On évitait par cette précaution les marques accidentelles et sans portée ; il était difficile que le caractère ainsi choisi ne fut pas essentiel ou du moins ne renfermât pas le caractère essentiel.

Toutes les fois qu'il s'agit de philosophie, c'est-à-dire d'étudier des réalités que les sens n'atteignent pas, la définition essentielle est de la plus haute importance. On reconnaît son exactitude à ce qu'on ne pourrait nier le caractère indiqué, sans nier la chose même à laquelle la définition s'applique. « La définition essentielle, dit le P. Liberature, détermine l'objet par les principes qui constituent sa nature intime. Elle donne dans une brève formule tout ce qui le concerne, et c'est à bon droit qu'on la regarde comme la base de toute démonstration. »[1]

On ignore à peu près aujourd'hui les définitions essentielles. Chaque auteur définit à sa fantaisie, en vue d'un certain système et par des caractères choisis au hasard. On a autant de définitions que de livres. Cependant une bonne définition une fois proposée devrait être quelque chose de stable qui servît de point de départ à tous les travaux ultérieurs. La définition est le pivot des sciences philosophiques ; c'est elle qui y établit l'ordre, qui leur donne la solidité. Ceux qui ne soignent pas leurs définitions peuvent être des esprits pénétrants, des poètes ingénieux ; ils ne sont pas des philosophes. Ils vivent sur le terrain mouvant de l'imagination, et rien ne les maintient sur le fondement étroit mais sûr de la réalité.

Ce n'est pas assez pour la science de bien observer, bien analyser et bien définir. Nous savons

---

[1] Definitio essentialis dicitur illa quæ rem explicat per principia naturam ipsam intrinsecus constituentia... unde re vera definitio essentialis menti objicit brevi formulâ quidquid ad rem de qua agit pertinet et jure dicitur medium omnium demonstrationum (*Log. pars* 1, ch. I art. 9).

que les êtres ne sont pas isolés dans le monde ; chacun d'eux a des rapports médiats ou immédiats avec tout ce qui l'entoure. Chaque monade, a dit Leibniz, est représentative de l'univers : expression peut-être excessive, mais qui indique bien ce fait que le caractère de chaque être est une résultante, non-seulement de sa propre nature, mais aussi de l'influence de tous les autres.

L'univers est un tout solidaire, et cette unité du monde, conséquence naturelle de l'unité de son auteur, est précisément la raison pour laquelle la science n'est point bornée au fait observé, mais de ce fait comme base peut arriver, ainsi qu'il a été dit plus haut, à d'autres faits qui sembleraient devoir lui échapper.

Passer du fait connu au fait inconnu, c'est le privilège du raisonnement. Par le raisonnement nous cherchons et nous réussissons en partie, nous qui ne connaissons directement que quelques détails, quelques faits spéciaux de l'univers, à en connaître plusieurs lois générales et à sonder même des parties inaccessibles à nos sens.

Ce n'est pas une manie particulière aux philosophes de vouloir ainsi connaître le tout par la partie et l'inconnu par le connu. Les positivistes nous reprochent beaucoup cette tendance qui est en effet la philosophie elle-même, puisque c'est la philosophie qui tire les dernières conclusions du savoir humain. Mais toute science a dans sa sphère le besoin et le droit de dépasser les faits [1]. Les faits ne sont que les matériaux, la loi est le but. « L'expérience, dit M. Tyndall, amène toujours à ce qui est au-delà du domaine expérimental. Elle produit toujours quelque chose de supérieur à elle-même, et la différence entre le savant éminent et le savant médiocre consiste surtout dans leur faculté d'extension idéale. » [2]

Saint Thomas dit admirablement que les intelligences pures connaissent les faits dans leur cause, et que plus elles sont élevées, plus les idées qu'elles possèdent représentent des causes élevées qui révèlent d'un coup d'œil un plus grand nombre de faits. [3] Dieu, qui ne nous a point

[1] On dit : je suis sûr de ne faire aucune erreur en m'en tenant aux faits (*Rev. scient.*, 1878-1879, n° 41, art. sur *la psych. allemande*); non-seulement on coupe ainsi les ailes à l'esprit humain, mais on n'est même pas sûr de ne pas s'égarer. Il est absolument impossible d'énoncer un fait sans en donner une interprétation, et cette interprétation peut être fausse ; que de faits n'ont pas le même sens pour le savant et pour le vulgaire ! Le fait le plus simple est encore une interprétation de nos sensations et par là il dépend du raisonnement qui le confirme ou le rectifie. Veut-on nous réduire à n'affirmer que des sensations ? Où est alors la science ?
[2] V. *Conférences sur la lumière.*
[3] S. Th. *S. th. pars.* 1, q. 56 art. 3.

conféré cette puissance, nous a donné pour y suppléer le besoin d'unité, le besoin de constater les rapports et d'organiser nos connaissances conformément à ces rapports. Ainsi le privilège que l'ange a par nature d'embrasser d'un coup d'œil de vastes ensembles, nous pouvons y arriver par la persévérance, la réflexion et le travail.

Pour sortir du domaine expérimental, le raisonnement nous offre deux voies : l'induction et la déduction.

L'induction est un élan par lequel d'un fait particulier, nous nous élevons à la raison éternelle de ce fait. On s'étonne quelquefois de cette puissance qui nous est donnée ; cependant il suffirait d'un peu de réflexion pour comprendre que la raison éternelle étant exprimée dans le fait, nous pouvons l'y saisir. Tout fait traduit un type, et ce type a ses conditions nécessaires qui sont sa loi, qui sont ce que Dieu a pensé et voulu de lui, et qui nous enseignent ce que nous devons en penser nous-mêmes. Ces types, nous pouvons les distinguer du fait individuel et du moment où ils sont considérés à part nous pouvons les envisager, comme Dieu le fait lui-même, en dehors de la matière et du temps ; c'est ce que l'on exprime en disant qu'ils sont éternels et universels [1].

Le rapport d'un type à ses conditions nécessaires constitue les vérités nécessaires. Cette nécessité se constate : ou bien par l'identité de la condition avec le type ; elle s'exprime alors par un jugement analytique qui représente une nécessité absolue, un axiome ; ou bien par l'union constante de deux conditions dans les faits, et alors elle s'exprime par un jugement synthétique et constitue une loi générale [2], nécessaire seulement *ex supposito*.

Mais que serviraient les raisons éternelles ainsi connues d'une manière abstraite ? Nous suppléons

---

[1] Universale dicitur perpetuum eò quod abstrahit a tempore. (Suar. *disp. met. disp.* 5 sec. 7.)

[2] La nécessité absolue est celle des sciences métaphysiques et mathématiques, parce que ces sciences étudient des conditions inséparables de l'être, du nombre ou de l'étendue. On ne peut concevoir le cercle clairement sans concevoir que tous ses rayons sont égaux. Cela est absolument nécessaire parce que les deux conditions ne peuvent être réalisées l'une sans l'autre. La nécessité *ex supposito* est celle des sciences physiques, elle suppose dans le sujet telle ou telle propriété qui n'apparaît pas nécessaire en tous cas. Il est nécessaire que tous les corps tombent vers le centre de la terre, mais cela n'est nécessaire qu'autant que la matière est connue comme douée de certaines propriétés et rien ne nous dit que la matière n'aurait pas pu recevoir d'autres propriétés. On voit donc qu'encore que le monde soit contingent, il peut nous donner l'idée du nécessaire. Les faits pourraient ne pas être, mais les types qu'ils réalisent sont liés nécessairement à leurs conditions intégrantes. Il n'est donc pas exact de dire que l'expérience ne fournit rien que de contingent et que toute idée nécessaire est par là même en dehors de l'expérience.

à ce défaut par la déduction. La déduction nous ramène aux faits particuliers, nous permet de voir distinctement ces faits dans la loi générale dont ils sont l'application. Ainsi le cycle est complet, et s'il ne nous est donné de voir actuellement la réalité que dans quelques parcelles, nous pouvons arriver à la voir idéalement dans ses principes et toutes choses dans ces principes.

Mais quelle est la valeur de ces deux procédés : induction et déduction ? donnent-ils des résultats certains ? Remarquez qu'ils ne saisissent point directement leur objet comme l'observation et l'analyse. La loi générale ou la vérité nécessaire atteinte par l'induction ne se manifeste en nous que sous une forme subjective ; et si la déduction nous ramène au fait, elle ne nous ramène qu'au fait pensé, conçu, et non au fait saisi dans sa réalité actuelle et par une expérience positive. Nous n'avons pas réellement le monde sous les yeux avec toutes ses causes et les relations de ces causes ; mais nous construisons en nous-mêmes, à l'aide, il est vrai, de matériaux acquis par l'observation, un monde intelligible que nous considérons comme la fidèle copie du monde réel.

Autrefois on avait pleine confiance dans la force du raisonnement. Il y avait des règles minutieuses établies pour reconnaître si le raisonnement était juste et l'on était convaincu que, ces règles exactement suivies, il ne pouvait y avoir aucun doute sur le résultat.

Aujourd'hui, un nouveau point de vue semble prévaloir. On tend à ne plus considérer les résultats du raisonnement que comme un indice à vérifier. On ne regarde la vérité comme complètement établie qu'après la confirmation de l'expérience. Telle est au fond la grande objection des positivistes aux vérités du spiritualisme ; ils ne peuvent guère contester la possibilité de raisonner sur les choses spirituelles, mais, à leurs yeux, un raisonnement invérifiable par l'observation n'a aucune valeur.

Cette manière de voir, tirée de ce qui a lieu dans les sciences physiques, ne manque pas d'une certaine justesse; mais elle est trop absolue.

Il est bien certain que l'on a fait pendant des siècles sur un grand nombre de questions des raisonnements que l'on pouvait croire inattaquables. Cependant ces raisonnements se sont trouvés faire fausse route. Aujourd'hui même les plus savants tirent à chaque instant des conclusions qui ont toutes les apparences de la vérité. On vérifie et on reconnaît qu'il y a eu erreur.

Faut-il donc se défier du raisonnement ? Non,

mais il faut se défier beaucoup des prémisses. Toute prémisse exprimant une loi ou un fait incomplètement connu recèle une possibilité d'erreur qui se multiplie en raison de la longueur de la chaîne des raisonnements [1].

Or, il y a une chose que l'antiquité ne soupçonnait pas : c'est notre ignorance des choses physiques. Elle y allait en toute simplicité; elle croyait que les sens nous donnent immédiatement la vérité, tandis qu'il est certain aujourd'hui qu'ils ne nous donnent que des indices nécessaires à la vie, et que c'est par une sorte d'action transcendante que l'intelligence les applique à la découverte de la vérité. Nous ne connaissons donc qu'indirectement les réalités du monde physique. De plus, ce monde est d'une telle complexité que nous ne sommes jamais sûrs d'avoir touché à la vraie loi générale, et

---

[1] Nous avons le bonheur de nous trouver en parfait accord avec M. Helmholtz: « une conclusion, dit-il, dans son discours à l'Institut des médecins militaires, tirée de ses prémisses avec la logique la plus rigoureuse, n'en a pas pour cela plus de certitude ou de valeur, si les prémisses elles-mêmes sont incertaines » (Rev. scient., 1878-1879 n° 1). C'est parfaitement dit. Mais Helmholtz croit-il que la métaphysique qu'il traite si mal enseigne autre chose ? Je conviens toutefois que les métaphysiques en vogue en Allemagne depuis un siècle, méritent les reproches que leur fait ce grand savant. Il ne lui manque que de connaître une autre métaphysique, celle que nous tâchons de mettre en lumière, la métaphysique vraiment scientifique.

qu'une autre loi générale encore à découvrir ne donnerait pas d'autres résultats. En pareille matière, le raisonnement ne peut être qu'un guide incertain, et les physiciens font sagement de suspendre leur jugement jusqu'à une confirmation expérimentale.

Mais on oublie trop dans notre siècle qu'au delà et à côté du monde sensible il y a un autre monde que nous connaissons beaucoup mieux. Tout entiers à l'éclat des découvertes physiques qui frappent par leur utilité et par la conviction instinctive produite dans un être sensible par tout ce qui se peut voir et toucher, les savants négligent le reste. Il y a cependant d'autres faits, peu nombreux, mais simples et bien connus, les faits de notre âme, par exemple, dont nous saisissons directement la nature intime. Là, nous trouvons quelques principes évidents, quelques vérités nécessaires, quelques affirmations immuables, sur lesquels nous pouvons nous appuyer en toute confiance.

Voilà la base des raisonnements philosophiques.

Sans doute bien des philosophes font des raisonnements erronés, parce que leurs préjugés les entraînent, leur imagination les séduit, et qu'ils essaient souvent de résoudre des questions compliquées qui ne sont pas encore mûres pour une solution. Mais quand un raisonnement est court, simple, fondé sur des vérités nécessaires et sur quelques faits généraux, soyez sûr qu'il est inébranlable. Quoiqu'on dise et quoiqu'on fasse, quelque ignorance affectée que l'on feigne dans certaines circonstances, il y aura toujours des êtres, il y aura toujours des causes, donc il y aura toujours un Dieu.

Il existe au reste en philosophie un moyen efficace de contrôler la solidité des bases du raisonnement : c'est de les soumettre à l'épreuve du principe de contradiction. Vos prémisses sont-elles des affirmations simples, claires, dont le contraire est impossible, vous pouvez marcher avec assurance, vous êtes sur la terre ferme. Si cette épreuve n'est pas praticable, vous pouvez sans doute arriver à une grande certitude, vous pouvez souvent obtenir des conclusions aussi sûres que la plupart de celles enseignées dans les autres sciences. Prenez garde toutefois, vous êtes sur un terrain incomplètement connu qu'une circonstance imprévue pourrait bouleverser.

CHAPITRE IV

DE LA VRAIE MÉTAPHYSIQUE.

La science est donc la connaissance désintéressée, impersonnelle, approfondie de la réalité et elle emploie pour se développer divers procédés que l'on peut ramener à l'observation, à l'analyse et au raisonnement. Pas n'est besoin, et c'est une remarque importante, que chaque science emploie tous ces procédés. Les sciences particulières ne sont que des divisions plus ou moins naturelles de la science totale ; la science totale ne peut être complète sans le secours de tous les procédés, mais les sciences particulières emploient chacune les procédés qui conviennent le mieux à leur objet spécial. Les sciences descriptives, dont le but est de bien déterminer les caractères des objets, préfèrent l'observation ; d'autres qui cherchent à pénétrer plus avant dans la nature des êtres recourent habituellement à l'analyse. Il y a enfin des sciences, telles que les mathématiques, qui, s'attachant à un petit nombre de notions, travaillent à déterminer tous leurs rapports ; elles emploient surtout le raisonnement. Toutes sont des sciences puisque toutes ont pour objet de préciser et d'approfondir un certain ordre de réalités.

La métaphysique peut-elle prendre rang parmi ces sciences ? Pour résoudre cette question, il faut d'abord déterminer ce qu'est la vraie métaphysique, car on emploie ce mot dans beaucoup d'acceptions diverses.

La plupart donnent le nom de métaphysique à ce qu'on appelle aussi philosophie, c'est-à-dire à cet ensemble de sciences qui traitent d'objets supérieurs à la connaissance sensible : psychologie, théodicée, logique, morale, etc. Le nom de métaphysique, ainsi compris, s'applique plus particulièrement aux deux premières études. Dans cette acception, la question ici posée est complexe ; elle ne peut être résolue qu'en considérant chacune des sciences particulières englobées sous la même désignation générale. Notre intention n'est pas de prendre ce point de vue pour l'objet direct et principal du présent essai.

Souvent aussi on appelle métaphysique l'ensemble des travaux qui ont pour but de faire une sorte de synthèse générale de l'univers, d'expliquer les relations de toutes ses parties, les rapports du physique et du moral, du matériel et du spirituel, et surtout de rechercher comment le fini a pu dériver de l'infini, le contigent de l'absolu. Les allemands se sont beaucoup appliqués à ce genre d'étude depuis un siècle, et c'est une opinion fort répandue qu'il est l'objet propre de la métaphysique. Il me tombe sous la main un article récent, dû à un écrivain fort distingué, où l'on se demande avec une pitié quelque peu dédaigneuse, comment feront désormais les philosophes pour former un système du monde, en présence de la complication croissante des sciences physiques et mathématiques.[1] Que l'auteur se rassure, les philosophes n'ont pas à faire le système du monde pour deux raisons : premièrement parceque l'étude des êtres particuliers est et restera longtemps trop incomplète pour qu'on puisse en déduire régulièrement une synthèse générale ; secondement parce que le comment des choses est une question toujours environnée de mystères, à moins qu'il ne s'agisse de phénomènes du dernier ordre. Pour avoir l'idée exacte comment une chose se fait, il faudrait connaître l'essence de la chose faite et l'essence de celle qui produit; or il y a toujours au moins une de ces deux essences qui nous échappe. On peut savoir qu'une chose est produite et dans quelle mesure elle est produite et cette connaissance suffit à l'esprit

---

[1] *Rev. scient.*, 1878-1879 n° 36. M. Ribot.

humain, s'il ne veut subtiliser ; mais le mode de l'opération productrice est le plus souvent inaccessible. Laissons donc de côté les synthèses générales, flatteuses pour l'orgueil mais inutiles et impossibles. La synthèse scientifique du monde telle qu'elle peut être réalisée ne sera faite que par le progrès commun de toutes les sciences et par leur accord dans la vérité.

Il est bon enfin de constater que les vastes hypothèses, les aperçus grandioses ou mystiques, que l'on rencontre dans beaucoup de travaux philosophiques, ne sont point à proprement parler de la science. La science permet sans doute les hypothèses, mais à deux conditions : qu'elles soient indispensables pour avancer dans l'étude des faits, et qu'on puisse en établir régulièrement la probabilité. Je reconnais que les philosophes ne sont pas toujours sévères à cet égard. Quant à l'élévation des vues, aux grands sentiments, aux conjectures élaborées par une imagination puissante, je ne saurais blâmer les philosophes d'en user, quand ils le peuvent, plus que les savants. Ils touchent à des idées si grandes et si belles, ils approchent quelquefois si près de la vérité substantielle, qu'il est difficile de n'en pas être échauffé, transporté. Ces pages magnifiques que nous ont laissées des écrivains de génie, sont très propres d'ailleurs à populariser la science. Mais il faut qu'on sache bien que ni les conjectures hardies, ni les pensées profondes, ni les élans du cœur, ne sont la science même. La science est la vérité pure, et grande serait l'erreur de celui qui se croirait un savant, parcequ'il pourrait écrire avec une éloquence ingénieuse ou passionnée sur un sujet scientifique.

La vraie science n'est point une littérature; elle a l'aspect sévère, elle vit de faits et de raisonnements; avant tout elle veut être exacte. Étudiez les ouvrages classiques de mathématiques, de physique, d'astronomie; ce sont les véritables types de la forme scientifique. Combien d'ouvrages philosophiques conserveraient une valeur sous une forme aussi dépouillée d'ornements ? J'admets bien qu'un savant élève quelquefois la voix, surtout lorsqu'il s'adresse aux masses, qu'un Platon fasse connaître aux Athéniens dans un admirable langage les résultats de ses études. Mais ces résultats avaient d'abord été obtenus dans une école où l'on n'entrait pas sans être géomètre[1], c'est-à-dire que, derrière cette splendide poésie, se cachait une dialectique serrée et précise, dont le Parménide est sans doute un

---

[1] On connaît l'inscription mise à la porte de l'école de Platon : μὴ γεώμετρος ἀπῇ.

exemple. Si Platon nous eût laissé comme Aristote le précis de son enseignement intime, peut-être y aurait-il lieu de modifier sur plusieurs points le jugement que l'on porte de ses doctrines et l'application que l'on en fait.

Où est donc la vraie métaphysique ? Je n'en vois nulle part un enseignement régulier dans la philosophie moderne. Beaucoup d'auteurs, depuis la Renaissance, ont touché à des questions de métaphysique, mais accidentellement et le plus souvent, à propos d'autres objets. Quant à un ouvrage de métaphysique traitant de cette science d'une manière méthodique et se renfermant dans son objet propre, je n'en connais aucun. Pour le trouver, il faut s'adresser à l'école aujourd'hui démodée d'Aristote.

Aristote, l'esprit le plus encyclopédique qui ait jamais paru, après avoir étudié toutes les sciences de son temps, avec les moyens les plus puissants dont on disposait alors, l'histoire naturelle, la physique, la psychologie, la logique, etc., s'avisa que plusieurs notions fort importantes sur la nature des êtres ne ressortissaient à aucune de ces sciences. Et considérant que ces notions sont les plus fondamentales, il résolut de les étudier à part; il en forma une science qu'il appela philosophie première, et que ses disciples ont désignée sous le nom de métaphysique.

Cette métaphysique, et celle-là seulement, est à nos yeux une science. En effet, elle a tous les caractères que nous avons reconnus essentiels aux sciences proprement dites. Ouvrez le traité d'Aristote ; vous vous sentez immédiatement dans une atmosphère scientifique. Là nulle prétention littéraire, nulle forme oratoire ou poétique : les notions sont exposées simplement, avec le seul souci, poussé peut-être à l'exagération, de les préciser dans le dernier détail. On n'a point l'ambition de tout expliquer, mais seulement celle d'éprouver jusqu'au fond la valeur de certains principes. Rapprochez la métaphysique d'Aristote du *Timée* de Platon, quelle différence dans les procédés ! Ici vous trouvez un roman merveilleux, où l'on refait pour ainsi dire le monde ; où, à l'aide des connaissances acquises, mais aussi de suppositions et d'images, quand les connaissances ne suffisent pas, on cherche à deviner l'origine et la nature de toutes choses. Dans la métaphysique d'Aristote, vous n'avez à faire qu'à des propositions évidentes, à des données soigneusement définies, à des raisonnements, sinon toujours irréprochables, du moins toujours réguliers. Platon parle en poète, Aristote en savant.

La métaphysique d'Aristote est bien, comme nous l'avons dit de la science, une étude désintéressée; l'auteur lui-même nous en avertit au début [1]. Quel est le penchant le plus prononcé dans l'homme? c'est de connaître; et la connaissance claire et précise se manifeste par l'appréciation des différences. L'œil est le sens le plus précieux parce qu'il révèle le plus grand nombre de différences sensibles, l'intelligence est plus précieuse encore puisqu'elle révèle les différences intimes. Connaître ces différences, savoir ce qui se cache sous ces idées fondamentales que tout le monde a, mais qui sont si vagues et si élastiques dans l'usage vulgaire, voilà le but d'Aristote, but qui n'est utile immédiatement à rien, sinon à éclairer l'intelligence, à satisfaire ce besoin d'unité, d'exactitude, de lumière que nous portons en nous-mêmes. Ce besoin est-il, oui ou non, le ressort propre de la science? Quel savant pourrait hésiter? C'est ce besoin qu'Aristote veut satisfaire, et c'est pourquoi son étude, dans son intention et son but, quelle que soit d'ailleurs la manière dont il l'a réalisée, est une étude éminemment scientifique.

Elle est encore scientifique dans ses allures et

---

[1] Arist. *Mét.* l. I, ch. 1 πάντες ἄνθρωποι τοῦ εἰδέναι ὀρέγονται φύσει.

ses procédés. Elle ne fait que préciser des notions, les approfondir et constater leurs rapports.

On part d'idées existant indubitablement dans notre intelligence, on distingue les divers sens de ces idées, on définit chacun d'eux et on déduit leurs conséquences. C'est une méthode analogue à celle des mathématiques.

Peut-on lui refuser le caractère scientifique ? Ce qui est science quand il s'agit d'étendue, de force, de nombre, ne le serait-il plus parce qu'il s'agit d'être, de cause, de substance ?

Évidemment non : le traité d'Aristote a les allures scientifiques autant que n'importe quel traité moderne, et quiconque le lira avec un peu d'attention, ne pourra lui refuser ce caractère d'employer des procédés exclusivement scientifiques.

Oui, je souhaiterais à bien des sciences modernes de s'appuyer sur des procédés aussi rigoureux que ceux dont Aristote a fait usage, à bien des savants contemporains d'être aussi fermes sur la logique, de n'admettre, comme il en fait profession, que des affirmations évidentes, ou contenues dans des notions définies, ou déduites par un raisonnement solide. Combien d'études aujourd'hui, à bien peser toutes choses, n'aboutissent qu'à des probabilités d'un ordre plus ou moins élevé ; et comme on aurait étonné nos pères si on leur avait annoncé qu'un jour on refuserait le caractère scientifique à leurs déductions inflexibles, pour l'accorder à des travaux où il est rarement possible de s'élever au-dessus de simples conjectures. Ils auraient répété leur vieil axiome : *Non est scientia nisi de necessariis*, et ils se seraient détournés.

Les caractères extérieurs d'une science ne manquent pas non plus à la métaphysique d'Aristote. Elle a son langage à elle, créé par son auteur et peu modifié depuis. On lui reproche souvent ce langage comme une preuve de barbarie, sans réfléchir qu'il a été constitué en pleine civilisation grecque, qu'il est le signe attestant son caractère de science et la condition indispensable de la clarté et de la régularité des conclusions. Est-ce que le langage de la géométrie, de l'algèbre ou de la chimie passe pour barbare ? L'injustice de ce jugement provient de l'habitude que l'on a contractée de lire les livres de philosophie comme des œuvres de littérature, qui ne sauraient être agréables au lecteur que comprises du premier coup. Il en est autrement des livres de science : «On ne les lit pas, on les étudie,» me disait un éminent mathématicien. Quand lira-t-on les ouvrages de l'école d'Aristote comme des livres de science ? On verra alors quel

4.

sens profond et parfois tout moderne se cache le plus souvent sous cette terminologie qui paraît barbare au lecteur distrait.

Enfin la métaphysique d'Aristote seule parmi tous les systèmes philosophiques a réalisé ce caractère d'avoir une véritable tradition. Les autres écoles n'ont guère duré que la vie du maître ou de ses disciples les plus immédiats. Platon est certainement une des plus grandes influences philosophiques qui aient paru dans le monde. Où trouver cependant une tradition que l'on puisse appeler platonicienne. Les philosophes dits platoniciens ne tiennent à Platon que par des tendances générales ; ils s'éloignent de lui et les uns des autres sur les points les plus fondamentaux. Il en a été tout autrement de la métaphysique d'Aristote. Voilà deux mille ans qu'on l'enseigne suivant la méthode du maître, qu'elle est étudiée et approfondie par des hommes éminents dont plusieurs furent des génies de premier ordre. Dans combien de chaires elle a été exposée ! Quels docteurs s'y sont assis ! Quelles luttes ont été soutenues ! Y a-t-il une autre science qui ait joui, à un plus haut degré et pendant un temps plus long, de la popularité, de l'éclat et de la vie ? Cette perpétuité de l'enseignement opposée à la variabilité des autres écoles, n'est-elle pas un indice que cette métaphysique là seule est science, qu'elle jouit, au moins dans ses théorèmes les plus généraux, des caractères d'impersonnalité et de vérité qui distinguent une science faite et la rendent propre à se concilier tous les esprits désireux de la cultiver. Nous ne prétendons pas que cette science soit irréformable, qu'il n'y ait rien à modifier, qu'elle ne contienne aucune lacune ni aucune erreur. Quelle science n'en contient pas ? Mais nous nous croyons autorisé à soutenir que les principes sont fixes, que les bases établies sont sûres et qu'on peut s'y appuyer même pour réformer ce qui a besoin de réforme.

Thèse mal établie, dira-t-on, vous ne touchez la question que par les dehors. Oui, on le sait de reste, la métaphysique péripatéticienne a un appareil imposant et un jargon scientifique. Mais c'est un trompe-l'œil. Qu'enseigne-t-elle avec ce ton doctoral, sinon des formules vides ? N'êtes-vous pas convenu tout d'abord que le caractère le plus essentiel de la science est de connaître une réalité ? Qu'a de commun la métaphysique avec la réalité ? C'est un roman de logique, comme il y a des romans d'imagination. Tout y est artificiel. Ses notions sont sans valeur pratique. Ses définitions sont fantaisistes. Ses raisonnements sont établis en forme, mais le plus souvent sur la pointe d'une aiguille. Si science il y a, ce n'est que la science d'idées forgées par l'esprit humain lui-même, et n'ayant aucune portée parce qu'elles ne s'appliquent à rien.

Ces objections peuvent se résumer dans une expression fort heureuse proposée par notre savant ami, le docteur Van Weddingen, de l'académie de Bruxelles : c'est de la logique formelle.

L'objection est grave, je l'avoue ; d'autant plus grave, qu'elle est insaisissable. Comment en effet la réfuter complètement ? Il faudrait exposer la science toute entière, et l'exposer à des gens dont beaucoup ne se soucient pas de l'étudier. Ou bien faudrait-il une réfutation spéciale pour chaque contradicteur, justifiant les points qui l'ont rebuté ? car souvent on juge la scolastique sur quelques propositions rencontrées par hasard dans le cours d'une recherche. L'une et l'autre tâche est évidemment impossible dans un essai limité. Mais je ne la crois pas nécessaire.

Une science, pour être telle, doit assurément être l'étude d'une réalité. Mais il suffit pour cela que son objet soit réel et étudié par une méthode appropriée. Dès qu'elle réunit ces conditions elle est faite. Le reste est une affaire de progrès. Ce n'est pas que je veuille accorder que la métaphysique n'offre ces deux conditions que dans ce qu'elles ont de plus élémentaire, et que tout son développement soit pour ainsi dire à refaire. On verra dans la suite de ce mémoire quel ensemble de vérités solides elle renferme, très suffisant pour former un corps de science respectable. Il est bon d'ailleurs de remarquer que la plupart des décisions reprochées à la scolastique, ou sont mal interprétées faute d'une étude suffisante, ou appartiennent à d'autres sciences qu'à la métaphysique, ou ont été proposées soit par des auteurs secondaires, soit à une époque de décadence. Si l'on retranchait les objections se rattachant à l'une ou l'autre de ces trois origines, je crois qu'il resterait peu de points attaquables dans l'œuvre des péripatéticiens.

Mais, pour le moment, je veux me tenir à l'indispensable. Je vais donc essayer de montrer que la métaphysique d'Aristote a un objet précis, réel et accessible et qu'elle l'étudie par une méthode scientifique. Les objections de détail deviendront secondaires devant cette double démonstration, et nous aurons le droit d'affirmer que la métaphysique est vraiment une science.

CHAPITRE V

OBJET PROPRE DE LA MÉTAPHYSIQUE.

Il y a peut-être quelque difficulté pour les modernes à bien reconnaître l'objet propre de la métaphysique. Il est caché sous beaucoup d'autres choses, et pour l'apercevoir, il faut se placer à un point de vue avec lequel les savants contemporains sont peu familiers. Ne nous décourageons pas cependant. Quand un vieux marin a montré aux passagers une terre lointaine, avec quelque attention, ceux-ci arrivent bientôt à l'apercevoir.

Qu'entend-on par l'objet d'une science ? doit-elle avoir en vue un être particulier ? S'il en était ainsi, bien peu de sciences auraient droit à ce titre. Je ne sais s'il en existe une seule qui étudie un seul être et l'étudie complètement. Ordinairement le partage se fait entre les sciences d'après la diversité des phénomènes et des conditions considérées ; et cela est naturel, la division des sciences ayant pour but de faciliter le travail, doit être réglée, non d'après les individus à examiner, mais d'après les facultés de l'intelligence à exercer. Un seul individu peut réunir et réunit ordinairement un certain nombre de conditions dont l'étude exige des méthodes diverses. Il appartient donc à ce titre à des sciences différentes. Si par exemple, c'est un corps brut, il appartient aux mathématiques pour les lois de l'étendue, à la dynamique pour les lois du mouvement, à la minéralogie pour la forme de ses cristaux, à la physique pour les phénomènes généraux de chaleur et d'électricité, à la chimie pour sa composition. Ce qui caractérise une science, dit Claude Bernard, c'est le problème qu'elle étudie [1]. On n'est donc pas en droit de demander à la métaphysique d'indiquer un être spécial sur lequel elle travaille. Il suffit pour que son objet soit reconnu réel qu'on puisse y voir une condition réelle d'êtres existant réellement.

Or quelle condition plus réelle, quel fait plus patent, plus saisissable que l'existence même. Les choses sont : c'est le premier fait, c'est la première vérité accessible. L'être, c'est la première condition de toute chose réalisée. Cette condition est précisément l'objet qu'étudie la métaphysique d'Aristote.

Aristote avait remarqué qu'elle n'avait pas encore été examinée de près et que plusieurs problèmes fondamentaux s'y rattachaient naturelle-

---

[1] *Rev. scient.* 1875-1876. n° 43.

ment. Il en a tiré une science, qui a droit au soleil comme toutes les autres. De même qu'il y a une science qui étudie l'étendue dans tous les corps et quels que soient ces corps, la géométrie ; de même qu'il y a une science qui étudie le nombre à part des individus, l'arithmétique ; pourquoi n'y aurait-il pas une science étudiant l'être dans toutes les choses, quelles que soient ces choses ? Cette science, c'est la métaphysique. Il n'y a là rien de mystérieux, d'inaccessible ou de mystique.

Mais, nous objecte-t-on, l'idée d'être ainsi considérée est une notion si simple, qu'elle se dérobe à toute étude. Un être est, que dire de plus ? l'idée d'être n'a point de parties, point d'aspects divers, rien qui puisse devenir l'objet d'une investigation scientifique. On la conçoit, on l'applique ; on ne l'étudie point.

L'objection n'était point ignorée des anciens métaphysiciens. Suarez la posait au XVIe siècle. « Il est nécessaire, disait-il, pour constituer une science que son objet ait certaines propriétés et certains principes qu'on puisse étudier. [1] » Voici comment on la résolvait de son temps.

---

[1] Ad constituendum aliquod objectum scientiæ necesse est ut habeat proprietates quæ de illo demonstrari possint et principia ac causas per quæ demonstrari possint. (*Disp. met.* disp. I, sec. 1.)

On remarquait avant tout que l'objet de la métaphysique n'est point l'idée d'être, considérée comme une notion abstraite, mais bien l'être concret et subsistant des choses, étudié non dans les conditions spécifiques qui peuvent caractériser telle ou telle chose, mais dans les conditions générales qui le font subsistant. Du moment que les choses existent, leur existence implique certaines conditions, certaines lois qui s'appliquent à toutes ; il y a là un champ d'études d'autant plus vaste qu'on l'examine de plus près. En un mot il ne s'agit pas de savoir ce que c'est que l'idée d'être, mais de savoir quelles conditions doit réunir un être pour exister.

Voilà pourquoi Aristote a soin au début du 3º livre de la métaphysique de définir la philosophie première la science non de l'être idéal ou possible, mais de l'être en tant qu'être, c'est-à-dire en tant que subsistant [1]. Et Suarez répète après lui que l'être en tant qu'être réel est l'objet adéquat de la métaphysique [2].

Mais quelles sont les conditions de l'être en tant

---

[1] Ἔστιν ἐπιστήμη τις θεωρεῖ τὸ ὂν καὶ τὰ τούτῳ ὑπάρχοντα καθ' αὑτό met. l. III, ch. 1

[2] Ens in quantum est reale est objectum hujus scientiæ. (Disp. met. disp. I sec. I.)

qu'être ? En pouvons-nous savoir quelque chose ? Oui, répond Suarez, et la preuve en est dans la métaphysique entière qui roule sur des idées très familières à l'esprit humain, et qu'aucune science ne saurait étudier parce qu'elles précèdent et dominent toutes les sciences.

Sans doute l'essence intime des choses, leur quiddité pour employer une vieille expression, est inconnue en soi. Aristote a pu se faire quelqu'illusion à cet égard, faute de distinguer assez nettement les qualités fondamentales des êtres de leur essence réelle. Les scolastiques sont certainement exempts de cette méprise. Suarez en particulier avoue que la connaissance directe de l'essence substantielle nous est refusée. [1]

Mais si l'essence intime est inconnue, les modes suivant lesquels les êtres manifestent leur existence, décèlent certains caractères généraux, impliquent certains rapports nécessaires. Ainsi un être ne saurait exister sans que son existence ait une cause et un but. Tout être a nécessairement un rôle à jouer, et tire son origine de quelque principe connu ou caché, sans quoi son existence serait absolument irrationnelle. Cause et fin, voilà

[1] Formæ substantiales nullo experimento cognosci possunt (*dis.* XV, sec. 11).

déjà deux conditions extrinsèques dont il est bon de connaître la valeur et la portée.

En outre aucune chose ne saurait exister sans être déterminée, il faut qu'elle soit telle ou telle. Un être vague, indéterminé serait par là même impossible. Comment s'établit cette détermination qui constitue son essence ? Qu'est-ce qui détermine ? Qu'est-ce qui est déterminé ? Si, comme nous l'avons dit, l'essence substantielle est inconnue, y a-t-il cependant quelque moyen de l'atteindre indirectement ? Ne connaîtrions-nous pas quelques essences au moins secondaires ? Quels sont les rapports de l'essence à l'être et aux conditions extrinsèques de l'être ? Que peut-on entrevoir de sa constitution ? Autant de questions qu'il est bon d'examiner, quand il ne s'agirait que de préciser exactement les limites de l'esprit humain.

De plus nous trouvons dans le monde une foule de choses qui sont réelles, mais qui ne le sont pas toutes au même titre. Un corps n'existe pas au même titre qu'une couleur, un esprit au même titre qu'une pensée, une pensée au même titre qu'un rapport. Toutes ces choses sont cependant réelles : elles sont. Quelle différence y a-t-il entre leurs manières d'être ? Il est souvent intéressant de le préciser pour ne point attribuer les mêmes caractères à des modes d'être complètement différents.

Par exemple, il y a du mouvement et beaucoup de savants croient expliquer le monde en ramenant tout au mouvement. Mais qu'est-ce que le mouvement ? A quel titre est-il réel ? comme propriété ? comme fait ? comme relation ? On pense peu à ces choses parmi les savants, et en effet elles sont inutiles pour le développement des sciences spéciales. Mais il en est autrement quand on veut produire des hypothèses cosmogoniques. Si le mouvement est une propriété primordiale de la matière, rien de mieux, on est en droit d'essayer de tout ramener au mouvement. Mais s'il n'est au contraire qu'un fait et un fait complexe, je crains qu'on ne tombe dans un cercle vicieux inconscient, en expliquant par le mouvement des propriétés qui seraient nécessaires pour expliquer le mouvement lui-même. Est-il donc une propriété ? est-il un fait ? De telles questions ne peuvent être résolues qu'à l'aide d'une étude approfondie des catégories de l'être et de leurs caractères distinctifs. [1]

[1] Le mouvement a été de tous temps une des choses les plus évidentes au sens et des plus obscures à l'esprit. Je ne nie pas que toutes les propriétés connues de la matière ne puissent se ramener au mouvement, et, dans les hypothèses faites à ce sujet, il y en a de très-ingénieuses, telles que l'atôme tourbillon de sir W. Thompson que je préfère beaucoup aux chocs du P. Secchi. Mais d'un autre côté, il y a des hypothèses également fort ingénieuses qui expliquent le mouvement par quelques propriétés primordiales de la matière, telles que

Enfin les êtres ont des conditions applicables à tous, quelle que soit la catégorie à laquelle ils appartiennent : ils sont uns ou multiples, simples ou complexes ; ils ont certains rapports généraux avec notre intelligence et notre volonté. De là, plusieurs questions d'un haut intérêt. En quoi consiste l'individualité d'un être ? Qu'est-ce qui le fait beau, vrai et bon ? Qu'est à proprement parler le mal ? Que de sujets de méditation dignes de l'attention la plus profonde des philosophes.

On le voit, toute autre chose est d'étudier l'idée d'être, ou d'étudier les êtres dans les rapports généraux qu'ils ont comme tels. La première étude peut former un court chapitre de psychologie ou de logique ; la seconde est une vaste enquête qui touche au sommet de toutes les sciences. C'est elle qu'on a appelé métaphysique.

La métaphysique bien conduite devient ainsi un effort méthodique pour éclaircir les notions fonda-

---

l'attraction moléculaire et autres. Lesquelles préférer ? D'un côté on arrive à des propriétés qui ne sont connues que par leurs effets, mais dont la possibilité est facile à concevoir ; de l'autre on arrive à un fait premier et connu, mais dont la nature, si on ne suppose rien d'antérieur, implique des anomalies inextricables. Il ne suffit pas pour qu'une hypothèse soit vraie qu'elle explique tous les faits; il faut encore qu'elle soit rationnelle. C'est ce qu'on oublie trop souvent aujourd'hui.

mentales de l'esprit humain, celles qui touchent à la racine des faits. Elle est donc d'une haute importance.

On sait assez, et nous l'avons déjà rappelé, que l'homme ne voit rien naturellement que dans une grande confusion : la science a pour but essentiel de ramener cette confusion à une connaissance distincte. Croit-on que par un privilège spécial, les premiers concepts de l'esprit humain, soient tout d'abord au-dessus de l'obscurité générale ? Il faut donc une science pour en rendre la connaissance distincte et précise ; c'est la métaphysique.

Toutes les sciences vivent de certains principes, de certaines notions qu'elles ne discutent pas ; la métaphysique veut discuter jusqu'au bout. Elle veut préciser le caractère propre de chaque notion, indiquer pourquoi chaque principe est vrai. Par là elle est utile à toutes les sciences qui peuvent employer avec plus de sécurité et d'exactitude ces notions et ces principes : « Il y a, dit Suarez, deux sortes de principes dans les sciences, les uns sont propres à chacune et la métaphysique n'a rien à y voir ; les autres sont communs à toutes ou à un grand nombre, et ceux-là, il est très utile qu'il y ait une science qui les étudie spécialement... »[1] Ces premiers principes,

---

[1] *Disp. met.* disp. I, sec IV.

ajoute-t-il, valent surtout par une connaissance exacte de leurs termes, car ils ne sont autre chose que l'expression du rapport évident de ces termes entre eux. Or quelle science peut aider à les bien comprendre, sinon la métaphysique dont le rôle est de déterminer exactement ce qu'est un être, une substance, un acte...[2] » Pour ma part je suis convaincu que l'oubli de la métaphysique, l'abandon de toutes les questions que nous venons de signaler au sens commun et aux appréciations individuelles, est un élément de faiblesse, un germe de confusion et d'erreur introduit dans le monde moderne, dont les conséquences, manifestes déjà dans l'ordre moral, ne tarderont pas à produire, si l'on n'y fait attention, un affaiblissement des études scientifiques elles-mêmes.

Je trouve assurément fort naturel que tout le monde n'aime pas la métaphysique. Cela n'est pas non plus nécessaire ; il faut des goûts et des esprits variés. Petit serait le nombre de ceux qui se livreraient aux mathématiques, si ces sciences n'ouvraient l'entrée d'une foule de carrières. Le nombre des métaphysiciens est nécessairement plus res-

---

[2] Traditur in hâc scientia quid est ens, quid accidens, quid totum, quid pars, quid actus, quid potentia, ex quibus terminis, et ex aliis similibus prima principia constant (*id.*).

treint encore, car une étude séduit d'autant moins l'intelligence qu'elle est plus éloignée des habitudes ordinaires de l'esprit. Je crois cependant en avoir dit assez pour montrer que la métaphysique est une science sérieuse, qu'elle a un objet réel, saisissable, n'offrant rien de vague, de poétique ou de mystique, qu'enfin son étude a une utilité réelle. Ce n'est pas une raison pour que tous veulent faire de la métaphysique ; c'en est une suffisante pour que les autres sciences admettent la métaphysique comme une sœur, respectent son domaine et tiennent compte de ses solutions.

CHAPITRE VI

DE LA MÉTAPHYSIQUE SPÉCIALE.

Ici s'élève une objection de la part d'hommes instruits, n'ayant point étudié à fond la métaphysique péripatéticienne, mais ayant jeté un coup d'œil sur les principaux monuments de l'école ? « Vos observations, diront-ils, peuvent être justes, mais elles s'appliquent à une science de votre invention. Nous admettrions volontiers que plusieurs notions fondamentales ne sont pas assez précisées et qu'il serait utile d'y remédier [1]. On formerait ainsi une sorte d'ontologie fondée sur la connaissance pratique des êtres connus. Mais telle n'est pas la métaphysique d'Aristote, ou du moins si Aristote et son école ont fait quelques travaux dans ce sens, ils ont fait bien d'autres choses. Que signifient tant de dissertations sur Dieu, sur l'infini, sur l'âme, sur les anges, sur les démons, toutes choses inaccessibles à notre expérience ? Cela n'est pas de la science et nous n'en voulons pas. »

Je conçois cette objection ; elle est d'autant plus forte que certains scolastiques, entr'autres Suarez, ont été jusqu'à déclarer, contrairement à ce que nous venons d'exposer, que Dieu est l'objet principal de la métaphysique. Mais il convient d'examiner la question de plus près.

Oui, les métaphysiciens se sont occupés de Dieu et des esprits purs ; même aujourd'hui, ils comprennent dans leurs études la psychologie, que les anciens avaient toujours placée, suivant l'exemple d'Aristote, à côté de la physique. Aristote lui-même n'a pas résisté au désir de nous donner ses conjectures sur le premier être. Je me crois néanmoins en droit de soutenir que la science de l'être, telle

---

[1] V. *Rev. scient.*, 1875-1876, n° 20 art. bibliogr. sur notre essai intitulé : *La Métaphysique en présence des sciences.*

que je l'ai définie, existe indépendamment de ces travaux complémentaires.

Avant tout, nous avons pour nous la définition d'Aristote rapportée plus haut. Les travaux du philosophe de Stagyre ne démentent point cette définition, puisque sur quatorze livres de la métaphysique, il y en a treize exclusivement consacrés à la science de l'être. Mettons pour le moment que le douzième livre soit un hors d'œuvre. Le reste ne suffit-il pas à former les bases d'une science rigoureusement comprise dans les limites que nous indiquions.

Allons à l'autre bout de la chaîne qui unit tous les docteurs de l'école péripatéticienne, à ce même Suarez, qui semble nous contredire. Sa métaphysique ne serait-elle qu'une étude hypothétique sur Dieu et sur un monde inaccessible à nos sens. Loin de là, des cinquante-quatre dissertations qui composent son grand ouvrage, le plus grand nombre et les plus considérables se rapportent à des questions purement ontologiques. Retranchez ce qui touche à Dieu, à l'âme, aux purs esprits, et même à l'analyse de l'idée de corps, vous conserverez encore les trois quarts de ce vaste travail. Il serait vraiment singulier que Dieu fût l'objet propre de la métaphysique et que l'on pût écrire plus de huit cents pages in-folio sur cette science sans s'occuper de lui.

Suarez n'a point voulu dire évidemment que Dieu fût l'objet direct de la métaphysique, autrement il se serait contredit, puisqu'il avait déclaré précédemment que l'être est l'objet adéquat de cette science. Sa vraie pensée était qu'il y a certains êtres pour lesquels il n'existe point de science particulière, précisément parce que, conformément aux vues de la science moderne, ils sont insaisissables à l'observation et à l'expérience. On ne peut donc rien en savoir, sinon qu'ils sont sujets aux lois que la métaphysique montre inhérentes à tout ce qui a l'être. Personne n'hésite en ce qui concerne les corps à déclarer que certaines lois, celles de l'étendue, par exemple, et du mouvement, sont applicables même à ces astres lointains que nous apercevons à peine, même aux astres qui échapperaient à notre vue [1]. Il suffit qu'ils soient corps pour y être sujets. De même la métaphysique reconnaît certaines lois si essentielles à tout être,

---

[1] Quelques personnes ont soutenu dans ces derniers temps que les lois de l'étendue pourraient paraître différentes à des êtres placés dans des conditions différentes des nôtres. Je crains qu'il n'y ait là une débauche de subjectivisme, ou une confusion entre les lois essentielles des mathématiques et certaines apparences variables. En tous cas, la science continue de marcher comme si ces lois étaient immuables.

qu'elles s'appliquent même aux êtres que notre expérience n'atteint pas. Ces êtres, la métaphysique seule peut en dire quelque chose [1]. En leur appliquant les lois essentielles puisées dans la nature des êtres observables, elle peut affirmer à leur égard un petit nombre de vérités. Parmi ces êtres, Dieu est le plus élevé ; voilà comment il se trouve, non l'objet essentiel de la métaphysique, mais le principal des êtres spéciaux dont elle peut s'occuper.

Au reste, je ne dissimulerai pas que l'expression de Suarez me paraît manquer d'exactitude ; saint Thomas d'Aquin, dont le sens scientifique était bien supérieur, disait simplement que la métaphysique peut arriver à Dieu en le considérant comme la première cause des êtres [2].

Dieu ne figure donc pas dans cette science comme objet, mais simplement comme une conséquence des principes qu'elle étudie.

Est-il permis à une science de sortir ainsi de son objet propre et de toucher aux diverses questions

---

[1] Scientia humana et naturalis non potest attingere substantias immateriales nisi incipiendo a rationibus quæ communes sint illis substantiis et aliis rebus. (Suarez, *disp. met.* disp. I, sec. I.)

[2] Hanc scientiam pervenire ad cognitionem Dei sub ratione principii. (V. *loco citato.*)

avec lesquelles elle peut avoir des points de contact ? Sans doute ; cela est légitime, cela est même nécessaire, pourvu qu'on le fasse seulement en tant que les données de la science peuvent s'appliquer.

La division du savoir est artificielle, il y a donc nécessairement des points qui ne peuvent être suffisamment éclairés que par le concours de plusieurs sciences. Ainsi, l'algèbre féconde la géométrie, la mécanique développe la physique, la physique aide à l'astronomie, la chimie à la physiologie. Pourquoi la métaphysique ne s'appliquerait-elle pas à la psychologie pour la féconder, à la physique et aux mathématiques pour en éclairer les notions fondamentales. Trop fréquente est chez les savants modernes la tendance de vouloir chacun résoudre toutes les questions par la science qui lui est familière. C'est une grande source d'erreurs. La division des sciences est nécessaire pour travailler, leur union seule permet de conclure avec certitude.

De plus il y a autour de chaque science un inconnu dans lequel les savants ne font pas difficulté de se lancer, en partant des faits d'expérience, à l'aide du raisonnement et du calcul. Est-ce que la chimie se refuse à étudier la constitution atomique des corps ? la physique hésite-t-elle à mesurer les longueurs des ondes sonores et lumineuses ? l'astronomie mathématique n'est-elle pas toute entière de raisonnement ? Rien, ou presque rien, dans tout cela, n'est vérifiable à l'expérience directe. La métaphysique peut donc aussi, après avoir défini et précisé les lois essentielles des êtres connus, jeter un coup d'œil sur l'inconnu, qui a au moins ce point de commun avec le connu, qu'il est.

La métaphysique peut donc légitimement créer une psychologie rationnelle, une physique transcendante ou cosmologie et une théodicée. Les scolastiques modernes ont d'ailleurs grand soin de distinguer toutes ces applications de la métaphysique proprement dite. Celle-ci est appelée par eux métaphysique générale ou ontologie. C'est la science que nous cherchons spécialement à défendre dans cet essai. Les applications traitant de l'âme, des corps et de Dieu sont réunies sous le nom de métaphysique spéciale.

La psychologie rationnelle s'ajoute à la psychologie descriptive pour donner quelques lumières sur la nature de l'âme et pour analyser plus profondément ses facultés. La cosmologie étudie la constitution essentielle de la matière par de là ses dernières divisions mécaniques ou chimiques, la notion de l'étendue antérieurement aux figures géométriques, ce que l'on peut juger des dernières forces élémentaires que la physique n'a pu encore réduire. C'est dans la cosmologie que l'on étudie particulièrement cette fameuse théorie de la forme et de la matière, qu'il est difficile de comprendre et de juger, quand on ne s'est pas livré préalablement à des études ontologiques très-complètes.

Quant à la théodicée, nous admettons qu'elle n'est pas à proprement parler une science parcequ'elle n'a ni principes qui lui soient propres, ni objet directement accessible. C'est plutôt un corollaire de la métaphysique et des autres sciences qui toutes mènent à Dieu les esprits droits et sincères. Rejetez la métaphysique, Dieu n'en sera pas moins au bout de la psychologie, au bout de la physiologie, au bout de la physique, au bout de l'histoire naturelle, au bout même des mathématiques, car il y a dans chaque science, un fonds de vérités dernières qui ne se peut expliquer sans lui. Mais la métaphysique en parle plus hautement et plus clairement que les autres sciences parce qu'elle touche de plus près aux notions fondamentales. Si

---

[1] Saint Denis l'Aréopagite si rigoureux sous son apparence mystique dit expressément qu'il n'y a pas de science de l'être suprême. « Cujus est neque sensus, nec opinio, nec scientia. » (*De nomin. divinis*, l. I.)

vous la repoussez, ne serait-ce pas la crainte d'être trop convaincu ?

Vous reprochez au moyen âge d'avoir cherché Dieu partout, vous supposez que cette préoccupation a dû fausser ses études. Je l'avoue toute préoccupation est un inconvénient ; si elle n'écarte pas du droit chemin, du moins elle empêche d'approfondir certaines questions secondaires. Mais puisqu'il est aussi impossible à l'homme de ne pas avoir de préoccupation que de ne pas avoir de volonté, il faut tâcher d'avoir la bonne, celle qui dirige vers la vérité. Si Dieu est le principe de toutes choses comme le sens commun de l'humanité le lui a fait croire jusqu'ici, le plus grand danger n'est-il pas dans la préoccupation de l'effacer de toute science. Et en vérité quand on voit les confusions qu'il a fallu entretenir dans l'esprit moderne, l'obscurité qu'il a fallu produire sur les notions fondamentales de la raison, de la morale et de l'ordre social, avant de rendre spécieuse pour certains esprits, je ne dis pas la négation directe de Dieu, mais seulement cette affirmation implicite du positivisme que tout se passe comme si Dieu n'existait pas, on se demande s'il n'y a pas là une preuve par l'absurde de l'existence de ce premier être, appui nécessaire de la raison, de la morale et de la société.

Rien au reste n'empêche ceux qui le préféreraient d'étudier la métaphysique générale seule sans ses applications. Ils pourront, à leur gré, se borner à l'étude des notions fondamentales de l'esprit humain, appuyée sur des données fournies par les êtres connus expérimentalement : la métaphysique d'Aristote et des Scolastiques n'est pas autre chose. Mais ils devront étudier cette science comme on étudie toutes les sciences, en commençant par examiner à fond les théories des hommes spéciaux pour ne rejeter que celles qui seraient renversées par des raisons bien déduites. Bien entêtés et bien orgueilleux sont ces esprits toujours prêts à recommencer pour leur compte ce que l'humanité a depuis longtemps accompli. De tels essais sont rarement heureux. Et si, après avoir créé une métaphysique de fantaisie comme ces derniers temps en ont vu éclore quelques-unes [1], vous venez me dire qu'il n'y a aucun moyen scientifique d'affirmer quelque chose de l'être suprême, je vous répondrai justement ; qu'en savez-vous ? car vous ne connaissez rien des théories qui appuient nos démonstrations.

[1] Par exemple les premiers principes d'Herbert Spencer, ouvrage accusant à la fois une grande supériorité intellectuelle et une ignorance singulière des conditions fondamentales de la pensée.

CHAPITRE VII

DE LA MÉTHODE EN MÉTAPHYSIQUE.

Nous croyons avoir justifié la métaphysique du reproche de n'être qu'une étude de l'inconnu et de l'inaccessible ; nous croyons avoir montré qu'elle a un objet connu, saisissable, familier à l'esprit humain, très susceptible par conséquent d'être la matière d'une science ; que si elle atteint parfois à l'inconnu, c'est uniquement par voie de conséquence et à titre d'étude complémentaire. Il nous reste maintenant à la justifier du second reproche, celui de ne pas employer la seule méthode scientifique aux yeux de nos adversaires ; l'observation, la recherche des faits.

Qu'un métaphysicien se hasarde dans une réunion de savants, qu'il se présente, par exemple, dans un congrès scientifique, on lui demande d'abord : quels faits avez-vous à présenter ? S'il n'a point de faits on lui tourne le dos. Jadis il y eût peut-être enivrement de logique, aujourd'hui nous avons l'enivrement des faits.

Un écrivain zélé pour les spéculations scientifiques, M. Ribot, ouvrant il y a quelques années la revue philosophique, voulait bien y offrir une place aux métaphysiciens. Mais il y mettait cette condition qu'ils se présenteraient munis de faits : « La revue, disait-il, garde une place à la métaphysique, car elle ne fait pas profession d'empirisme pur, mais aux métaphysiciens eux-mêmes elle demandera des faits. » Demander des faits aux métaphysiciens ! autant vaudrait demander à un avocat des consultations médicales.

Le fait, est-ce donc tout ? J'avoue que la logique seule ne peut bâtir que dans les nuages, rien ne s'établit de solide que sur le fait. Mais le fait seul de quoi sert-il, si vous n'en examinez que la superficie.

Le fait est la dernière manifestation de l'être, dans ce qu'il a de plus accidentel et de plus individuel. Tel quel, c'est une connaissance vaine et inutile. Que me sert de savoir qu'une étoile a passé ? Il faut que j'espère découvrir son mouvement, sa direction, les astres auxquels elle se rattache ; alors seulement elle devient l'objet d'investigations scientifiques. On connaît les étoiles filantes depuis longtemps ; elles ne sont la matière d'une étude que depuis qu'on entrevoit des règles à ce phénomène. Toute science tend à savoir quelque chose de permanent ; c'est par là qu'elle intéresse. Dans chacune on vise à découvrir des lois et des causes.

Le physicien et le chimiste ne cherchent des faits que pour en constater le lien. L'astronome ne sonde le ciel que pour fixer les lois du mouvement des astres. Il n'y a pas jusqu'au botaniste qui ne cherche quelque chose de plus que des faits et des individus; il veut au moins des espèces et des genres qui demeurent pendant que les individus passent.

Et ce que font toutes les sciences, ce qui est leur but principal, serait la condamnation de la métaphysique. Vous la rejeteriez parce qu'elle ne fait que ce qui est plus proprement la science, et ce qu'aucune science ne peut faire aussi complètement qu'elle. Vous qui vous consacrez à la tâche déjà très-difficile d'observer les faits, vous n'avez ni le temps, ni souvent l'aptitude de dégager leurs conditions les plus générales. Vient alors le métaphysicien qui les creuse, qui fait la science de vos sciences, qui découvre les profondeurs les plus intimes de ces faits et en déduit les principes les plus généraux et les plus permanents.

Ne lui demandez donc pas des faits, c'est à vous de les lui fournir.

Il y a sans doute une certaine classe de faits dont les métaphysiciens s'occupent ordinairement, ce sont les faits de conscience. Mais ces faits n'appartiennent pas en propre à la métaphysique, ils relèvent de la psychologie qui est une science distincte.

Le métaphysicien, comme tel, n'a rien à faire de rechercher les faits; le plus souvent il le ferait mal. Il prend les faits aux psychologues comme aux physiciens, et en dégage l'essence. Dans tous les faits, il y a quelque chose que les sens ne voient pas, et que cependant nous voyons; à la psychologie d'indiquer par quelle faculté suréminente. Seuls nos sens perçoivent des couleurs, des résistances, des sons, nous percevons des êtres; seuls, nos sens ne perçoivent que des effets, nous percevons des causes. Le terme même de fait n'exprime pas une idée sensible; nous voyons bien que le fait est un fait, mais nous ne le voyons ni par les yeux, ni par les oreilles, ni par le tact. Cette connaissance intime qui est au fond de toutes nos connaissances sensibles mais qui n'a pas la même source, qu'on ne saurait supprimer cependant sans anéantir la connaissance même, voilà ce que la métaphysique étudie. En l'étudiant elle rend un grand service à l'esprit humain, car elle cultive un domaine où n'atteint aucune autre science, où toutes cependant ont leurs racines et où par conséquent la confusion et l'obscurité peuvent nuire à tout le reste.

L'élément suprasensible des faits est d'ailleurs

fondamentalement le même en tous ; la métaphysique n'a donc pas besoin pour se constituer de multiplier les observations. Elle pourrait à la rigueur se fonder sur la connaissance d'un seul objet, de même que la géométrie sur la connaissance d'un seul corps. Les faits divers ne font qu'aider l'intelligence à mieux remarquer les divers aspects et les diverses conditions de son objet ; ces faits, en ce qui concerne les conditions les plus importantes, se trouvent partout dans l'observation ordinaire. La métaphysique générale n'a donc pas besoin d'être une science d'observation, c'est une science d'analyse et de raisonnement. Comme les mathématiques, elle part de faits acquis par les voies communes, dont elle dégage successivement les diverses propriétés. A-t-on jamais demandé des faits aux géomètres ? Pourquoi en demander aux métaphysiciens ? Je n'en vois qu'une raison, c'est que la plupart des savants connaissent les mathématiques et sont en état d'apprécier la valeur de leurs procédés, tandis qu'ils ignorent absolument les méthodes métaphysiques.

Mais, dira-t-on, la métaphysique n'est pas comparable à la géométrie. Celle-ci prend une notion, l'étendue, qu'elle considère indépendamment de tout corps étendu ; elle y trace des figures arbitraires et en recherche les propriétés. C'est une science toute idéale.[1] Ses conclusions sont rigoureuses mais ne conviennent qu'à la figure idéale ; elles ne s'appliquent au fait que dans la mesure où celui-ci se rapproche de la figure. La métaphysique au contraire a la prétention d'appliquer immédiatement et complètement ses conclusions aux choses réelles ; elle veut décider ce qui est et ce qui n'est pas. Nous ne pouvons reconnaître une telle valeur à des raisonnements abstraits.

J'admets en partie l'objection : oui, la métaphysique est plus réaliste que les mathématiques, elle veut montrer ce qui est. Mais aussi les données dont elle part sont réelles, quoique formulées d'une manière abstraite. Le métaphysicien ne les invente pas, ne les définit pas arbitrairement comme le mathématicien fait les siennes ; il les prend dans le fait. Le géomètre définit un carré par quatre angles droits et quatre côtés égaux, sans s'inquiéter de savoir si une telle figure existe rigoureusement exacte dans la nature. Le métaphysicien ne doit pas définir la substance, l'acte, la cause, sans se référer aux objets qui portent réellement ces caractères. Ses définitions sont ainsi appuyées sur des notions

---

[1] Tota geometria idealis est. (Boscovich *phil. nat. theoria.*)

perçues, objectives ; il en peut donc tirer des conséquences objectives.

La méthode des deux sciences est donc analogue, puisque l'une et l'autre partent de définitions qu'elles développent par l'analyse et le raisonnement ; mais leur portée diffère parce que dans une bonne métaphysique toutes les définitions doivent être prises du fait, tandis que dans les mathématiques il suffit de définir des notions possibles. Il semble donc que si on devait bannir une science comme trop indépendante de l'observation, ce n'est pas à la métaphysique que l'arrêt de proscription devrait s'adresser.

Mais en déclarant que la métaphysique n'est pas une science d'observation, en ce sens que l'observation commune lui suffit à la rigueur sans autre étude, je ne veux pas prétendre que les progrès des sciences d'observation puissent lui être indifférents. Sans doute ses définitions fondamentales et leurs principales conséquences n'en peuvent être atteintes ; aucune découverte ne pourra nous donner une autre manière de concevoir les conditions générales des êtres. Il y aura toujours des causes, des substances, des actes, quand même on viendrait à s'apercevoir que certaines choses qu'on avait prises pour telles ne l'étaient pas en effet.

Mais dans les détails la métaphysique pourra être modifiée par les progrès des sciences physiques, parce que des enchaînements de faits nouveaux peuvent suggérer des rapports nouveaux et changer l'équilibre des rapports déjà connus. Le métaphysicien doit donc se tenir au courant de tous les progrès et en avoir une connaissance suffisamment approfondie, toujours prêt à réviser ses théorèmes, quand il se présente une raison sérieuse de le faire. Cela est vrai surtout de la métaphysique spéciale, où les nouvelles connaissances physiques pourront conduire à modifier dans une large mesure les anciennes théories sur la connaissance sensible, sur la constitution de la matière, sur l'étendue, etc... Et qu'on nous permette de le dire, quitte à passer pour être le jouet d'une illusion rétrograde, les travaux des premiers scolastiques ont une telle supériorité, ils sont l'œuvre d'esprits tellement justes et d'intelligences si profondes, que les modifications réclamées par l'observation moderne ne feront, autant que nous pouvons l'entrevoir, qu'affermir leurs principales théories en les simplifiant, et en les dégageant des altérations postérieures.

Nous voudrions que les savants connussent la métaphysique et nous sommes convaincus qu'ils contracteraient dans son étude des habitudes d'esprit qui les préserveraient des hypothèses hasardées et des conclusions hâtives. Nous voudrions que les métaphysiciens connussent les sciences parce qu'ils y trouveraient de grands avantages pour compléter, éclaircir et consolider leurs théories fondamentales. Malheureusement nous ne voyons qu'indifférence chez les savants qui méprisent ce qu'ils ignorent; nous ne voyons parmi les philosophes que des imprudents, qui abandonnent les bases mêmes de la métaphysique, faute de savoir les concilier avec les sciences, ou des timides qui en maintiennent les plus minutieux détails contre l'évidence des découvertes modernes. Entre ces deux excès nous cherchons une route, persuadés que si le chemin est difficile, il est le seul qui conduise à la conciliation de toutes les vérités. Garder résolument intacts les fondements de la métaphysique, tenir compte des faits scientifiques sans les atténuer, chercher le moyen caché qui concilie les uns et les autres : voilà le but que nous nous sommes proposés. Nous échouerons sans doute, mais nous aurons ouvert la voie.

CHAPITRE VIII

PLACE DE LA MÉTAPHYSIQUE.

Après avoir montré que la métaphysique est une science et qu'elle a un rôle parmi les sciences, il peut être intéressant d'examiner quelle place elle doit occuper dans l'ensemble du savoir.

Loin de nous l'intention de réclamer pour une science quelconque la domination absolue. Toutes les sciences sont sœurs ; chacune, souveraine dans son propre domaine, n'est assujettie qu'à une condition, celle de ne point admettre des solutions qui seraient la négation des conclusions légitimes d'une autre. Cette condition est remplie spontanément entre toutes les sciences bien organisées ; chacune, en se développant régulièrement, se trouve naturellement d'accord avec ses voisines. S'il a paru en être quelquefois autrement entre la physique et la métaphysique, c'est quand l'une ou l'autre de ces sciences sortait de son domaine propre, l'une voulant établir les lois des phénomènes, l'autre voulant prononcer sur leurs causes intimes.

Nous n'établirons donc point notre classification

par ordre de suprématie, n'accordant à aucune science le droit de régenter les autres.

Nous ne suivrons point non plus l'ordre d'utilité. L'utilité est une considération extrinsèque à la science, et une classification doit être fondée sur la nature même de la science.

L'ordre de développement historique ne saurait non plus être invoqué. Cet ordre a souvent des causes accidentelles. En outre, il n'est pas régulier. On voit telle science développée jusqu'à une certaine limite s'arrêter tout à coup jusqu'à ce qu'une autre science développée à son tour lui ait fourni les moyens d'aller plus loin. L'astronomie, par exemple, est une des sciences les plus anciennement cultivées ; mais elle s'est attardée très longtemps sur le système des apparences, jusqu'à ce que les progrès de la physique lui eussent fourni de nouveaux instruments d'observation et la connaissance de plusieurs lois importantes. De même, croyons-nous, l'éducation métaphysique du moyen âge a été très utile à la physique moderne en formant des esprits qui avaient l'habitude de ne point se contenter facilement, mais d'examiner les choses sous toutes leurs faces ; aujourd'hui les progrès de la physique, pourront être très utiles pour développer certaines parties encore peu satisfaisantes de la métaphysique.

Quelques penseurs ont attaché une grande importance à l'ordre d'enseignement. Dans les écoles philosophiques il y a eu de grandes discussions pour savoir s'il y a lieu de commencer par l'étude de la logique, de la psychologie ou de la métaphysique. Ces discussions nous paraissent vaines. A l'exception de quelques sciences mathématiques qu'on ne pourrait comprendre sans connaître certains procédés fournis par d'autres, l'ordre de l'enseignement nous semble devoir être déterminé surtout par la nature de l'esprit qui étudie. Chaque science a ses principes propres puisés dans la nature même de l'esprit humain et dont tout le monde possède une notion suffisante ; chaque science peut donc être étudiée à part. Ce n'est qu'accidentellement que le concours d'une autre science peut lui être utile pour éclairer ses fondements ou pour aider à son développement.

Comment donc classer les sciences ? nous les classons par ordre de dignité, et la dignité s'établit à nos yeux par le degré de généralisation. Nous avons vu avec Aristote que la science ne sera pleine et complète que lorsque l'esprit, en possession de tous les détails, pourra s'élever à un point de vue supérieur, d'où contemplant toutes choses dans leur cause, il saisira facilement leurs rapports et leur place dans l'ensemble. Ceci est un idéal que nous n'atteindrons probablement jamais. Mais il est évident que plus le point de vue d'une science est élevé, plus son objet est général, plus elle approche de la perfection.

En nous dirigeant par ces considérations, nous mettrons au rang le plus bas, je ne dis pas le moins utile, les sciences d'observation, celles qui ont pour but principal de faire connaître les faits, ou de décrire les caractères et les propriétés des individus. Telles sont la botanique, la minéralogie, la zoologie, l'anatomie, et dans un ordre d'idées différent la psychologie et l'histoire.

Au dessus viennent se placer les sciences que j'appellerai inductives, parce que le plus grand nombre s'appuient sur l'induction, celles qui ont pour but d'établir des lois générales : physique, chimie, physiologie, etc. A cette classe on pourra rattacher plusieurs sciences qui méritent plutôt le nom d'art et qui recherchent les lois de leur objet dans un but d'application : telles sont les sciences politiques, la morale et même la logique.

Enfin, nous placerons au rang supérieur les sciences que j'appellerai démonstratives, celles qui, partant de notions conçues ou perçues, en développent les propriétés. Telles sont, par ordre de généralité, la géométrie, l'arithmétique, l'algèbre et en dernier lieu la métaphysique, qui a l'objet le plus général de tous, à savoir : l'être.

La métaphysique se trouve donc placée au couronnement de toutes les études, comme l'être est au fond de toutes choses. Elle a cela d'unique qu'elle s'applique aussi bien aux choses immatérielles qu'aux choses matérielles, son objet les embrassant toutes dans sa généralité. Elle est donc le lien commun des études physico-mathématiques et des études philosophiques. On comprend dès lors combien le discrédit qui a frappé la métaphysique depuis deux siècles a contribué au divorce existant de fait entre ces deux classes de sciences, divorce qui menace de produire la ruine complète du spiritualisme.

Ce n'est pas qu'on ne puisse sans grand travail former un spiritualisme présentable, appuyé sur les impressions naturelles de l'âme et quelques arguments généraux. Mais un spiritualisme vraiment scientifique, c'est-à-dire démontré en rigueur et de manière à résister à toutes les objections, ne saurait exister sans la métaphysique, parce que cette science seule donne une vue claire et distincte de ce premier fond des choses, sur lequel reposent en définitive toutes les grandes vérités morales, sociales et religieuses.

Il faut donc restaurer la métaphysique, et pour cette restauration il faut, à notre sens, le concours de l'élément laïque.

Le clergé seul n'en viendra pas à bout. Il a eu le mérite d'avoir conservé jusqu'ici la métaphysique scientifique; mais il n'a plus comme autrefois la direction du mouvement intellectuel. La diminution de l'esprit religieux, mais surtout le grand développement de l'instruction dans le monde laïque ont renversé la situation établie au moyen âge, alors que toute science sérieuse se trouvait au pied des autels. L'influence scientifique est aujourd'hui aux mains des laïques; on ne fera rien de durable ni d'efficace sans s'être assuré chez eux un point d'appui.

Le clergé ne fait guère d'ailleurs de métaphysique qu'en latin, et ce qui est écrit dans cette langue est condamné par là même à n'être lu que dans un cercle étroit.

Enfin une partie du clergé a peur de la science moderne et cette peur le désarme. Je ne dis pas qu'il ait complètement tort. Les savants modernes, malgré leurs succès dans l'industrie et leurs belles découvertes, ont sur quelques points un langage d'une inexactitude qui rebute les métaphysiciens exercés. De plus beaucoup d'entre eux se font de la science une arme contre l'église ; quand on se voit ainsi attaqué de toutes parts, il faut bien du sang-froid pour se rendre compte que le danger n'est qu'apparent et que le savoir employé ainsi à saper toute croyance a un fond vrai et légitime. Cependant le calme seul peut assurer la victoire. Il faut savoir faire quand même à la science moderne la part à laquelle elle a droit, de peur d'affaiblir son propre crédit par des résistances mal justifiées. Aux laïques donc à se mettre à l'œuvre ! eux seuls en adoptant la métaphysique de l'école pourront la faire accepter au monde laïque.

Le premier pas sera de mettre cette métaphysique en langue moderne. Déjà on a traduit plusieurs ouvrages scolastiques, entr'autres la *Somme* de saint Thomas. Ce beau monument de l'antique science n'a pas été sans exercer quelqu'influence sur des spéculations récentes. Mais la *Somme* de saint Thomas comprend trop de choses, des questions théologiques qui n'intéressent pas les profanes, une physique surannée qui les rebute, etc. Nous préférerions des traductions ou des abrégés d'ouvrages exclusivement métaphysiques; des abrégés surtout, car les écrits du moyen âge sont d'une prolixité que l'esprit moderne ne supporte pas. Ce sera un travail délicat ; il faudra donner en langage moderne l'équivalent des formules antiques. Mais ce travail est nécessaire pour renouer la chaîne des temps.

Sinon la science laïque restera sans métaphysique régulière ; ou, si elle veut en former une, elle sera obligée, dans un temps où les connaissances sont bien plus compliquées de reprendre les tâtonnements des premiers âges, de chercher son point de départ dans la physique avec Thalès ou dans les mathématiques avec Pythagore. Dieu sait après combien d'erreurs elle pourrait arriver au but.

CHAPITRE IX

ANALYSE DE LA MÉTAPHYSIQUE DE SUAREZ.

En attendant qu'un travail complet donne au public en langue vulgaire un résumé de la métaphysique classique, nous voudrions offrir à ceux qui ont le courage de s'intéresser à des matières si abstraites, au moins un aperçu général des questions traitées dans un cours régulier de métaphysique. Nous rendrons ainsi plus complète et plus sensible la démonstration développée dans les pages qui précèdent. Si quelqu'un prétendait que l'étendue ne peut être l'objet d'une science, on lui répondrait facilement en exposant quels sont les problèmes qu'étudie la géométrie et quelles en sont les applications. Montrons de même quels sont les problèmes qui préoccupent le métaphysicien et les utilités qu'apporte leur solution.

Nous avons dit plus haut que la métaphysique est l'étude des êtres en tant qu'êtres, et nous avons indiqué les principales questions qui se rattachent à cette étude. Ces questions se classent sous trois chefs, programme essentiel de toute métaphysique scientifique : 1° les propriétés de l'être, unité, bonté, beauté, etc. 2° les principes constitutifs d'un être, quel que soit cet être ; principes extrinsèques, cause et fin ; principes intrinsèques, matière et forme ; 3° les catégories ou les divers modes de réalisation de l'être : substance, qualité, quantité, etc. Tout traité complet de métaphysique doit passer en revue ces trois ordres de données.

Aristote s'est peu occupé des propriétés de l'être ; cette partie de la science a été particulièrement développée par les scolastiques, sous l'influence des idées platoniciennes. Dans sa métaphysique il a traité surtout des principes constitutifs de l'être. Les catégories ont été étudiées par Aristote dans un ouvrage distinct.

Les philosophes modernes au contraire, quand ils touchent à la métaphysique, approfondissent plus volontiers la première partie, qui traite du bien, du beau, etc. et négligent les deux autres ; c'est un malheur, car on éclaircit précisément dans ces deux parties les notions fondamentales qui peuvent être utiles aux autres sciences. Que si nos penseurs parlent quelquefois des notions de cause, substance, etc., c'est moins pour les analyser que pour en rechercher l'origine, question qui appartient au moins autant à la psychologie qu'à la métaphysique, et qui n'est pour cette dernière science qu'un préliminaire obligé en raison des objections spéciales élevées par le Kantisme.

Rien ne rend plus sensible l'éloignement de l'esprit moderne du vrai point de vue de la métaphysique que les travaux de Kant lui-même, génie puissant, mais dévoyé pour avoir accepté une position fausse. Kant comme Aristote a essayé d'établir des catégories. Mais quelle différence entre les deux séries et comme elle témoigne de la divergence des vues entre les deux philosophes. Aristote ne pense qu'au réel, n'envisage que des objets réels. Ses dix catégories caractérisent toutes des choses réelles. On peut les trouver trop multipliées ; on peut en faire rentrer plusieurs dans les autres,

Aristote lui-même les a quelquefois réduites à trois ou même à deux, la substance et l'accident. Mais il n'y en a aucune sous laquelle on ne puisse mettre un fait, une propriété réelle. Il y a réellement des substances, des quantités, des qualités, des relations, des actions, des passions, un temps, un lieu, des situations diverses, des rapports de possession ou de dépendance.

Les catégories de Kant sont au contraire purement subjectives : ce sont des formes dont l'intelligence se sert comme moyen de classification. On y retrouve la quantité, mais ce n'est plus la quantité matérielle ou la masse dont Aristote avait fait une catégorie ; c'est une notion algébrique qui se divise en unité, pluralité, totalité. La qualité au lieu de représenter certains états des corps ne signifie plus que réalité, négation et limitation. La relation se résout en substantialité ou inhérence, causalité ou dépendance, similitude ou différence. Enfin la modalité comprend la possibilité, l'actualité, la nécessité. Qui ne voit que toutes ces catégories sont fondées sur des notions subjectives? car enfin il n'y a pas des limitations ou des possibilités, comme il y a des qualités ou des actions. Kant fait de l'idéologie; Aristote, de la métaphysique.

Aristote en effet, tout en employant des notions

abstraites, puisqu'il ne pouvait faire autrement et qu'il y a des connaissances que l'on n'obtient à l'état distinct que sous la forme abstraite, ne perdit jamais de vue la réalité concrète et vivante. C'est pour rendre intelligible la vie des êtres qu'il a distingué ces diverses catégories s'engendrant l'une l'autre. Si la substance n'était pas distincte de l'action, l'action de la qualité, l'être ne serait qu'une unité stérile ne produisant rien de réel. Si la substance, l'action, la qualité avaient toutes l'être au même titre, un individu ne serait qu'une agglomération de faits sans lien effectif. C'est parce que les catégories représentent des choses diverses sous des modes d'être subordonnés que l'individu qui les réalise est à la fois un et fécond.

Toute la philosophie du moyen âge depuis Alexandre de Halès et Albert le Grand n'a fait que reproduire, développer et compléter les principes d'Aristote. Depuis le commencement du treizième siècle jusqu'à la fin du seizième, la métaphysique a été étudiée dans les écoles d'après la méthode du Stagyrite. C'était une belle et longue tradition qui méritait au moins le respect ; d'autant plus que si le moyen âge observait peu et mal, il était très propre aux travaux spéculatifs.

Rien n'indiquera plus exactement ce que peut

être la métaphysique et dans quel cercle elle se meut que de résumer ces études aujourd'hui presque oubliées. Il suffira à cet effet d'analyser succinctement le volumineux ouvrage de Suarez intitulé : *Dissertations métaphysiques*, (*Metaphysicæ disputationes*); car le savant jésuite y a réuni en deux énormes in-folio à peu près tous les problèmes que le moyen âge avait agités dans cet ordre d'idées.

Si nous choisissons Suarez, ce n'est pas que nous le considérions comme le plus parfait métaphysicien. Au contraire nous lui trouvons plusieurs défauts importants. Il a selon nous le coup d'œil moins sûr, l'aperçu moins profond que plusieurs de ses prédécesseurs, saint Thomas d'Aquin notamment, avec lequel il est en divergence sur quelques points. Venu après les controverses trop raffinées du quatorzième et du quinzième siècle, il hésite un peu entre les opinions contraires et se renferme volontiers dans une sorte d'éclectisme, excellent s'il était le résultat d'une conception plus haute comprenant ce qu'il a de vrai dans les théories des différentes écoles, mais qui n'est trop souvent qu'une tendance prudente à accepter l'opinion moyenne. Enfin il subit déjà l'influence du Platonisme de la renaissance et par suite il n'a plus le pur esprit du péripatétisme.

Mais Suarez est le dernier de ces grands docteurs qui ont illustré leur nom par la métaphysique scolastique ; depuis on n'a guère fait que le répéter. Son ouvrage est la base de l'enseignement dans les écoles de théologie. C'est d'ailleurs celui où les notions métaphysiques ont été étudiées dans l'ordre le plus méthodique et qui est par conséquent le plus propre à donner une idée nette de la science.

La métaphysique de Suarez comprend, comme nous l'avons dit plus haut, cinquante-quatre dissertations, *disputationes*, où l'auteur étudie l'être en lui-même, dans ses principes et enfin dans ses catégories, suivant la méthode d'Aristote.

Suarez commence par établir quel est l'objet de la métaphysique [1]. Il conclut, ainsi que nous l'avons fait nous-mêmes, que cet objet est l'être en tant que réel. Il approfondit la notion de l'être et prouve qu'elle répond à quelque chose de réel, qui n'est ni la substance ni les accidents, mais commun aux uns et aux autres ; qui n'est point toutefois une nature à part, mais simplement le mode acquis par la substance ou par l'accident réalisé.

Suarez parle ensuite des différentes propriétés de l'être en général : unité et pluralité, vrai et faux, bien et mal.

[1] *Disp.* 1.

L'étude de la notion d'unité fournit des aperçus très-importants, car on y examine ce qui fait l'unité d'un être et jusqu'à quel point l'unité exclut la division [1].

Suarez enseigne que l'unité exclut toujours la division actuelle, mais non toujours la division possible. Il n'y a donc pas, d'après lui, opposition nécessaire entre l'unité de l'organisme, par exemple, et sa divisibilité en parties même vivantes. La vie peut être une quoique communicable. On n'a pas besoin de nier une force vitale une pour expliquer la diffusion de la vie, ni de nier la diffusion de la vie pour maintenir l'unité du principe vital. Une inquiétante antinomie s'efface, d'où l'on voit qu'une thèse abstraite de métaphysique peut quelquefois être d'un grand secours pour résoudre des difficultés très actuelles.

Il est inutile de signaler l'importance des dissertations sur la vérité et sur le bien [2].

Après avoir précisé les notions qui se rapportent à l'idée d'être et qui en sont comme les différents aspects, Suarez se demande, conformément au programme péripatéticien, quelles sont les causes par lesquelles les choses existent [3]. Le mot cause

[1] *Disp.* 4.
[2] *Disp.* 8 et 10.
[3] *Disp.* 12.

n'a point en scolastique le sens restreint que nous lui donnons aujourd'hui. Les modernes n'appellent cause que la cause efficiente proprement dite, celle qui produit un fait ou un être par son action directe. Les anciens donnaient à ce terme une signification beaucoup plus étendue, et s'il y a une expression moderne qui y réponde, c'est plutôt celle de condition employée par Claude Bernard.

Notre docteur distingue quatre sortes de conditions de l'être, qu'il appelle avec Aristote cause matérielle, cause formelle, cause efficiente, cause finale : les deux premières intrinsèques constituant l'objet lui-même, les deux dernières extrinsèques en déterminant la formation.

Les deux causes intrinsèques sont substantielles ou accidentelles, selon qu'elles concourent à former une substance ou un accident. En langage scolastique on appelle accident tout ce qui n'est pas substance, tout ce que nous appelons phénomènes, qualités, propriétés, etc.

L'étude des diverses causes est la partie la plus considérable de l'ouvrage. Suarez explique d'abord ce qu'il entend par cause matérielle des substances ou matière [1]. C'est la donnée la plus obscure de la scolastique. Elle répond certainement à

---

[1] *Disp.* 13.

quelque chose de réel, car tous les corps, indépendamment de leurs natures diverses, ont quelque chose de commun, en plus de l'existence. Quel est ce quelque chose ? Ce n'est pas l'étendue, qui n'est aux yeux des scolastiques qu'une propriété. C'est plutôt ce qui fonde l'étendue. Aussi pour définir nettement la matière, il faudrait d'abord avoir précisé ce qui constitue l'étendue réelle. Quoiqu'il en soit de cette question encore mal éclaircie, Suarez tend à faire de la matière une substance fondamentale quoique incomplète. Il s'éloigne en cela des anciens péripatéticiens pour lesquels la matière isolée n'avait d'existence à aucun titre, et peut-être de la vraie définition qui pourra être donnée un jour de cette notion.

Quant à la cause formelle des substances ou forme substantielle, elle est ce que nous appelons aujourd'hui l'essence. On dit que la forme est cause aussi bien que la matière parce que ces deux notions représentent les deux conditions essentielles et intrinsèques des êtres, sans lesquelles ils n'existeraient pas.

Quand il s'agit d'accidents, la cause matérielle et la cause formelle sont plus faciles à définir. La cause matérielle est le sujet d'une modification en tant qu'il est susceptible de cette modification; la cause formelle est la modification elle-même, en tant qu'elle confère au sujet un état particulier.

La théorie de la forme et de la matière substantielles n'était pas pour les scolastiques une simple subtilité ; elle était liée à une question extrêmement importante, l'unité de l'être humain. Les grands docteurs catholiques, tout en maintenant très haut la spiritualité et les destinées immortelles de l'âme, appréciaient parfaitement à quel point elle est intimement unie au corps. Les nouvelles théories physiologiques sur l'identité de la vie avec l'organisme n'auraient rien à leur apprendre. La distinction de la forme et de la matière leur fournissait un moyen de résoudre cette antimonie entre leurs croyances spiritualistes et les faits d'expérience physiologique. Jusqu'ici on n'a pas trouvé mieux, et tous les philosophes modernes qui n'ont pas glissé dans le matérialisme, ont éludé la question.

La cause efficiente est l'objet d'une longue étude dans l'ouvrage de Suarez [1]. Il la définit : ce qui cause par son action une réalité distincte. Il y a plusieurs sortes de cause efficiente : cause directe, cause accidentelle, cause physique, cause par influence, cause principale, cause instrumentale, etc. Un savant anglais plaisantait de ce qu'il avait

[1] *Disp.* 17 et 18

trouvé quarante-huit sens au mot cause dans Aristote. La plaisanterie retombe sur nos contemporains. Aristote donnait plusieurs acceptions au mot cause ; mais il le savait et distinguait ces acccoptions avec soin. Que d'écrivains modernes, que de positivistes en particulier, emploient ce mot et d'autres dans les acceptions les plus variées sans même s'en apercevoir, et avec une candeur qui est la source des plus étranges méprises !

A l'idée de cause se rattachent plusieurs questions intéressantes. Ainsi l'on peut se demander si c'est la substance qui agit ou si ce sont ses propriétés. Suarez décide que la substance est la cause principale, et que la propriété n'est que la cause instrumentale, conclusion qui prouve clairement que les anciens en distinguant la propriété ou l'accident de la substance, n'entendaient pas rompre l'unité de l'être. L'accident n'est que le mode de la substance qui la rend capable d'agir ; c'est la substance qui agit partout et toujours.

Pourquoi donc distinguer ces choses ? n'est-ce pas multiplier sans nécessité des notions abstruses ? Non, les accidents sont divers, tandis que la substance est une ; si intimement liés qu'on les suppose à la substance, il faut donc qu'ils en soient distincts en quelque manière. Deux choses qui ne sont pas identiques entre elles ne sauraient être identiques à une troisième. Et puisque la diversité des accidents est réelle, leur distinction de la substance doit être réelle ; ce qui ne veut pas dire qu'elle soit substantielle, ni qu'ils forment des entités indépendantes. Cette distinction des accidents et de la substance permet seule de combler la distance qui dans toute autre théorie sépare les esprits des corps. Supprimez-la ; l'intelligence devient l'essence de l'âme, l'étendue l'essence des corps, comme le voulait Descartes. Mais alors quel moyen de rendre compte de tant de faits qui attestent une gradation continue depuis les êtres les plus inférieurs jusqu'à l'homme. Tout est pensée ou mécanisme. Leibniz, le dernier des philosophes qui aient su la scolastique, avait bien reconnu le danger, et il se contentait de faire de l'étendue et de l'intelligence des phénomènes fondamentaux [1].

Une autre question se rattache à l'idée de cause, c'est celle de l'action à distance. Suarez [2] n'admet pas de telles actions, non plus que Leibniz, qui qualifie très librement l'attraction planétaire de force occulte [3]. La notion d'action à distance semble contradictoire à l'idée même d'action. L'ac-

[1]. V. *Conformité de la foi.*
[2] *Disp.* 18 sec. VIII.
[3] V. *Lettres à Clarke.*

tion ne peut être séparée de l'être qui la produit ni de l'être sur lequel elle s'exerce ; elle est donc par elle-même un contact. Est-ce à dire que nous nierons les actions à distance que la science constate, et sur lesquelles le calcul s'exerce avec tant de sûreté ? Non certes, mais nous serons conduits à penser que ces actions ont des causes profondes qui nous échappent encore. Il n'est pas nécessaire de croire que les physiciens ont dès aujourd'hui le dernier mot de l'univers.

A nos yeux, l'attraction à distance caractérise une classe de faits sans les expliquer. C'était au reste la pensée de Newton lui-même, comme le remarque très bien M. Janet [1]. Servons-nous donc de ce terme, puisque l'usage en est nécessaire pour formuler les résultats de la science, mais ne blâmons pas ceux qui recherchent une cause plus profonde, et surtout ne nous fions pas trop à des théories établies sur cette donnée, comme si elle représentait une propriété dernière et irréductible de la matière [2].

Après avoir examiné la nature des causes en général, Suarez établit la différence entre les causes

---

[1] *Matérialisme contemporain.*
[2] Il n'est pas nécessaire, dit le P. Secchi (*Unité des forces physiques*, l. IV), d'admettre que les propriétés physiques soient primitives et essentielles.

nécessaires et les causes libres [1]. Il remarque sagement que si la notion de liberté paraît fort compliquée, cela tient en grande partie aux sens multiples que l'on attribue aux mots liberté et nécessité. La notion de liberté humaine ne s'oppose pas, dit-il, à la nécessité produite par la contrainte extérieure, autrement les animaux seraient libres, puisque leur action est souvent spontanée; elle ne s'oppose pas non plus à la nécessité métaphysique, puisqu'il n'y a que Dieu qui puisse réaliser tous les possibles. La liberté humaine est constituée par ce fait que la volonté peut agir en dehors de toute autre détermination que celle de la raison [2].

Mais, dit-on, le jugement de la raison est toujours nécessaire, car elle n'est pas libre de voir les choses autrement qu'elles ne se présentent. Suarez répond qu'il importe peu que le jugement de la raison soit déterminé. L'homme est libre parce qu'à l'exception du bien, aucun objet n'agit directement sur sa volonté. Le jugement présente à son esprit les rapports des autres objets avec la notion générale du

---

[1] *Disp.* 10.
[2] On ne peut pas dire avec M. Alfred Fouillée que la volonté n'est pas libre, mais que les idées influent sur ses déterminations. La liberté consiste précisément à se déterminer sous l'influence des idées. (*Rev. des Deux-Mondes*, 15 nov. 1870).

bien, et si l'entendement est sain, il les présente toujours tels qu'ils sont. Mais c'est la volonté qui a provoqué les jugements, qui a porté l'intelligence à considérer tel rapport de préférence à tel autre. Elle n'est donc pas nécessitée par l'intelligence; elle s'en sert.

Suarez s'élève de ces questions à la pensée de la cause première et à la nécessité de son intervention [1]. Il donne toutes les raisons qui appuient la notion d'un être créateur et conservateur des choses, et montre comment il est nécessaire que l'action créatrice soit toujours présente pour soutenir les causes secondes, qui n'existent et n'agissent que par lui.

Nous arrivons à l'étude du quatrième principe de tout être, à savoir la cause finale [2]. Suarez montre que la fin est une vraie cause en ce sens qu'elle détermine la cause efficiente. Celle-ci ne peut agir au hasard, car rien n'existe ou ne se produit qui ne soit déterminé [3]. Il faut donc que la cause efficiente, pour agir soit portée à tel ou tel effet déterminé ; c'est la fin qui l'incline. Comme on le voit, la doc-

---

[1] *Disp.*, 20 et 21.
[2] *Disp.*, 23.
[3] La liberté même ne peut passer à l'acte sans une détermination, mais elle a une détermination première, le bien et recherche elle-même les déterminations secondaires.

trine du déterminisme n'est pas nouvelle, et sainement entendue, elle est une des bases fondamentales de la véritable philosophie.

La fin est donc une condition nécessaire de tout ce qui est produit. Mais elle apparaît surtout dans les êtres intelligents. C'est par l'expérience intime de nos actes que nous en acquérons la notion. En effet le caractère propre de la fin est d'être connue, d'être choisie ; son rôle spécial est d'offrir une détermination à l'être libre, que sa nature pousse à la chercher. Si certains agents ont une fin nécessaire imprimée dans leur nature, celui qui les a créés a disposé leur nature à la fin qu'elle doit atteindre. Ils participent donc aussi quoiqu'indirectement à la notion de cause finale.

Passons à la troisième partie de la métaphysique l'étude des catégories.

Avant de traiter des catégories, Suarez établit préalablement la distinction de l'être fini et de l'être infini [1]. Les catégories en effet s'appliquent exclusivement à l'être fini. L'être infini n'est ni accident, ni substance, ni rapport, etc., tandis que l'on peut dire qu'il est un, qu'il est bon, qu'il est cause, etc.

Ici Suarez ne se refuse pas à examiner les perfections que l'on doit attribuer à l'être infini [2]. Il

[1] *Disp.*, 28.
[2] *Disp.*, 29 et 30.

est évident que ces perfections n'offrent à notre manière de voir que des notions en grande partie négatives. Nous savons certainement que Dieu a tout ce qu'il a donné aux êtres finis, mais nous savons aussi qu'il ne l'a point de la même manière. Nos idées sur sa nature sont donc des espèces d'antithèses où nous affirmons de lui certaines perfections, tout en niant le mode précis sous lequel ces perfections nous sont connues. Ainsi Dieu a l'être, mais cet être est un acte, tandis que le nôtre n'est qu'un fait; Dieu a la durée, mais sans la succession qui prolonge notre durée; il a la vie, mais sans le changement qui pour les créatures est le signe distinctif de la vie; il est fécond sans cesser d'être unique. Il réunit ainsi les contraires dans une synthèse mystérieuse, dont le secret nous est inaccessible. Nous en savons seulement assez pour voir que cette synthèse n'implique pas contradiction, qu'elle est donc possible autant que nécessaire, et pour juger de ce que nous devons à la source de tout droit, de toute perfection et de tout être.

Deux dissertations sont réservées à ces questions spéciales. Suarez passe ensuite à l'être fini.[1] Il commence par établir un théorème fondamental, à

[1] *Disp.*, 31.

savoir que dans les êtres finis l'existence est distincte de l'essence, en d'autres termes qu'aucun être fini ne trouve en lui l'énergie qui le fait être, que toute créature a sa racine au dehors. Toute la scolastique est d'accord sur ce théorême, qui n'est que la formule scientifique de cette vérité de sens commun que l'on peut concevoir que le monde n'existât pas. Quelques contemporains, Alexandre Bain entr'autres, ont entrepris de renverser cet axiôme. Le savant anglais prétend qu'il lui est impossible de concevoir la non-existence de la matière. [1] Il lui est bien impossible en effet de se former une image de ce que serait l'absence de la matière; les sens et l'imagination n'ont point de prise sur le néant. Mais, ingénieux et subtil sophiste, si vous en êtes encore à confondre votre imagination avec votre raison, si vous ne savez faire aucune différence entre se figurer une chose et en concevoir la possibilité, comment osez-vous faire la leçon à vingt siècles de philosophie ?

Passons aux catégories d'Aristote. La première est la catégorie de substance. [2] On distingue la substance première et la substance seconde : celle-ci est l'essence considérée en elle-même, l'autre

[1] *Rev. scient.*, 1875-1876, n° 22.
[2] *Disp.* 33.

est l'essence individualisée. Ce n'est pas ici toutefois que Suarez traite la question du principe d'individuation qui a tant occupé la scolastique ; cette question a déjà été examinée par lui dans la dissertation relative à l'unité. Il y adopte la théorie thomiste, à savoir que l'individuation est la conséquence immédiate de la réalisation de la forme unie à la matière.

Après une courte digression sur les substances immatérielles,[2] Suarez traite des substances matérielles.[3] Il entend sous ce nom toute substance engagée à un degré quelconque dans la matière. Puis il passe à l'étude des accidents,[3] nom sous lequel on réunissait les neuf catégories opposées à celle de substance, et qui ont toutes cette propriété commune de pouvoir exister dans un sujet.

Parmi les accidents nous trouvons d'abord la quantité. Sous cette appellation ne figure pas la quantité numérique, propriété générale des êtres, dont il a été parlé à propos de l'unité, mais seulement la quantité continue [4], ce que nous appellerions aujourd'hui l'extension ou la masse des corps. L'extension est distincte du sujet, elle n'est ni sa

[2] *Disp.* 35.
[3] *Disp.* 36.
[4] *Disp.* 39.
[5] *Disp.* 40.

matière, ni son essence, ni son être; c'est une simple propriété. Nous avons vu plus haut que Leibniz approuvait cette manière de voir. La catégorie de quantité, entendue au sens péripatéticien, est très importante parce qu'elle comprend la notion d'étendue. Suarez étudie à cette occasion l'espace, la superficie, la ligne, le point et résume toute la science du moyen âge sur ces données fondamentales, mais obscures. Cette science, je l'avouerai sans peine, ne me paraît pas très satisfaisante. Mais je ne vois qu'un moyen de faire mieux, c'est d'entrer dans la voie ouverte par Leibniz et par Boscovich.

Vient la catégorie de qualité.[1] La qualité comprend non-seulement les diverses formes ou apparences que peut revêtir un sujet, mais toutes les dispositions qui le mettent à même de produire ou de recevoir une action. Suarez est donc conduit à étudier ce que c'est qu'une puissance active ou passive.[2] Il se demande, à cette occasion, si la résistance est l'une ou l'autre de ces puissances. Il conclut qu'elle est simplement un résultat de quelqu'action proprement dite. Ainsi l'impénétrabilité des corps, qui est très certainement un de leurs ca-

[1] *Disp.* 42.
[2] *Disp.* 43.

ractères distinctifs, devrait être considérée moins comme une propriété de la substance matérielle que comme une conséquence de quelque propriété plus cachée. Cette considération pourrait n'être pas inutile pour résoudre la question si difficile de l'étendue réelle.

A la puissance répond l'acte qui en est distinct, comme étant l'exercice de la faculté. La faculté précède l'acte logiquement, mais il n'est pas nécessaire qu'elle le précède dans le temps, car elle peut agir immédiatement.

Suarez se demande encore : qu'est-ce que l'habitude [1]? Deux qualités contraires peuvent-elles exister dans le même sujet? Comment une propriété est-elle susceptible d'augmentation ou de diminution? Je recommande la dissertation quarante-sixième à ceux qui veulent mesurer l'accroissement des sensations, comme on mesure l'accroissement des grandeurs.

La catégorie de relation répond, suivant Suarez, à quelque chose de réel.[2] Toutefois, elle n'indique pas une réalité distincte, comme l'ont soutenu quelques réalistes intrépides, mais simplement le rapport réel de deux êtres entre eux, rapport fondé

---

[1] *Disp.* 44 et 46.
[2] *Disp.* 47.

sur une manière d'être réelle. Tout rapport en effet n'est pas réel ; il y a des relations purement logiques ou de raison.

L'action [1] est différente de la relation, mais elle fonde toujours une relation. Elle est quelque chose de très réel ; c'est l'exercice de la puissance active, l'influence de la cause constituant l'effet.

L'action a toujours rapport à un terme distinct d'elle-même au moins à quelques égards ; on ne conçoit pas d'action sans un terme. Ce terme se reconnaît facilement dans les actions exercées par un être sur un autre. Mais quel est le terme des actions immanentes [2], de celles qui ne sortent point du sujet, telles que la sensibilité et l'intelligence ? Ne semblent-il pas qu'elles n'ont d'autre terme qu'elles-mêmes, que dès lors elles ne sont point vraiment actives, c'est-à-dire productrices de faits ?

Suarez affirme qu'elles sont actives et qu'elles produisent un terme distinct de leur action. Le résultat de cette action retombe sans doute sur elles-mêmes, et par conséquent ne donne point naissance à un effet physiquement distinct : cet effet est cependant distinct modalement. L'effet, c'est le mode que le sujet se donne réellement à lui-

[1] *Disp.* 48.
[2] *Disp.* 48 sec II.

même ; l'action, c'est la démarche qui constitue ce mode. L'effet, c'est la réalité produite en nous ; l'action, c'est l'influence actuellement exercée par laquelle cette réalité est produite. Ces deux choses sont évidemment distinctes, quoique l'une soit le fondement nécessaire de l'autre. Il y a donc terme à l'action, production de quelque chose de réel ; dès lors, véritable causalité.

Considérations d'une grande importance en psychologie, parce qu'on arrive à des résultats différents, selon que l'on envisage la sensibilité et l'intelligence comme des puissances actives ou passives. L'activité de ces puissances qu'il est facile d'ailleurs de démontrer d'une manière directe est un des plus forts arguments contre le matérialisme.

La passion suit l'action [1], elle n'en est distincte qu'en raison ; c'est l'action considérée au rebours.

Une autre catégorie dont l'étude offre un véritable intérêt est celle de la durée [2]. Suarez reconnaît trois sortes de durée; la durée continue ou le temps propre aux choses matérielles, la durée permanente ou *ævum* propre aux esprits purs, et l'éternité qui convient à Dieu seul. La durée n'est pas distincte de l'être, c'est l'être même conçu sous

[1] *Disp.* 49.
[2] *Disp.* 50.

un rapport particulier, celui de permanence.

La catégorie de lieu [1] n'offre aucune question importante, l'étendue, que l'on pourrait y rapporter, ayant été étudiée ailleurs. Il en est de même des catégories de situation et de possession [2] que les scolastiques me paraissent avoir comprises dans un sens beaucoup plus restreint que celui d'Aristote.

L'œuvre de Suarez se termine par une étude sur ce qu'on appelle les êtres de raison [3].

Telle est, autant qu'on peut la faire connaître dans un si court résumé, l'œuvre du savant jésuite de Coïmbre. Il me semble impossible, même après cet exposé sommaire, de soutenir que la métaphysique traite de questions inaccessibles ou sans application. L'expérience ne peut non plus résoudre ces questions à elle seule ; elles doivent être éclaircies par une analyse approfondie de nos concepts étudiés en présence des faits qu'ils caractérisent. C'est ce qu'Aristote et les scolastiques ont essayé de faire.

Direz-vous que, malgré l'apparente rigueur de la forme, leurs raisonnements sont parfois bâtis en

---

[1] *Disp.* 51.
[2] *Disp.* 52 et 53.
[3] *Disp.* 54.

l'air. Je n'ai jamais prétendu que la métaphysique du moyen âge fût irréformable. Je crois toutefois que nous devons la prendre pour base, parce qu'à cette époque, l'esprit humain a fait un effort étendu et puissant pour éclaircir les notions fondamentales et qu'il serait téméraire de n'en pas tenir compte. Réformez ce qui sera reconnu inexact, mais ne rejetez pas trois siècles de travaux conduits par des hommes d'un incontestable génie. Prenez garde que si quelques-unes de leurs conclusions nous paraissent étranges ou en désaccord avec les progrès de la science, c'est souvent parce que nous n'en comprenons plus la véritable portée.

Avons-nous d'ailleurs le droit d'être si difficiles ? Nous savons mieux les faits que les anciens, mais ils connaissaient mieux les principes. A leurs déductions rigoureuses mais quelquefois fondées sur des distinctions subtiles ou hypothétiques, ne peut-on opposer nos inductions, établies sur des faits, mais les interprétant quelquefois avec une singulière témérité ?

On peut subtiliser sur les faits aussi bien que sur les raisons ; et ces savants n'ont-ils aucun reproche de ce genre à s'adresser, qui, sur les moindres circonstances, bâtissent tout un système. C'est curieux, c'est ingénieux ; l'esprit est charmé des vastes horizons entrevus par une si petite ouverture! Est-ce toujours vrai, et n'y a-t-il pas là plus d'imagination que de science ?

Je parle surtout de tant de sciences nouvelles écloses au soleil du dix-neuvième siècle : géologie, archéologie, ethnologie, linguistique, etc. Je ne dis pas que ces sciences soient sans valeur et qu'elles n'aient résolu aucun problème important ; je ne puis toutefois me dissimuler que la partie la plus attrayante, la plus populaire, la plus étendue de ces sciences, offre bien plus d'incertitudes, bien plus de conclusions contestables que la vieille métaphysique si honnie par certains hommes.

Pourquoi donc les appeler sciences et refuser ce nom à la métaphysique ? Parce qu'aujourd'hui la vogue est aux faits, que l'esprit contemporain ne comprend que les faits, et que l'induction la plus fantaisiste, dès qu'elle peut se prévaloir d'un fait, a plus de valeur pour les intelligences superficielles qu'un raisonnement solide, mais abstrait dans sa forme, que le grand nombre ne sait plus même comprendre. C'est ainsi que nous devenons peu à peu la proie du positivisme. Maniée par un Darwin ou un Lubbock, la méthode des petits faits accumulés est si séduisante, elle a des perspectives si imprévues ; il est si facile de charmer le lecteur sans que son esprit travaille, si facile de rendre spécieuse n'importe quelle conclusion à force de petites vraisemblances. L'esprit moderne se laisse aller à cet agrément, mais sa fermeté fléchit chaque jour davantage, et nous arriverons à n'être même plus capables de la vraie science.

DEUXIÈME PARTIE

VALEUR OBJECTIVE DES NOTIONS MÉTAPHYSIQUES.

CHAPITRE I

DE L'ORIGINE DES NOTIONS MÉTAPHYSIQUES.

Nous croyons avoir établi que la métaphysique, dans le sens précis où nous l'entendons avec les péripatéticiens, c'est-à-dire comme ontologie ou étude de l'être, est vraiment une science, qu'elle a un objet saisissable, des méthodes communes avec plusieurs autres sciences, et des problèmes importants à résoudre. Nous croyons que l'on a pu comprendre combien cette étude est nécessaire pour assurer la marche de l'esprit humain, qui ne peut s'élever tant soit peu au-dessus des faits, sans faire un usage conscient ou non des notions métaphysiques. Or, que serait la science, si elle ne donnait que des faits, et n'en pouvait tirer aucune conséquence. Mais ici se présente une sérieuse difficulté. Si on ne peut nier que les êtres eux-mêmes ne soient choses parfaitement saisissables, il n'en est pas tout à fait de même des idées dont la métaphysique se sert pour exprimer la constitution de ces êtres. Il n'y a pas le moindre doute que les anciens métaphysiciens considéraient ces idées comme vraiment et franchement objectives, c'est-à-dire comme représentant quelque chose de réel. Ceci toutefois a été contesté. Après des milliers d'années de confiance en lui-même, l'esprit humain s'est avisé qu'il pourrait bien se tromper. Des substances, des causes, etc., où en a-t-il jamais vu? Il a cherché et il a déclaré avec une sorte de désespoir stoïque qu'il n'en avait constaté nulle part. Ces données ne seraient donc pas la perception de quelque chose de réel, rien ne nous assurerait qu'elles répondissent à une réalité, ou plutôt il serait trop certain qu'elles sont des formes que nous imposons aux choses sans savoir pourquoi, en vertu d'un instinct qui nous pousse. Voilà la série de déductions où il s'est laissé entraîner par sa déconvenue.

Pour expliquer le vice d'une telle situation, il

faut remonter à la crise philosophique qui signale le milieu du XVIIe siècle. Descartes nous paraît avoir une grande part de responsabilité dans cette déviation de l'esprit humain.

Descartes croyait encore à l'ancienne métaphysique, et il s'en servait au besoin ; mais il affectait deux tendances dangereuses, l'une était le mépris de la tradition scientifique, l'autre la hardiesse à mettre en doute tout ce qu'on ne pouvait immédiatement expliquer.

On dit avec raison que le discours sur la méthode a fait époque dans l'histoire de la philosophie. Oui, il a fait époque et d'une manière fâcheuse. Ce n'est pas que la doctrine de Descartes fût en elle-même mauvaise ; elle contenait après tout les données importantes du spiritualisme. Bossuet et Fénelon ont montré ce qu'on en pouvait tirer. Mais le discours sur la méthode fut une rupture avec la tradition, un acte révolutionnaire et antiscientifique. Quoi ! n'ayant qu'une connaissance très superficielle de ce qui avait été enseigné avant lui, faisant même ostentation d'une ignorance plus grande qu'elle ne l'était réellement, un homme entreprenait de reconstruire à lui seul le système entier du monde ! Quelle est la science où de pareils procédés seraient tolérés ?

Il n'y a qu'une chose qui excuse Descartes et qui a fait en même temps son succès ; il représentait fidèlement les tendances de son siècle. Enivrée de l'antiquité, la renaissance n'avait voulu voir que par les anciens. Confinée dans le vieux Platon et le vieil Aristote, Platon surtout plus littéraire, elle ne s'était pas avisée que l'humanité avait pu marcher depuis. Qu'aller faire dans ces écoles où la forme était si pesante ! la popularité les avait abandonnées depuis longtemps. On avait d'ailleurs remarqué et avec justesse que l'école s'était fait un Aristote à sa façon ; c'était précisément le progrès, car, sous prétexte de l'interpréter, on avait approfondi ses vues et rectifié ses doctrines. Mais, dans l'enthousiasme de l'antiquité, la renaissance ne voulait pas douter que l'Aristote païen ne fut supérieur. Il se forma ainsi, sur le modèle des anciens, une philosophie plus littéraire que scientifique. La métaphysique, amie des formules exactes, fut abandonnée pour des spéculations où la hardiesse des vues et la beauté de la forme séduisait davantage l'imagination. Quand Descartes arriva, il trouva cette situation faite. Ce n'est donc pas lui, à proprement parler, qui rompit avec la tradition ; mais il la déclara rompue, il donna à la révolution philosophique conscience d'elle-même.

En même temps qu'il jetait l'école par dessus bord, Descartes émettait la prétention de remettre tout en question, non seulement les propositions admises par ses prédécesseurs, mais même les vérités de sens commun. Il ne faisait grâce qu'à une seule idée, la certitude de l'existence propre. Avec une idée on ne fait rien, pas plus qu'avec un point on ne peut déterminer une ligne. Descartes était donc forcé dans la pratique de se servir comme tout le monde des notions métaphysiques. C'est par les idées de cause et d'essence qu'il allait de l'homme à Dieu.

Mais d'où viennent ces notions très différentes de celle de l'existence, déclarée seule immédiatement certaine? Comment s'y rattachent-elles ? A quel titre peuvent-elles mériter notre confiance? La méthode de Descartes posait inévitablement ces questions.

Il répondait que ces notions sont innées, c'est-à-dire mises par Dieu en nous; elles seraient donc certaines puisque Dieu ne peut nous tromper. Voilà tout d'abord un cercle vicieux : on a démontré Dieu par les idées, on ne peut appuyer l'autorité des idées sur la véracité divine. De plus, dire que les idées ont été mises en nous par Dieu, c'est ne rien expliquer si l'on veut dire que Dieu en est l'auteur

comme il est la source première de toutes choses ;
c'est une erreur dangereuse, si l'on veut dire que
Dieu les produit directement en nous indépendamment de l'application de l'intelligence à quelque objet

L'ancienne philosophie savait très bien que tout
acte intellectuel est essentiellement relatif. Toute
connaissance a un objet et n'existe que par rapport
à cet objet. Il est absurde de connaître sans connaître un objet. Aussi Plotin, après Aristote, remarquait-il que l'intelligence a nécessairement deux
termes, le sujet qui pense νοῦς et l'objet atteint par
la pensée νόητον. Comment s'établit la relation du
sujet à l'objet et quelle est sa nature ? Quelques
philosophes ont paru croire que la connaissance
était impossible sans une relation d'identité.
D'autres et notamment les scolastiques pensent
qu'une relation de similitude est suffisante. En
effet la pensée n'est pas toujours identique à son
objet, mais se présente toujours comme lui étant
conforme. Cette conformité constatée, affirmée,
vivante, est l'essence même de la pensée ; la pensée est un acte qui vise un objet et elle le sait, car
elle ne se produit que dans ce but, elle ne se reconnait de sens et de valeur qu'à ce titre [1]. Personne n'aurait jamais émis le moindre doute à cet

---

[1] S. Th. *de veritate*, 1, 9.

égard, si l'on n'eût envisagé que les faits appelés en langage moderne faits de perception.

Mais il y a dans l'âme d'autres faits : des images mortes qui ne sont que des traces d'affirmations passées, autrement des souvenirs ; des ressemblances réduites à quelques traits principaux que nous appelons idées générales ; enfin quelques notions dont l'origine est couverte d'un voile et que nous appelons conceptions. Ces notions sont ce qu'il y a de plus important en nous, car elles fondent la raison. Dans l'ancienne philosophie on les avait considérées comme également abstraites des perceptions sensibles [1]. Descartes, suspectant les sens, crut bien faire de leur chercher une origine ailleurs ; il n'a pas réfléchi que c'était les dépouiller du caractère intellectuel, puisqu'on les considère dès lors comme établies indépendamment de toute relation nécessaire avec un objet.

Est-ce donc que l'on acquiert ces idées par les sens ? Non ; mais il fallait dire que Dieu nous a donné, outre les sens, une faculté spéciale qui perçoit les idées dans le fait même de sensation où elles sont objectivement réalisées, et qui, une fois

---

[1] Lumine intellectus agentis cognoscuntur per species a sensibus abstractas, sicut ratio entis et unius... (*S. Th. de magistro*).

formées, les distingue et les conserve. Cette solution évite toutes les difficultés, car elle affirme à la fois la valeur propre de l'intellect, sa dépendance de la sensation et la valeur objective des notions qu'il nous présente.

Mais cela avait été dit et Descartes tenait pour règle que tous ses prédécesseurs s'étaient trompés.

Si les notions fondamentales existaient en nous indépendamment de toute perception, on ne pourrait les employer avec sécurité. Assurément les axiômes qu'elles fondent s'appuient sur l'identité des termes. Mais si ces termes n'ont été vus nulle part, comment s'assurer qu'ils se rencontrent en effet dans l'ordre réel? Le bel avantage de savoir que l'idée d'effet renferme celle de cause, si je n'ai aucun moyen de m'assurer qu'il y a vraiment dans la nature des effets ou des causes. Si nous n'avons vu aucun effet, à quel signe les reconnaître et de quel droit affirmer que telle chose est un effet. Je conçois qu'on se révolte contre un acte de foi aveugle à une affirmation pour ainsi dire instinctive. Si, contre l'impression du sens commun, les conceptions fondamentales ne sont que des imaginations en l'air, qui peuvent se rapporter ou non à quelque chose de réel, je n'en veux pas dans la science, car la science n'est que vérité et vous ne pouvez pas, sans la fausser, y introduire un élément qui n'est pas marqué au poinçon de la vérité. Direz-vous que, sans ces notions, on ne peut édifier la science? Dans ce cas la science même est impossible. C'est un jouet d'enfant. Otez-le. Ce n'était pas la peine d'abandonner la naïve confiance de nos pères fondée sur le sens commun et la nature.

Mieux vaudrait souvent en effet ne pas soulever une question que d'en donner une solution mauvaise. La question de l'origine des idées est devenue le cauchemar de la philosophie moderne. Il n'y a pas d'école qui n'ait essayé de la résoudre; il n'y en a aucune qui ait pu faire prévaloir universellement une solution.

Après Descartes, Malebranche tente d'éclaircir le problème. Pour ce mystique, la question est simple : l'idée de Dieu, c'est Dieu lui-même que l'on voit, et en effet quel type semblable à lui Dieu peut-il nous présenter? Quand on voit Dieu, il n'y a rien que l'on ne puisse voir; il est le type premier de toutes choses. En lui nous trouvons facilement les notions dont nous avons besoin. La solution de Malebranche écarte donc toutes les difficultés, mais en en créant une nouvelle plus forte. Qui peut se persuader à soi-même qu'il a la vue directe de Dieu? Quelques âmes religieuses prenant leurs sentiments pour des réalités se feront cette illusion. Mais alors qu'on ne parle plus de science. La science repose essentiellement sur l'expérience commune et vérifiable pour tous. Le savant de génie découvre sans doute des phénomènes que ses contemporains n'avaient pas su trouver. Mais une fois le fait montré, il est indispensable qu'avec une attention suffisante tout le monde puisse le saisir. Même guidé par Malebranche, mon esprit n'arrive pas à avoir conscience qu'il perçoit Dieu.

Après Malebranche, c'est Locke.

Locke a dans l'histoire de la philosophie un renom de matérialiste qu'il ne nous paraît pas avoir complètement mérité. Ses intentions étaient certainement spiritualistes. Mais en qualité d'Anglais, il était homme d'expérience; bonne tendance, qui peut toutefois devenir dangereuse, si elle n'est pas dirigée par une raison suffisamment développée. Chez Locke l'éducation de la raison laissait à désirer, c'est pourquoi il était souvent entraîné à des assertions fâcheuses dont il ne prévoyait pas les conséquences.

Locke comprenant qu'il fallait à nos idées une origine objective, chercha cette origine dans l'exercice de deux facultés, la sensation et la réflexion.

Tout le monde comprend le mot sensation, mais le mot réflexion est beaucoup moins clair. Fallait-il l'entendre, comme les matérialistes qui se sont autorisés de Locke, dans le sens vulgaire, c'est-à-dire du travail de l'esprit sur les idées qu'il a acquises? Dans ce cas le mot réflexion n'indiquait pas une source primitive et originelle d'idées. Fallait-il croire, au contraire, comme le faisait complaisamment Leibniz, que la réflexion comprenait l'observation intérieure, la conscience? Si nous consultons Locke lui-même, cette interprétation bienveillante est difficile à soutenir. Il admet l'expérience intérieure, mais en fait il ne s'en sert pas et explique l'origine des idées sans en tenir aucun compte. Tous les exemples qu'il cite, toutes les déductions qu'il établit, sont fondés sur ce que les faits offrent de plus matériel. L'ancienne école avait dit, comme lui, que toutes les idées viennent des sens. Mais, ainsi que nous l'indiquions plus haut, les scolastiques reconnaissaient dans ces idées le résultat d'un travail de l'intellect mis en présence du fait sensible. L'intellect illumine et perçoit en même temps ce qu'il illumine; il lui faut un objet à éclairer, mais dans cet objet il éclaire et saisit des conditions qu'aucune autre faculté ne pourrait mettre en évidence. Locke était loin de ces grandes idées. Ne pensant qu'aux objets, il avait oublié la lumière, dès lors il ne pouvait expliquer la vision.

Leibniz avait bien mieux compris l'opinion péripatéticienne en disant que tout ce qui est dans l'esprit vient des sens, excepté l'esprit lui-même. Son opinion de l'origine des idées dans la contemplation que l'âme fait d'elle-même, tout aussi expérimentale que celle de Locke, était en même temps bien plus voisine de la vérité. Reid aussi par sa théorie de la perception rationnelle, s'est approché de la vraie solution. Malheureusement ni Leibniz, ni Reid, n'ont assez creusé la question : le premier, parce que son génie le portait à ne toucher que les sommets, laissant les détails à la méditation du lecteur ; le second parce que son esprit solide, mais un peu timide, n'aimait pas à se hasarder dans des questions trop ardues. Nous verrons d'ailleurs bientôt que si l'origine des idées métaphysiques est vraiment dans une expérience intérieure, cette origine n'est pas si simple qu'elle ne demande quelques explications. Faute de les avoir fournies, ni Leibniz, ni Reid n'ont tranché le nœud gordien, ni donné un point d'appui suffisamment solide contre le scepticisme.

Quant à la tentative d'expliquer l'origine des

idées par une expérience purement matérielle et sensible, elle n'a eu et ne pouvait avoir qu'un résultat, celui de les dénaturer. Elle n'a pas détruit en fait la valeur de ces idées dans l'esprit humain ; il s'en sert et il s'en servira toujours, parce qu'il suit sa nature indépendamment des systèmes des philosophes. Mais, c'est depuis cette époque que l'on s'est mis à présenter des définitions tout à fait inexactes des notions métaphysiques, définitions qui par Hume sont arrivées jusqu'à Stuart Mill et qui constituent un des plus curieux efforts de l'esprit humain pour se mentir à lui-même.

Que restait-il à faire ? Locke ayant échoué, Leibniz n'ayant présenté aux philosophes qu'une énigme, Kant crut qu'il n'y avait d'autre parti à prendre que de se rejeter dans l'opinion de Descartes, et d'en accepter hardiment toutes les conséquences. Il admit donc que les idées sont de pures formes de l'esprit, des conditions subjectives de la pensée, que nous n'avons aucune certitude qu'elles répondent à quelque chose de réel, que nous n'avons pas même à nous occuper de cette question, la vérité ne consistant pas à savoir ce qui est réellement, mais à penser suivant les lois imposées par la nature à nos facultés.[1] Ainsi l'intelligence

---

[1] *Logique*, trad. de Tissot.

tirerait des conclusions comme l'arbre porte des fruits ; l'arbre n'a pas à s'inquiéter pour qui il fructifie, ni l'intelligence de savoir à quoi sa conclusion répond dans l'ordre réel. Et cependant l'homme veut connaître, et Kant lui-même voulait connaître, suivant le vieux sens du mot, savoir ce qui est. C'est pour cela qu'il s'était réfugié dans la morale et y cherchait une certitude qui lui avait échappé en métaphysique.

Ce que vaut une pareille ressource, l'expérience l'a montré ; les successeurs de Kant ont laissé de côté sa certitude morale et n'ont fait attention qu'à la critique de la raison pure. La conclusion évidente en était que la raison n'a rien à faire avec l'être objectif ; qu'elle suit sa voie sans s'inquiéter de la réalité. Ce n'est pas à la raison à se préoccuper du réel ; c'est au réel à être d'accord avec la raison ; telle paraît avoir été la pensée dominante des grandes écoles allemandes. La philosophie n'est plus une science, c'est un poëme, où la palme appartient à qui a le mieux suivi les règles de l'art.

L'opinion de Kant sur l'origine des idées est le ver rongeur de la philosophie moderne. Elle la dépouille de tout caractère scientifique ; elle en fait un rêve, un jeu d'esprit, qui ne signifie rien et qui n'a rapport à rien. Malheureusement, elle est aujourd'hui la seule solution qui ait quelque vogue. Les gens prudents s'en tiennent éloignés, mais eux-mêmes ne présentent pas de solution positive et préfèrent s'en rapporter au sens commun. Le Kantisme a produit cet esprit critique qui tend à dominer de nos jours et dont le caractère propre est d'éviter toute affirmation. Il a facilité l'avènement du positivisme qui essaie de constituer la science totale sans métaphysique ; tentative impossible, logique toutefois, puisque les philosophes ne trouvent pas moyen de donner aux notions métaphysiques une solidité absolue. Mais quoi ! La science expérimentale elle-même est-elle solide en bonne logique ? Que nous démontre-t-elle ? Que toutes les sensations sont des faits subjectifs, répondant ordinairement sans doute mais non inévitablement à l'existence d'un objet extérieur et ne ressemblant point à cet objet. Elle n'étudierait donc que des phénomènes, des apparences, s'il n'y a pas quelque principe qui prouve que la sensation se relie aux faits et leur est proportionnelle. Ainsi vous vous réfugiez vainement dans l'expérience, les sens ne vous donnent pas le réel, si la raison ne le donne pas. L'homme a soif de certitude, mais il n'a pas le moyen d'y atteindre. Savoir est une utopie, une manie qu'il faut abandonner. Qu'est le monde pour nous? une suite de sensations, une lanterne magique, une hallucination persistante. Qu'est le moi? la possibilité de ces sensations. Voilà l'opinion développée par M. Taine avec la fougue de sa logique française. Cependant de l'autre côté du détroit M. Bain prend par le menu tous les faits de sensation, pour essayer d'en tirer une intelligence qui ne recevrait rien d'ailleurs. M. Bain a parfaitement réussi à expliquer ce que peut être une intelligence de singe, et je recommande son livre à ceux qui veulent se rendre compte de la manière dont l'instinct animal se comporte. Mais il ne présente rien qui ressemble à une intelligence avide et capable de vérité.

La question de l'origine des notions métaphysiques n'est donc pas résolue, et il faut à tout prix la résoudre. Telle est la vérité de la situation. Elle n'est pas résolue, puisque personne n'a encore expliqué cette origine, en conservant à ces notions le sens vrai et objectif qu'elles ont dans la conscience humaine. Il faut la résoudre, car les difficultés élevées sur ce point autorisent toutes les attaques contre nos connaissances les plus précieuses.

N'est-il pas trop hardi de chercher une solution,

après laquelle la philosophie court en vain depuis trois siècles? Le problème ne serait-il pas insoluble?

Ah! ne désespérons pas si facilement de l'esprit humain. Dieu ne nous a certainement pas mis entre les mains une arme faussée. Il n'a pu nous soumettre au doute invincible sur une question de cette importance. Il y a une chose que l'on n'a pas essayée jusqu'ici : c'est d'apporter sur ces questions, non pas l'opinion des scolastiques, car ils ne les traitaient pas directement, mais leur esprit d'analyse, leurs procédés et leur méthode. Par une coïncidence fâcheuse, au moment même où se posait une des questions les plus difficiles que la science puisse aborder, l'esprit moderne s'éloignait en philosophie de ces habitudes sérieuses, méthodiques, régulières, avec lesquelles son éducation avait été faite et qui l'avaient élevé à une si haute puissance. En cherchant dans les ouvrages de nos vieux métaphysiciens, peut-être trouverons-nous des points de vue mieux choisis, des considérations plus approfondies qui nous aideront à résoudre le problème. « La secte des nominaux, disait Leibniz, entendant sous ce nom les réalistes modérés, est très profonde et très en rapport avec les besoins de notre époque. » Les opinions développées par cette école pourront donc peut-être nous mettre sur la voie d'une solution qui échappe à l'esprit moderne, très ami de la lumière et de la netteté, mais un peu paresseux à s'enfoncer dans des profondeurs où il faut se donner bien du mal pour amener la clarté du jour.

CHAPITRE II

CONTROVERSES SUR LA VALEUR DES NOTIONS MÉTAPHYSIQUES.

L'origine objective de toutes les notions métaphysiques ou idées fondamentales de la connaissance n'est pas également contestée.

Nous avons indiqué dans la première partie quelles sont ces notions ; premièrement les catégories : substance, quantité, qualité, etc., puis les éléments constitutifs de l'être, matière, forme, cause efficiente, cause finale.

Ces notions avaient toujours été considérées, dans la philosophie scolastique, comme signifiant quelque chose de réel. Aujourd'hui, il y en a encore quelques-unes où l'on reconnaît volontiers l'expression de faits perçus.

Aucune difficulté sérieuse ne s'élève sur la réalité

de l'extension corporelle, que les péripatéticiens désignaient par le terme de quantité. On ne conteste guère non plus que nous connaissions des actions, des passions, des relations existant objectivement. Tous les objets des études expérimentales sont de cette nature. Mais la notion de substance est très attaquée ; et le temps et l'espace, s'ils ne sont guère contestés en tant que les choses se succèdent réellement et ont réellement une condition qui répond à l'étendue, sont regardés, en tant qu'on les envisage en eux-mêmes, par les uns comme des notions purement nominales, par d'autres comme des réalités complètes.

Parmi les éléments constitutifs de l'être, la distinction de la matière et de la forme est à peu près abandonnée aujourd'hui, mais cette question ne touche qu'à certains problèmes spéciaux, et non aux fondements de la connaissance : nous pouvons donc la laisser ici de côté. La forme et la matière réunies, constituaient dans l'idée des scolastiques l'essence des choses physiques, essence qui, en tant qu'elle est réalisée actuellement, est identique à la substance, la première des catégories. Quant aux notions de cause efficiente et de cause finale, elles sont très défigurées par certaines écoles modernes, et ont besoin d'être examinées de près.

Nous aurons donc, pour le but qui nous occupe, à établir l'origine et par suite la valeur objective et la véritable signification des notions de substance, de cause efficiente et de cause finale. Il faudra aussi considérer en quel sens et de quelle manière les notions d'espace et de temps sont objectives. Enfin nous devrons examiner la valeur d'une notion très importante dans la philosophie depuis le christianisme, et que l'antiquité soupçonnait à peine, celle de l'infini. Bien que cette notion ne soit pas fondamentale, comme les précédentes, en ce qui touche à la véracité de l'intelligence humaine, elle est souvent présentée comme la plus importante des idées innées, elle peut par conséquent, si elle est reconnue telle, créer en faveur de cette théorie cartésienne, dont nous avons montré les dangers, un préjugé que nous ne voudrions pas laisser subsister.

CHAPITRE III

DE LA SUBSTANCE.

La notion de substance est-elle immédiatement objective, en ce sens que nous connaissions directement et distinctement des substances en elles-mêmes et que nous abstrayions de l'idée qu'elles nous présentent un concept général ? S'il en était ainsi, il n'y aurait pas de discussion possible, ce mode d'objectivité échappant par sa nature même à toute critique. Ainsi personne ne conteste la notion de couleur. Chacun de nous, voyant à tout instant des couleurs, et pouvant comparer avec ces perceptions l'idée abstraite qu'il s'en est formé, ne peut douter que cette idée ne réponde à un ordre de faits réels, ayant bien le caractère commun que nous en affirmons.

Mais les choses ne se passent pas aussi simplement pour la notion de substance. Comment en effet indiquer des substances que nous connaissions dans leur caractère propre et distinctif comme substance ? Il est presque impossible de le faire tant pour l'expérience extérieure que pour l'expérience intérieure.

A l'extérieur, on a reconnu depuis longtemps que la nature intime des substances nous échappe. Je ne crois pas, ainsi qu'on l'a vu plus haut, qu'Aristote eût à ce sujet une opinion étudiée. Je pense qu'il regardait d'une manière générale l'étendue et la forme particulière du développement de chaque être comme l'expression de son essence intime, et que s'il distinguait de cette essence les dimensions et même diverses qualités permanentes des corps, c'est moins, suivant le langage scolastique, comme on distingue une réalité d'une autre *rem a re*, que comme on distingue les divers aspects d'une seule réalité. Il pouvait donc admettre que la définition de la chose par ses propriétés fondamentales en exprime directement l'essence substantielle.

Mais les scolastiques qui n'ont jamais pris Aristote pour guide qu'à condition de le plier à leur manière de voir, ont été beaucoup plus loin. Saint Thomas admet que souvent on est obligé de définir indirectement la substance par les accidents, faute de connaître sa nature intime[1]. Suarez, ainsi que nous l'avons vu, reconnaît que les formes substantielles échappent à l'expérience. Il cherche la preuve de leur existence dans un grand nombre d'indices, et notamment dans celui-ci : que tout être a plusieurs propriétés essentiellement distinctes l'une de l'autre par leurs caractères propres, et que par conséquent ces propriétés doivent être réunies par quelque chose de plus intime pour former un seul être. De telles raisons seraient inutiles s'il eût

[1] Quia tamen formæ substantiales, quæ secundum se sunt nobis ignotæ, innotescunt per accidentia, nihil prohibet interdum accidentia loco differentiarum substantialium poni. (*Somme théol.*, I° 77, 1.)

pensé que nous eussions une perception directe de la substance¹.

L'opinion que la substance intime des êtres est inconnue ressort encore plus nettement de la manière dont les scolastiques ont distingué de l'essence les propriétés mêmes les plus fondamentales. Ils enseignaient en effet que l'intelligence n'est pas l'essence des âmes et que l'étendue n'est pas l'essence des corps. Qu'est donc l'essence et comment la caractériser ?

En ce qui concerne l'intelligence, l'école thomiste en particulier a toujours été très explicite. Le docteur angélique déclarait ouvertement que

¹ Je ne résiste pas au désir de copier ici un passage de Suarez qui fera taire, je l'espère, les scrupules de quelques scolastiques modernes : Nec censeo inconveniens concedere nullam substantiam cognosci a nobis quidditative in hâc vitâ: quin potius existimo sufficienti experimento id notum esse. Quod enim a tantis philosophis et tanta adhibita diligentia compertum non est, satis verisimile est excedere naturalem facultatem humani ingenii : non video autem inventam esse adhuc hanc quidditativam cognitionem alicujus substantiæ ; quam enim maxime videmur cognoscere est humana species vel anima, sed illamet cognitio tam est imperfecta ut quidditativa dici non possit. De accidentibus vero quæ non per se sentiuntur, idem dici facile potest, de iis vero quæ per se sentiuntur, major haberi potest cognitio, quia per propriam speciem concipiuntur. Sed adhuc illa non videntur quidditative cognosci, quis enim adhuc satis explicuit quid sit sonus, odor et similia ? *Disp.* 35 sec III, n° 8. — Était-il possible de mieux prévoir toutes les difficultés et que peuvent dire de plus les savants d'aujourd'hui ?

toute créature est nécessairement distincte non-seulement de son intellect, mais encore de toutes ses activités. Il se fondait sur une raison qui me paraît très profonde, la différence essentielle qui existe entre l'être et l'action. L'être est fixe et déterminé pour chaque individu, l'action au contraire s'étend à une foule de choses et comporte dans son principe immédiat une certaine latitude[1]. Ces deux natures ne peuvent donc être identiques. Elles sont sans doute renfermées dans la même créature ; elles sont le complément l'une de l'autre, intimement liées, parce qu'elles subsistent de la même subsistance individuelle ; mais elles offrent des concepts distincts, qui excluent l'idée d'une identité métaphysique.

Quant à l'étendue physique ou extension corporelle, on pourrait lui appliquer les arguments de l'école thomiste, si l'on adoptait la théorie moderne pressentie par Leibniz et Boscovich des atômes centres de force. La substance de l'atôme serait en effet nécessairement distincte de la force dont il est doué et qui rayonne de tous côtés autour de lui. Mais sans recourir à ce système

---

[1] Actio angeli non est ejus esse, neque actio alicujus creaturæ... Intelligere et velle quantum est de se habent se ad omnia. Esse autem alicujus creaturæ est determinatum ad unum secundum genus et speciem.(*Somme théol.*, 1ʳ, 54,2.)

encore insuffisamment autorisé, les scolastiques ne manquaient pas de raison pour distinguer l'étendue de la matière.

Tout le monde sait que l'étendue réelle est fondée sur la résistance ; sans résistance l'étendue n'est plus qu'une forme vide. C'est la résistance qui l'actualise et qui y manifeste l'existence d'un corps. Mais la résistance, disaient les scolastiques, est distincte de la substance nue, car l'impénétrabilité, l'impossibilité d'occuper à la fois le même lieu n'est pas une chose qui tienne à l'idée même de substance. La substance n'est pas en effet tout ce qui est caractéristique de l'individu; c'est son degré d'être, ni plus ni moins. On conçoit, d'un côté, une seule substance agissant simultanément sur plusieurs points, telle que l'âme végétative dans le corps animal, d'un autre côté, plusieurs substances agissant à la fois sur un même point, par exemple une substance matérielle et une substance spirituelle [1]. L'impénétrabilité tient donc à une circonstance particulière différente de la substance.

Trouvez-vous cette argumentation un peu subtile ? Leibniz a donné une autre raison qui me paraît

[1] Necesse est ut hic effectus et hæc repugnantia proveniat ab aliqua re distincta a substantia et qualitatibus quandoquidem hæ solæ inter se non habent illam repugnantiam. (Suarez, disp. 40 sec. 11).

très-nette : si l'on connaissait, dit-il, la substance d'un être, on connaîtrait nécessairement toutes les propriétés dont elle est la source. Or l'étendue ne fait connaître seule aucune autre propriété des corps ; elle n'est donc pas leur essence [1].

Le cartésianisme a rejeté l'opinion scolastique et déclaré que l'intelligence est l'essence de l'âme et l'étendue l'essence des corps. A ce compte nous connaîtrions réellement la substance des choses, car la substance n'est que l'essence actualisée. Mais telle est la force de l'évidence que malgré le succès extérieur de la théorie cartésienne, l'idée que l'essence intime est inconnue n'en a pas moins persisté quant aux corps. Elle est dans le sentiment de tous les philosophes et de tous les savants modernes.

Cette idée ressort en effet de tous les progrès des sciences physiques. Plus nous avançons dans l'étude du monde, plus nous sentons que le premier fond nous échappe. Tous les caractères qui ont pu être regardés successivement comme substantiels perdent cette apparence devant une étude plus attentive ; on reconnaît bientôt qu'ils sont très-extérieurs. On creuse, on creuse toujours, et plus

[1] *Lettres à Pellisson*, éd. Foucher Careil, p. 210.

on avance, plus on se convainc que ce qui était considéré comme le fond est encore bien près de la surface.

D'un autre côté, toutes les études expérimentales qui ont été faites sur le mode d'acquisition de nos connaissances, en tant qu'elles proviennent des sensations, tendent à prouver que notre connaissance des corps, considérés comme existant en eux-mêmes, dérive d'un raisonnement spontané et non d'une perception intuitive. L'idée d'extériorité, la distinction du moi et du non moi semblent le résultat d'une suite d'expériences qui nous expliquent nos sensations. Sans le tact qui par notre action arrêtée nous révèle un obstacle, nous ne saurions guère si les phénomènes des autres sens ne sont pas des effets purement subjectifs [1]. Ce n'est que par des tâtonnements successifs que nous arrivons à localiser les corps, à apprécier leur grandeur et leur distance. La théorie nativistique qui attribue à l'œil une faculté innée d'appréciation paraît de jour en jour moins défendable. Quant aux qualités sensibles, dites secondaires, couleurs, sons, odeurs, chaleur, on sait depuis longtemps que ce sont des effets de certains états des corps dont nous ne

---

[1] Bernstein, *rev. scient.*, 1875-1876, n° 21.

devinons la nature réelle que par une étude très compliquée.

Tant que la physiologie marchera dans cette voie et elle n'est point près de la quitter, je ne vois pas comment on pourrait soutenir que nous connaissons intuitivement du monde extérieur autre chose que des apparences superficielles.

Mais le monde intérieur de l'âme ne nous est-il pas beaucoup mieux connu ? en dépit de la thèse thomiste, ne connaissons-nous pas directement cette substance qui est la nôtre ? On ne peut nier que nous ne soyons à nous-mêmes une grande expérience : nous connaissons incontestablement notre existence, nous nous voulons, nous nous cherchons, nous nous possédons ; c'est par là même que nous nous sentons une personne. Comment toutes ces choses seraient-elles possibles, si notre subtance nous était inconnue ?

Aussi l'opinion de Descartes que l'essence de l'âme est connue directement et que cette essence est la pensée a été soutenue par de nombreux philosophes. Aristote n'était-il pas au fond de cet avis, puisque la forme des formes, l'essence suprême était à ses yeux la pensée pure, νοήσις ?

Dans le moyen âge beaucoup de scolastiques ont soutenu que l'âme n'avait pas d'autre propriété

que son essence même, et dans les écoles modernes
cette opinion est à peu près générale. Cependant
les démonstrations de saint Thomas d'Aquin subsistent. Suarez les confirme en remarquant que la
pensée n'est pas la seule faculté de l'âme, et qu'il
est absurde que la vie, la sensation, l'intelligence,
la volonté, choses si différentes l'une de l'autre,
soient toutes identiques à l'essence de l'âme [1]. En
dehors des démonstrations métaphysiques, les
progrès récents de la biologie me paraissent rendre
toute autre opinion inacceptable. Descartes en effet
ne pouvait considérer la pensée comme l'essence
de l'âme sans supposer que toutes les opérations
de l'âme se réduisent à la pensée. Dès lors,
l'âme n'a aucune action sur le corps, suivant
l'opinion de Leibniz, trop cartésien en cela seulement; ou cette action, suivant l'opinion de Stahl,
ne s'exerce que par des actes d'intelligence. Or
l'animisme de Stahl est complètement abandonné
aujourd'hui, et la thèse qui place l'intelligence
dans le corps, comme un pilote sur un navire, ne
peut plus tenir contre la démonstration, résultant
de faits constatés, que tout se lie dans l'homme.
Depuis l'acte intellectuel jusqu'aux dernières actions
chimiques, tout s'unit, tout s'enchaîne. Chaque

---

[1] *Disp.* 18 sec. III, n° 23.

démarche d'une faculté détermine une action de toutes les autres. Rien d'isolé, rien de séparable. On ne peut séparer la sensibilité de l'intelligence, puisque la conscience s'étend de l'une à l'autre. On ne peut séparer la sensibilité de la vie animale, puisque la sensibilité s'unit aux actes les plus profonds de la vie, y exerce une influence telle que, selon qu'elle est bien ou mal disposée, les actes vitaux les plus essentiels s'accomplissent d'une manière favorable ou défavorable. Enfin on ne peut séparer la vie des propriétés physiques et chimiques dont elle n'est que l'application dans un certain ordre déterminé par l'évolution vitale. « Les manifestations les plus caractérisques de la vie, dit Gavarret, loin d'accuser l'intervention de forces spéciales et indépendantes du support, doivent être considérées comme le résultat de la mise en jeu des activités propres de la matière organisée[1]. »

Ainsi de l'intelligence jusqu'à la molécule organisée tout est un ; malgré les différences énormes des propriétés, tout se tient comme dans un seul être, rien ne subsiste isolé. Il est évident que le secret de cette unité nous échappe. Nous ne connaissons donc pas l'essence de l'âme,

[1] Gavarret. *Phénomènes de la vie*, ch. II, art. III.

suivant la remarque de Leibniz, sans quoi nous verrions clairement comment elle est capable de s'unir à la matière et d'y produire la vie.

Que connnaissons-nous donc ? certaines manifestations de l'âme, certains actes formés par la sensibilité et l'intelligence, saisis au moment de leur formation. Mais du premier fond d'où sortent ces manifestations nous ne savons rien; nous ne pourrions le caractériser par sa forme propre et essentielle, nous n'en savons que cette circonstance d'être le point de départ et le centre des faits connus.

Avez-vous vu quelquefois un navire flottant à travers un brouillard épais ? Vous apercevez peut-être le haut des mâts, quelques traits vagues indiquant la voilure là où la brume est plus légère. Le reste du bâtiment se dessine comme une ombre confuse. Vous pouvez peut-être saisir la direction que suit la navire, mais vous ne pouvez connaître ni son mode de construction, ni sa nationalité. Ainsi l'homme, placé aux confins du monde intellectuel, ne voit rien de complet parce que sa vue est toute embrumée. Il voit bien que des êtres existent, il les voit accomplir des actes ; mais il ne saurait démêler leur nature ni leurs caractères intimes.

Ce peu que nous savons suffit cependant pour nous faire saisir notre existence individuelle, parce que les actes que nous voyons, bien que n'étant pas l'essence du sujet, y sont étroitement rattachés, n'existent que de l'existence du sujet. Ils sont produits par la vertu du sujet; ils sont le sujet lui-même s'incarnant dans certains modes spéciaux. Qui connaît la pensée, connaît vraiment l'existence du sujet qui pense. La nature propre de ce sujet ne nous est point découverte, mais son existence nous apparaît sous la forme qu'il a revêtue. C'est ainsi que sans connaître le caractère propre qui est l'essence intime de notre âme, nous en connaissons cependant l'existence individuelle et personnelle.

Mais l'existence n'est pas proprement la substance. La substance est considérée généralement comme le fond intime caché sous les phénomènes. Si donc nous ne connaissons aucune substance, d'où nous vient cette idée ?

Précisons bien en quoi consiste la notion de substance telle que nous l'avons et dans ce but examinons sa définition.

La définition de la substance a donné lieu à de nombreuses discussions. Pour les nominalistes du moyen âge, pour Locke, pour les positivistes modernes, la substance n'est qu'une notion artificielle par laquelle nous caractérisons une collection de propriétés[1]. Prouver que dans les êtres connus nous ne pouvons indiquer que des propriétés, ce n'est pas une chose difficile. Tous les empiristes s'acquittent assez bien de cette tâche. Mais il est autrement périlleux de soutenir que cette collection de propriétés constitue réellement à elle seule l'idée que nous nous formons de la substance.

Est-ce sérieusement que Locke s'est imaginé qu'il ne connaissait dans tel ou tel corps qu'une collection de faits ou de propriétés sans fond commun réel et objectif ? M. Bain ou M. Taine sont-ils bien convaincus qu'ils ne sont eux-mêmes que des collections de sensations ? Poser ces questions, c'est les résoudre. Il ne suffit pas de dire : je ne vois rien dans l'expérience qui m'autorise à affirmer autre chose. Qui dit que l'expérience, telle que vous l'entendez, est complète ? qui dit que vous sachiez analyser exactement ce que vous voyez ? La première condition de la science est de rendre compte des faits tels qu'ils sont sans les dénaturer ; elle doit les expliquer, non les plier à un système. Il est certain que partout, toujours et invinciblement l'esprit humain place derrière le phénomène un premier fond qu'il appelle substance. Dites, si vous

[1] Locke, *Essai sur l'entendement humain*, t. II, ch. XXIII.

le voulez, que vous ignorez la raison de ce fait; mais ne le transformez pas pour l'adapter à vos interprétations.

A l'opposé de la définition précédente est celle de Descartes : « par substance nous ne pouvons entendre que la chose qui existe sans avoir bsoin d'aucune autre chose pour exister [1]. » Cette définition est à peu près la même dont s'est servi Spinosa : J'entends par substance, disait celui-ci, ce qui est en soi et est conçu par soi, c'est-à-dire ce dont l'idée n'a pas besoin de l'idée d'une autre chose qui doive le produire. On connaît les conséquences de cette dernière définition qui mène droit au panthéisme. Eh bien ! cette définition ne représente pas plus exactement que celle des positivistes, ce qui se passe, quand rentrant en moi-même, je m'examine et je cherche à me rendre compte de l'idée que j'ai de ma personne. C'est là, en effet, avons-nous dit plus haut, la pierre de touche de toute définition ; on doit constamment la tenir en présence du fait qu'elle prétend caractériser. Je n'admets pas qu'il me faille savoir pour me considérer comme une substance, si ma personne a

---

[1] Per substantiam nihil aliud intelligere possumus quam rem quæ ita existit, ut nulla alia re indigeat ad existendum. *Princip. phil.* 1, 51.

besoin ou non de quelqu'autre chose pour exister. Je me suis cru une substance, implicitement au moins, longtemps avant qu'une pareille question se fût posée à mon esprit. Depuis que j'ai reconnu que mon existence est due à un premier être, je ne m'en crois pas moins une substance. Evidemment Descartes et Spinosa n'ont pas reproduit par leurs définitions le fait réel et expérimental tel qu'il apparaît dans notre conscience. Ils ont confondu la notion de substance avec celle de cause.

Mais, dirait peut-être Descartes, je n'ai pas entendu parler de la question de causalité ; j'ai entendu dire simplement que la substance pouvait être conçue exister, sans qu'on pensât à aucune autre chose. J'admets volontiers que telle a été l'intention du philosophe de la Haye ; mais on doit avouer qu'il a été malheureux dans l'expression. La métaphysique repousse plus que toute autre science les termes équivoques, et sans doute si Descartes eût pu lire les déductions appuyées par Spinosa sur sa définition de la substance, il aurait eu un profond regret d'avoir abandonné en cette matière les vieilles traditions de l'école.

En effet la vraie définition de la substance n'est point à chercher. Elle est aussi ancienne que la métaphysique, si nette et si simple que je ne comprends pas qu'elle n'ait pas rendu à jamais impossible toute polémique.

Le mot substance, suivant une remarque de Suarez, signifie proprement ce qui est dessous [1]. Ceci est une définition indirecte et relative seulement à la manière dont nous considérons les choses. Mais il y a une définition plus directe que donne Aristote dans le traité des catégories et dans le VII° livre de la métaphysique: « La substance, dit le fondateur du péripatétisme, est ce qui ne peut se dire d'aucune autre chose et dont toutes les autres choses se disent, » en d'autres termes, si l'on veut donner à la définition une forme plus brève et plus objective, ce qui n'est point dans un sujet.

Que telle soit bien l'idée que nous nous formons de la substance, c'est ce que chacun peut vérifier.

Dans tout objet connu nous voyons un être: à cet être nous attribuons une foule d'actions, de propriétés, de qualités, qu'il nous est impossible de concevoir autrement que reposant dans cet être.

Jamais nous ne dirons d'un animal, par exemple, qu'il est un composé d'étendue, de couleurs, de sensations, etc.; nous dirons qu'il est un être étendu, coloré, sensible. Toute autre énonciation

---

Disp. met. disp. 33 sec. I.

ne nous offrirait aucun sens. D'où vient cela? peu importe en ce moment; mais le fait lui-même est incontestable. On ne peut nier qu'il y ait des choses que nous attribuons nécessairement à d'autres; on ne peut nier non plus que l'individu qui a toutes ces choses nous ne l'attribuons à quoi que ce soit. Nous le concevons comme un tout distinct, auquel nous pouvons penser, sans penser actuellement à autre chose. La définition d'Aristote reproduit donc fidèlement ce qui se passe en nous et représente bien le concept que nous nous formons de la substance.

Mais cette définition étant plutôt logique que métaphysique, négative plutôt que positive, les scolastiques l'ont transformée en une définition équivalente, mais plus simple : la substance est ce qui est en soi, par opposition à l'accident qui est en autre chose[1].

Etre en soi, voilà donc le caractère propre auquel nous reconnaissons la substance. Mais comment arrivons-nous à cette idée d'être en soi? comment d'abord acquérons-nous l'idée d'être?

Cette idée s'abstrait évidemment du fait de l'existence des choses connues. Mais comment avons-nous la perception de ce fait? comment

---

[1] Suarez *disp.* 33, sec I. Liberatore *métaph. gén.*, ch. II, art. I.

considérons-nous les choses comme existantes ?

On répondra qu'il est naturel que nous connaissions l'existence des êtres puisque nous les voyons. Cette réponse peut suffire pour le vulgaire mais non pour le philosophe. Voir en effet dans le sens précis du mot indique un fait de sensation ; mais ce fait est complexe. A quel élément de ce fait rapporter la perception de la réalité ?

Sera-ce à l'impression physique ? Cette impression n'est qu'un mouvement et il n'y a rien de commun entre un mouvement et une certitude.

Sera-ce à l'image sensible par laquelle nous réagissons contre cette impression ? Cette image considérée en elle-même n'a rien de commun avec l'affirmation qu'un être existe. L'image de sa nature propre nous donne du rouge, du vert, du bleu, etc. ; s'il y est joint une certitude, une impression de réalité, ceci est une circonstance spéciale et distincte qui ne dépend d'aucune sensation particulière puisqu'elle se retrouve la même dans toutes.

Faut-il la rapporter au sens commun, cette sorte d'impression générale par laquelle toutes les sensations retentissent dans l'intérieur de l'âme et s'y fondent dans une sorte d'unité supérieure. L'existence de ce sens est déjà un défi à l'école matérialiste, car il atteste dans l'être sensible une unité complète que ne pourrait donner le simple concours des organes. Quoiqu'il en soit, si je cherche à me rendre compte de ce qu'il y a de commun dans toutes nos sensations, j'y distingue deux faits bien différents et que, par là même, je me crois en droit de considérer comme relevant de facultés distinctes.

Le premier est le fait de perception, l'impression de réalité dont nous parlons. Le second est un fait de sentiment.

Les images produites dans l'âme ne sont pas des images mortes. Elles sont accompagnées de jouissance ou de douleur, elles plaisent ou déplaisent, elles attirent ou repoussent. Il n'y a pas, si on y regarde de près, de sensation absolument neutre. Les sensations les plus épurées, comme celles de l'ouïe et de la vue, emportent un certain plaisir vague, mais très évident dans certains cas, par exemple dans l'harmonie des sons ou dans la préférence pour certaines couleurs.

Ces deux faits de perception et de sentiment sont étroitement liés dans chaque acte. Nous sentons nos sensations en même temps que nous constatons leur existence. Mais la nature de ces deux faits est absolument différente. La jouissance ou la souffrance physique est un état qui résulte natu-

11.

rellement de la facilité ou de la difficulté qu'éprouve un être organisé et sensible à accomplir les actes qui lui sont propres. Elle est tellement liée à l'organisme qu'elle est directement proportionnelle à l'ébranlement du système nerveux. Fait purement subjectif, on ne peut l'appliquer à rien d'extérieur.

La perception de l'être au contraire se produit dans une région complètement sereine. La force ou la faiblesse de l'impression physique ne la modifie en rien ; elle ne dépend donc point de l'organisme ou du moins n'en dépend que dans la mesure indispensable pour que l'attention soit éveillée. Enfin ce fait porte avec lui son objectivité ; il n'est compris que comme s'appliquant à un objet distinct du sujet au moins en tant qu'il est connu.

Comment concevoir deux choses plus distinctes ? Et nous ajouterons que si le fait de perception de l'être est inhérent aux sensations humaines, le cycle de la sensation peut cependant s'accomplir sans lui. Oui, on peut concevoir un être vivant et sensible qui n'aurait point l'idée de l'existence. Cette assertion paraît-elle singulière ? les positivistes vont nous en fournir la preuve. Écoutons M. Alexandre Bain par exemple. Ce penseur fait de grands efforts pour tirer l'intelligence des sens. Il emploie toutes les ressources des images, des émotions, des associations d'images et d'émotions. Il arrive ainsi à mettre sur pied un individu parfaitement vivant, très capable d'entrer en relations avec le monde extérieur, de pourvoir à tout le nécessaire pour la conservation de la vie. Que dis-je ! il montre assez bien comment un tel individu peut lier des idées et raisonner dans une certaine mesure. Mais s'il veut montrer d'où vient l'idée d'être, il ne peut la tirer d'aucun des éléments qu'il a mis en œuvre ; il n'arrive qu'à expliquer un fait très différent, celui de la localisation des images et de l'appréciation des distances. Quant à l'impression de réalité qui accompagne nos sensations et d'où naît l'idée abstraite d'être, il ne peut en donner une explication acceptable, parce qu'il n'a étudié que des mouvements, des images et des émotions physiques et qu'aucune de ces choses n'implique de soi, la possession de l'idée d'être [1].

D'où vient donc l'idée d'être ? elle nous vient

---

[1] V. le livre de M. Alexandre Bain, intitulé *Les sens et l'intelligence*, principalement dans la seconde partie.

La question de la différence entre la sensation et la perception de l'être a été examinée par nous avec plus de développement dans notre ouvrage: *La Métaphysique en présence des sciences*, p. 168 et suivantes.

d'une lumière spéciale. De même qu'il y a en Dieu une vertu essentielle qui produit les êtres, de même il y a dans les esprits une vertu intellectuelle qui les représente et les affirme. L'une est la copie de l'autre, c'est l'enseignement du docteur angélique [1]. Dans l'âme humaine cette vertu est très faible et n'a pas les moyens de se déterminer par soi-même à représenter tel ou tel être. Elle doit attendre que les sens lui fournissent les notions qu'elle affirme. En retour elle s'unit aux sensations de l'homme et leur donne cette force cogitative [2], cette valeur intellectuelle qui

---

[1] *Somme Théol.*, I° 55, 2.
[2] Dans la doctrine de S. Thomas, la notion de l'existence individuelle est dite un sensible par accident ce qui n'entraîne pas nécessairement qu'elle ait une origine purement sensible, tout au contraire, comme on peut en juger par le passage suivant (*Comment. sur le de anima*, ch. II, lect. 13) « quod « sensu proprio non cognoscitur, si sit aliquod universale, ap- « prehenditur intellectu ; non tamen quod omne quod intel- « lectu apprehendi potest in re sensibili, potest dici sensibile « per accidens, sed statim quod ad occursum rei sensatæ ap- « prehenditur intellectu... Si vero apprehendatur in singulari, « ut puta, cum video coloratum percipio hunc hominem vel « hoc animal, hujusmodi quidem apprehensio in homine fit « per *vim cogitativam*, quæ dicitur etiam ratio particularis... « Nihilominus tamen hæc vis est in parte sensitivâ, quia vis « sensitiva in sui supremo participat aliquid de vi intellectiva « in homine, in quo sensus intellectui conjungitur. »
On voit donc que dans 'opinion de S. Thomas, la sensation dans l'homme atteint l'existence individuelle, mais parce qu'elle est unie à l'intellect et non par sa propre force. La

DES NOTIONS MÉTAPHYSIQUES.

leur est propre, et fait que les images des sens deviennent pour nous des cas de la vérité objective.

L'âme humaine s'affirme donc et affirme les autres choses par une puissance particulière, distincte de celle qui produit les images et les émotions physiques. Je dis elle affirme, je devrais dire : elle connaît, elle voit, car la conscience nous

sensation isolée n'a que la force estimative. « Æstimativa
« autem non apprehendit aliquod individuum secundum
« quod est sub natura communi, sed solum secundum quod
« est terminus aut principium alicujus passionis *vel actio-*
« *nis... unde alia individua ad quæ se non extendit ejus actio*
« *vel passio* (animal) *nullo modo apprehendit sua estimativa*
« *naturali.* »
Ainsi les sensations qui n'ont pas de rapport avec ses besoins n'ont pour l'animal aucune valeur, ni aucun sens. Qu'en diront ces scolastiques modernes qui veulent que la sensation pure entraîne de soi la notion de l'existence individuelle ?

Il est vrai qu'au temps de S. Thomas, la question dont il s'agit était secondaire et l'on y appuyait peu. On voulait surtout établir que la science tient à une faculté supérieure aux sens ; la science dans l'opinion du temps ne consistant guère que dans des vérités générales et nécessaires, on n'avait pas à s'occuper de ce qu'il y avait de spécial à l'esprit humain dans la connaissance du simple fait. — Aujourd'hui le point de vue est changé, on attache et avec raison beaucoup plus d'importance à la base expérimentale du savoir. On s'est mieux rendu compte par la pratique des sciences d'observation que toute vérité repose en définitive sur des faits. Il est donc devenu plus important de mettre en relief l'élément intellectuel compris dans la perception sensible, de peur que la science et la vérité qui sont l'apanage propre de la nature humaine, ne puissent être supposées un simple perfectionnement des facultés animales.

assure que nous connaissons immédiatement la réalité des choses directement saisies par les sens et que l'affirmation n'est que la manifestation de cet acte de connaissance. Mais j'emploie ici le terme affirmation, faute d'un meilleur qui dans la perception totale du fait sensible désigne l'élément de cette perception qui est relatif à l'existence, à part de celui qui est relatif à l'image.

Que perçoit l'âme directement par les sens? et par conséquent quelles sont les réalités qu'elle affirme immédiatement? Nous avons déjà vu que cette question soulève de graves difficultés. Nous n'avons pas besoin d'y entrer pour le moment. Il suffit, ce qui est admis par tous, que l'âme connaisse primitivement ses propres sensations et ses propres actes. Du moment qu'elle connaît quelque chose d'existant comme existant, encore que ce quelque chose fasse partie d'elle-même, elle le pose vis-à-vis de soi comme un objet perçu, distinct à cet égard du sujet qui perçoit et dont l'existence est constatée par cette perception sans en dépendre. Elle a donc la notion de la réalité objective[1].

---

[1] M. Herbert Spencer prétend dans sa psychologie qu'une chose ne peut être à la fois objet et sujet de la pensée. L'expérience donne un démenti formel à une pareille assertion,

Il reste un pas à faire ; de l'idée d'être, il faut arriver à l'idée d'être en soi.

Mais cette idée n'est pas à proprement parler une connaissance nouvelle ; elle est comprise implicitement dans la précédente. La notion d'existence a précisément pour caractère propre d'être en soi, de poser en soi, d'être soi-même une chose physiquement distincte. Si quelque chose n'est pas en soi, c'est qu'il ne participe qu'incomplètement et par communication à l'existence. Donc si on perçoit une chose comme réelle et distincte, le fait naturel est de la percevoir comme existant en soi. En effet dès que nous percevons quelque chose que nous pouvons croire distinct de nous-mêmes, nous disons immédiatement : voilà un être.

Ainsi dans la confusion du premier aperçu, s'il se trouve quelque chose de particulièrement explicite, c'est la notion d'être en soi. La vraie difficulté n'est point de savoir comment nous concevons quelque chose existant en soi, mais comment nous avons été amenés à considérer tout ce que nous

---

car la pensée se connaît elle-même. L'erreur tient à ce que M. Herbert Spencer cherche à faire considérer la pensée comme un rapport mental qui serait l'envers et pour ainsi dire la doublure d'un rapport physique. Or un rapport physique ne peut exister qu'entre deux objets physiquement différents. (V. *Rev. scient.*, 1870-1880, n° 14.)

connaissons immédiatement comme existant en autre chose.

Ce que nous voyons, nous le voyons d'abord comme existant et il n'y a pas d'autre manière d'exister distinctement que d'exister en soi. Le fait nous apparaît d'abord existant en soi. Mais bientôt nous remarquons que les faits se classent par groupes intimement unis. Nos sens nous y aident par la diversité même de leurs informations. Chacun nous révèle une propriété différente du même corps, et ces diverses propriétés sont bien au même corps, car elles apparaissent ou s'évanouissent toujours en même temps ; on ne peut supprimer l'une sans supprimer les autres. Bien plus, il y a des propriétés communes à plusieurs sens, telles que l'étendue et la figure, qui forment avec le sensible propre de chacun d'eux une unité indissoluble et par là même les réunissent étroitement l'un à l'autre. Comment séparer la couleur de l'étendue colorée ou la dureté de l'étendue résistante ? comment séparer dès lors la couleur de la dureté, quand elles s'attachent à une même étendue ?

De même notre conscience lie entre eux des actes divers par leur nature et par le moment où ils se produisent. La multitude des faits qui se passent en nous est prodigieuse : sensations, désirs, idées, résolutions. Dans une seule journée chacun de nous pourrait en compter des milliers. Cependant ils sont tous sous l'œil de la même conscience ; chacun d'eux se connaît lui-même et connaît ceux qui l'ont précédé, ce qui serait impossible, s'ils ne sortaient tous du même fond. Vous ne pouvez anéantir ma conscience de l'instant passé sans anéantir celle de l'instant présent ; l'une et l'autre tiennent donc du même être.

Ainsi l'homme est nécessairement conduit à grouper plusieurs faits sur un fond avec lequel ils forment un tout inséparable, les phénomènes sensibles dans l'étendue, les actes intellectuels dans la conscience. Cela suffit à distinguer l'idée d'une réalité qui existe en soi, et celle d'une réalité qui existe en autre chose.

Et maintenant il est facile de voir comment nous nous formons l'idée de substance. Nous avons dit que nous définissons la substance ce qui existe en soi. Considérant donc certaines choses comme existant en soi et d'autres comme existant en autre chose, nous appelons les unes substances et les autres accidents.

Il n'est pas nécessaire, remarquez-le bien, pour que nous concevions légitimement ces idées que le fait qui nous semble tout d'abord jouer le rôle de substance soit vraiment substance ; il suffit qu'il nous apparaisse avec le caractère d'être en soi, pour que nous concevions l'idée d'être en soi et la notion de substance fondée sur cette idée. L'étude nous apprendra par la suite que le fait que nous appelions substance ne l'est pas encore, qu'il subsiste en commun avec d'autres faits dans un premier fond encore inconnu ; mais il faudra bien arriver en définitif à quelque chose qui subsiste en soi et le sentiment de cette nécessité nous obligera à admettre un dernier fond qui existe en soi et que nous appellerons substance.

Ce fond en quoi consiste-t-il ? quel est son caractère propre dans chaque être particulier ? nous n'en savons rien. Nous savons seulement qu'il faut quelque chose en soi et que tout ce que nous révèlent nos sens est en autre chose. Nous savons aussi que tout ce qui est est déterminé, et que par conséquent ce quelque chose qui existe en soi est une nature spéciale dont la condition propre et fondamentale nous échappe.

Ne connaissons-nous donc rien de la vraie substance ? Pardon ; comme il a été dit plus haut, nous en connaissons l'existence, puisque cette existence est la même dont participe l'accident. Mais nous n'en connaissons point la nature ou l'essence, parce que cette existence ne se révèle à nous que sous une condition subalterne et dérivée.

Quand je vois la pensée, je ne vois pas la nature propre de ma substance, puisque cette nature comprend beaucoup d'autres choses ; je vois bien mon existence, parce que ma pensée n'existe que par la participation de cette existence, qu'elle n'a l'existence que d'une manière dérivée et pour ainsi dire accessionnelle. Le vrai propriétaire de cette existence est plus en arrière. J'ignore son caractère propre, du moment qu'il reste prouvé qu'il n'est ni l'intelligence ni l'étendue, mais je sais que c'est lui seul qui a l'existence en soi, puisqu'il apparaît que mes pensées et mes actions n'ont point en elles-mêmes d'existence propre et distincte et je le désigne par le terme générique de substance (ce qui est dessous) indiquant par son étymologie la seule chose que j'en puisse connaître.

Résumons-nous : tout ce que nous connaissons nous apparaît d'abord existant en soi, et ce n'est que peu à peu par l'expérience et la réflexion que nous reculons l'existence en soi jusqu'à un premier fond dont nous ne connaissons point autre chose. Alors nous appelons ce premier fond substance et le reste accident. C'est pourquoi Aristote disait que nous connaissons la substance avant l'accident, l'idée d'être en soi étant formée la première. Il disait aussi que la définition de l'accident comprend nécessairement la substance[1], car ainsi que le remarque Suarez, il est impossible de concevoir l'accident *in concreto* sans y joindre la substance, ce qui est en autre chose ne pouvant être réalisé sans ce qui est en soi[2].

On voit donc clairement comment les empiristes se sont égarés. En prenant pour base de leurs recherches la notion abstraite et réfléchie que nous avons des accidents, des faits et des phénomènes, ils n'ont point trouvé le concept de substance, qui dans la pensée abstraite s'en trouve séparé. Ils n'ont pas remonté jusqu'au fait primitif de la perception concrète. Ils n'ont pas tenu compte de cette intuition suprasensible qui se joint dans l'homme à toutes les sensations, qui les illumine et les transforme. Fouillez toutes nos sensations, vous n'y trouverez jamais l'idée de substance parce qu'elle relève précisément de cette faculté supérieure que n'a point l'animal, et qui chez nous complète et ennoblit la perception sensible.

[1] *Métaph.* l. VII.
[2] A primo illo conceptu non omnino excludatur substantia, quia in illo objectivo conceptu accidentis concreti necessario involvitur substantia quasi tecta et involuta accidentibus. (*Disp. met. disp.* 36 sec II.)

C'est donc bien légitimement qu'après avoir saisi dans le fait et par le fait l'être un, distinct et en soi sur lequel il est appuyé, nous le replaçons derrière le fait, alors que nous avons appris qu'il ne lui appartient pas en propre. L'être en soi ne nous apparaît plus en ce cas que sous forme de notion abstraite et générale. Mais il est évident qu'il n'a pas perdu pour cela la valeur objective qu'il avait en commun avec le fait. Nous devons donc le concevoir et nous le concevons comme quelque chose de réel, et puisque rien d'indéterminé ne peut subsister, nous devons lui attribuer une détermination que nous ne connaissons pas autrement. Cet être en soi déterminé dans lequel se produisent les faits est ce que l'on appelle la substance.

L'idée de substance est donc une notion objective dans son origine, fondée sur une expérience et par conséquent signifiant quelque chose de réel. Mais elle n'est pas simplement comme d'autres notions la traduction abstraite d'une connaissance distincte. Elle implique une analyse spontanée de nos perceptions; elle en représente un côté spécial. C'est pourquoi si l'on examine matériellement les choses, on ne l'y reconnaît pas tout d'abord. De même que la notion d'étendue n'est qu'un côté des sensations qui toutes entières se nomment couleur, résistance, etc., de même la notion de substance n'est qu'un certain côté de la perception totale, à la fois intelligente et sensible, qui dans son ensemble nous représente tel ou tel être.

CHAPITRE IV

DE LA CAUSE.

Je ne connais pas de notion plus importante que celle de cause. Sans elle, il n'y aurait ni science, ni art, ni religion, rien en un mot de ce qui fait la supériorité de la nature humaine. On a fait dans les derniers temps, au nom d'une science prétendue positive, de grands efforts pour la détruire ou l'altérer. Si une telle tentative pouvait réussir pratiquement, ce serait la destruction des sciences même les plus expérimentales. Aristote l'a dit en effet, et malgré les efforts de quelques savants pour se tromper eux-mêmes sur ce point, le genre humain le répète avec lui, toute science a pour but au fond la recherche des causes. La recherche des lois, comme on dit aujourd'hui, est la même chose sous un autre nom, car le mot loi n'a aucun sens ou il signifie simplement le mode suivant lequel la cause agit. Le jour où il serait certain qu'il n'y a pas de cause, il serait certain aussi qu'il n'y a pas de loi. Tout appartiendrait au hasard et la recherche scientifique n'aurait aucune raison d'être.

Nous ne nous occuperons pas de l'idée de cause dans les acceptions multiples que les anciens ont données à ce mot, mais seulement dans l'acception admise généralement par les modernes, celle de cause efficiente.

Avons-nous vu quelque part des causes efficientes ?

Si l'on entend par là, conformément à la définition ordinaire du mot, avoir vu un être produire par son action un être ou un fait physiquement distinct, l'avoir saisi dans l'exercice immédiat de son efficacité, je réponds hardiment : non, nous n'avons jamais vu une telle chose.

Il est vrai qu'il n'y a guère d'objet sensible auquel nous n'attribuions la causalité dans certains cas. Le monde n'est pour nous qu'un ensemble de causes. La langue française même l'indique puisque le mot chose n'est qu'un dérivé du terme latin *causa*. Mais pour peu que nous y voulions réfléchir, il devient évident que ce n'est point par expérience que nous connaissons la causalité de ces objets, qu'au contraire nous leur appliquons à tous une idée préconçue.

Une bille en touche une autre sur un billard et la met en mouvement, vous n'hésiterez pas à dire que la première bille est la cause du mouvement de la seconde. Qu'en savez-vous? Vous avez vu une bille arriver, vous avez vu l'autre se mettre en mouvement; voilà deux faits successifs. Mais quel rapport autre que la succession entre ces deux faits? l'expérience proprement dite ne nous en révèle aucun. Vous voyez bien le second fait succéder au premier, mais vous ne pouvez prétendre voir l'action secrète par laquelle le premier produit le second. Si vous le prétendez, vous ne pourrez soutenir votre dire. Vos raisons se réduiront toujours à celle-ci, c'est que l'un est invariablement suivi de l'autre. Je ne nie pas que ce ne puisse être une indication; mais l'indication ne peut fournir elle-même l'idée de cause, elle invite seulement à l'appliquer. L'idée de cause que vous placez ici devait donc être conçue préalablement dans votre intelligence.

Le soleil verse sur la terre des flots de lumière et de chaleur. Sous cette influence, la température s'élève, l'eau s'évapore, les nuages se forment, les végétaux grandissent. Nous disons tous que le soleil est la cause de ces faits. Mais pourquoi cette affirmation? nous avons reconnu que ces faits arrivent quand le soleil est présent; que, s'il s'éloigne, ils diminuent ou disparaissent entièrement. Il y a donc concomitance constante; c'est une présomption de causalité. Mais cette concomitance n'est pas la causalité et ne suffirait pas à nous en donner l'idée, si nous ne l'avions d'ailleurs. Nous avons cherché à savoir comment le soleil causait ces phénomènes. Après bien des hypothèses aujourd'hui démodées, on en est venu à conjecturer que la chaleur qu'il émet est un mouvement qui provoque d'autres mouvements. A-t-on pris cette fois la causalité sur le fait? Point du tout, on a seulement transformé un ordre de phénomènes en un autre ordre plus simple, mais aussi mystérieux, celui de la communication des mouvements dont parlions tout à l'heure. On n'a donc pas atteint le vrai type de la causalité, la production par simple efficience.

Enfin, on dit que les corps s'attirent les uns les autres. Cette attraction est en relation tellement intime avec la masse de ces corps, qu'elle est exactement proportionnelle à cette masse. Un petit corps ou un corps de faible densité attire peu. Un corps considérable et compacte attire beaucoup. Ne voilàt-il pas une action de causalité évidente ? Nullement. Nous savons que les corps vont les uns vers les autres, mais il est impossible de dire pourquoi. Il n'est pas prouvé que cette attraction s'exerce par une vertu particulière des corps plutôt que par tout autre moyen. L'expérience du moins ne nous dit rien là-dessus; elle dit seulement que toutes les fois que deux corps sont en présence, ils tendent à se rapprocher suivant certaines lois fixes. Mais comme l'idée de cause efficiente ou d'action est profondément ancrée dans notre esprit, nous trouvons plus simple de dire que ce sont les corps qui agissent l'un sur l'autre.

L'idée de cause n'est donc pas prise des phénomènes du monde extérieur, mais leur est appliquée. Il n'y a guère de corps que nous ne considérions comme cause; il n'y en a aucun dont nous puissions dire que le mode de son action nous est connu et présent, aucun par conséquent que nous voyons être cause et où nous puissions puiser l'idée de causalité.

Mais peut-être trouverons-nous en nous-mêmes quelque chose de mieux. La Métaphysique doit de nos jours chercher surtout dans l'âme ses exemples et ses types. Les phénomènes y sont plus simples, ils sont vus directement et dans leur nature propre.

Les phénomènes du monde extérieur au contraire, connus indirectement par leurs effets sur nous, changent tellement de caractère avec le progrès des sciences, que les exemples choisis parmi eux n'ont qu'une valeur douteuse et fugitive que la découverte de demain pourra leur enlever. C'est donc dans les phénomènes de l'âme surtout qu'un fondement solide pour les notions métaphysiques peut être établi. Là est un sanctuaire inaccessible, quoi qu'on en dise, à la mobilité de la science du dehors.

On a donc cherché dans l'âme et l'on a dit: l'homme agit, il cause, il se meut lui-même, il modifie tout autour de lui ; il veut et ses membres se mettent en mouvement ; il se lève et il transforme le monde. L'homme est donc cause sur une grande échelle ; c'est en lui-même qu'il a puisé l'idée de cause.

Mais ici se cache encore une méprise bien signalée par les positivistes. L'homme se meut lui-même en effet, c'est-à-dire que, dès qu'il veut, son corps se met en mouvement. Mais il n'est nullement manifeste que sa volonté soit la cause immédiate de ce mouvement. D'après l'opinion d'une école célèbre la volonté de l'homme ne serait que l'occasion des mouvements du corps, ce serait Dieu qui par une assistance continuelle produirait ceux-ci directement. Nous n'admettons pas cette manière de voir; mais si nous la repoussons, ce n'est pas qu'elle soit inconcevable ou directement contraire à l'évidence matérielle des faits. Elle pourrait être vraie et les choses paraître ce qu'elles paraissent. Mais elle est inconciliable avec une notion exacte de la nature de l'être humain et aussi avec le principe de la raison suffisante. Il n'est pas plus facile en effet de croire que Dieu remue mon bras à l'occasion de ma volonté, que d'admettre qu'il a donné à mon âme une puissance suffisante pour remuer mon bras. Dès lors pourquoi aurait-il préféré le moyen le moins simple et le moins conforme à la nature des choses? Si je ne pouvais agir sur mon corps, on pourrait en conclure facilement que je n'ai pas de corps; on se demanderait à quoi bon cette fantasmagorie qui nous fait croire que nous vivons dans une enveloppe matérielle. L'occasionalisme est donc inacceptable; mais l'existence de cette théorie soutenue par de grands philosophes, n'en prouve pas moins que le rapport de la volonté à l'action physique n'est pas évident.

Il paraît d'ailleurs certain que la volonté intellectuelle n'agit sur les organes corporels qu'à travers une série de conditions. Si quelques-unes de ces conditions manquent, elle peut rester com-

plétement inefficace. Quelles sont ces conditions ?
La première, suivant saint Thomas d'Aquin, est que
la volonté excite le désir sensitif. Le désir sensitif,
comme tout autre fait sensible, s'accompagne d'un
mouvement dans l'organe, qui est ici le cerveau.
De ce mouvement du cerveau dérivent naturellement les mouvements des membres [1].

Voilà une explication à rapprocher des théories
modernes qui refusent à l'âme le pouvoir de créer
par elle-même dans le corps un mouvement dont
les éléments n'y existeraient pas préalablement.
Mais cette explication même prouve que la question
dont il s'agit n'est pas simple et que l'action de
l'âme sur le corps n'est pas une de ces choses que
nous apercevions distinctement. Ce n'est donc pas
là encore que nous avons puisé l'idée de causalité.
Aussi bien nous n'étions pas dans l'intérieur de l'âme.
Nous touchions seulement ces dehors qui ne sont pas
immédiatement placés sous l'œil de la conscience.

Néanmoins ces difficultés ont suffi aux philosophes qui ne cherchent la raison des choses que
dans la superficie des phénomènes pour contester

[1] Apetitus sensitivus qui obedit aliqualiter rationi, ut supra dictum est, est actus alicujus organi corporalis, et ideo oportet quod ad apprehensionem animæ commoveatur appetitus sensitivus cum aliqua operatione corporali. (*Somme théol.*, I° 117, 4.)

que nous ayons véritablement la notion de cause efficiente. C'est ce qu'on fait, avec une hardiesse singulière, Hume et après lui Stuart Mill et Alexandre Bain.

Hume nie absolument que l'idée de cause efficiente puisse être déduite des phénomènes du monde extérieur ou même de ceux de la conscience. Les uns et les autres d'après lui ne montrent que des successions de phénomènes. Tout ce que nous pouvons y mettre en plus est pure imagination. L'idée légitime de cause n'est autre que l'idée de succession constante [1]. M. Bain, renchérissant sur ces assertions, ne voit aucune différence essentielle entre l'effet et la cause. D'après lui, entre deux phénomènes liés ensemble, on pourra s'ils sont simultanés, appeler indifféremment l'un cause et l'autre effet. Il accorde seulement qu'on a l'habitude de donner le nom de cause au phénomène qui précède l'autre ou qui est le plus constant [2]. Je suis vraiment heureux de cette concession ; j'allais me demander si le soleil est la cause du jour ou si ce ne serait pas le jour qui serait la cause du soleil.

Il faut que l'esprit de système soit bien puissant, il faut que les natures les mieux douées soient bien

---

[1] *Essais philosophiques*, essai VIIe.
[2] *Rev. scient.*, 1875-1876, n° 32.

faibles quand elles touchent à des idées qui gênent leurs vues personnelles, pour que des hommes dont l'intelligence est d'ailleurs éminente, s'écartent à ce point des plus simples données de la raison commune.

On objecte que la raison commune a été convaincue quelquefois de fausseté ; mais ceci n'est arrivé que pour des faits spéciaux où toutes les apparences sensibles concouraient à dissimuler la réalité des choses. Ces cas exceptionnels n'empêchent pas qu'il ne soit toujours extrêmement grave d'être en contradiction avec le bon sens vulgaire sans pouvoir en apporter un motif décisif. Est-ce un motif décisif de fausser ou de nier une notion, que l'impuissance où l'on peut se trouver d'expliquer son origine ?

Le vulgaire croit et a toujours cru aux causes vraiment efficientes, et au fond les positivistes, quand ils ne raisonnent pas expressément pour les combattre, font comme le vulgaire. Ils raisonnent partout absolument comme s'il y avait des causes, tout en évitant peut-être d'en prononcer le nom. Or l'idée de cause est tellement distincte de celle de succession, que c'est un paralogisme condamné par la logique de tous les temps que de prendre l'antécédent pour la cause. Il n'y a pas un savant sérieux qui admît la simultanéité pour preuve unique de la dépendance d'un phénomène par rapport à un autre. On veut quelque chose de plus ; on veut que le phénomène antécédent explique le phénomène conséquent. Que la marée accompagne toujours certaines positions du soleil et de la lune, c'est une indice de causation, mais ce n'est point une preuve irréfragable. La preuve n'est acquise que lorsqu'on a fait voir comment certaines propriétés du soleil et de la lune sont de nature à amener cet effet.

Le vulgaire suppose d'abord dans toute cause une action ; c'est en effet l'explication suprême, quand la cause produit par son influx direct un effet contenu éminemment dans ses propriétés. Mais, je dois l'avouer, les sciences physiques n'ont jamais pu atteindre à une telle cause ; elles n'ont jamais donné d'explication qu'en ramenant un phénomène à d'autres phénomènes plus généraux. Elles tendent ainsi à un résultat aussi magnifique qu'imprévu : un seul ordre de phénomènes produisant l'immense variété de l'univers matériel. Mais derrière cet ordre de phénomènes se dressera encore et toujours la question : Qu'est-ce qui le produit ? En dernier ressort, après avoir épuisé toutes les investigations, il faudra bien en venir à admettre sous les faits les plus élémentaires l'action d'une cause véritablement efficiente.

Ainsi, quand nous approchons des montagnes, un pic nous apparaît seul de loin avant toute la chaîne. Nous marchons des jours entiers, des semaines peut-être, nous trouvons des collines, puis des montagnes plus élevées, mais le pic nous apparaît toujours au loin et au-dessus de tout. Ainsi l'idée de cause nous apparaît d'abord, elle nous attire successivement à travers une foule d'études et d'expérimentations diverses ; nous trouvons en chemin des faits curieux, des explications imprévues. Mais ce n'est point la cause elle-même ; celle-ci reste toujours loin sur notre horizon.

Serait-ce donc une illusion? Non certes; l'illusion ici est impossible. Il ne s'agit point d'un fantôme que nous ayons pu composer avec des apparences connues. Il s'agit d'une idée simple qu'aucune association d'idées ne pouvait former, si nous ne l'eussions possédée d'abord. L'idée de cause efficiente se constitue en effet essentiellement par l'idée de production, d'action. C'est l'action ou ce qui revient au même l'effection, dit Suarez, qui est le fond de cette notion et qui la distingue de toutes les autres[1];

---

[1] Id est causalitas causæ agentis quod illam constituit, vel potius determinat actu agentem ; sed hoc est actio, nihilque aliud esse potest. (*Disp. met. disp.* 18 sec. 10.)

et saint Thomas d'Aquin dit pareillement que la cause efficiente est cause en tant qu'elle agit[1]. Or bien qu'assurément le mot *action* s'emploie souvent pour désigner des suites de phénomènes extérieurs, tels que la marche, le travail etc., l'idée d'action par simple efficacité ne nous est nullement inconnue. C'est au contraire vers cette idée que nous tendons toujours, et si nous ne devons jamais en saisir la réalisation dans l'ordre des sciences naturelles, c'est parce que l'étude, en rendant nos connaissances plus claires, ne nous donne point des facultés nouvelles, et ne nous procure point l'aptitude à voir intuitivement les faits simples que notre intelligence ne perçoit pas naturellement.

Il n'en est pas moins certain que c'est la recherche des véritables causes qui a donné l'élan aux sciences. L'esprit humain a toujours cherché les causes, c'est donc qu'il avait l'idée qu'il y a des causes. Cette question même: y a-t-il des causes? suppose l'idée de cause. On ne dispute pas, remarque le P. Liberatore[2] sur des choses dont on n'a aucune idée. L'esprit humain a donc bien réellement l'idée de cause, et l'élément essentiel de cette idée étant une notion simple et distincte, on ne saurait

---

[1] Efficiens est causa in quantum agit. (*Comment. sur la Métaphysique* 5. 2.)
[2] *Métaph. gén.*, ch. III, sec. 1.

admettre qu'il l'ait inventée. L'intelligence divise ou compose, mais ne crée pas.

D'où tirons-nous donc l'idée de cause ou plutôt celle d'action qui la constitue.

Nous avons vu plus haut que cette notion ne saurait être innée, puisqu'une notion intellectuelle ne peut l'être sans cesser d'être intellectuelle ; elle doit, pour être légitime, ressortir d'un fait perçu. Il faut donc croire que nous en avons perçu le type quelque part. Où et comment ?

J'ai trouvé dans un scolastique moderne, déjà cité plusieurs fois, le P. Liberatore, une idée qui m'a paru tout d'abord mériter une grande attention. De même que nous avons vu plus haut que la perception de l'accident ne peut se faire sans que nous percevions en même temps l'être de la substance dont il est un mode, de même ce religieux admet qu'en percevant le passage du fait à l'existence, ce qui nous arrive journellement, nous saisissons en même temps d'une manière générale la condition de ce passage, à savoir l'action qui le produit : En contemplant les phénomènes de la nature, dit-il, nous voyons des successions et des changements continuels, c'est-à-dire le passage incessant de choses à l'existence. De là la notion de fait nouveau, de fait qui commence à être et qui du néant s'élève à la réalité. Cette notion est identique à celle d'une chose dont l'influence détermine une autre à être, car il implique contradiction que ce qui n'existe pas se détermine de lui-même à l'existence [1].

Un jésuite autrichien, le P. Kleutgen, dans son profond ouvrage : *la scolastique exposée et défendue,* dit de même qu'il est absurde qu'une chose puisse sortir de rien.

Si nous voulons creuser cette doctrine, nous trouvons qu'elle ne manque pas d'apparence. En effet, suivant l'opinion de métaphysiciens très autorisés, l'action est bien réellement contenue dans son effet direct. Que serait l'effet sans l'action ? Toute la réalité de l'effet comme tel, il la tient de l'action. Si l'action cesse, l'effet cesse, à moins qu'il n'en soit résulté une modification dans un autre être, persistant comme qualité du sujet où elle a été produite. Aussi Aristote dit-il que l'action est dans la chose faite [2] et que l'action de l'agent est dans l'être qui la subit et qui est modifié par elle [3]. Suarez remarque pareillement que toute action a le même sujet que son terme [4], entendant par là le sujet où elle subsiste et non le sujet qui la pro-

[1] *Métaph. gén.*, ch. III, art. I prop. I.
[2] *Métaph.* l. IX, ch. IX.
[3] *De anima.* l. II. ch. II.
[4] Omnis actio quæ est in subjecto, in illo est in quo terminus ejus. (*Disp.* 48 sec. V.)

duit. En un mot, l'action étant l'acte de constitution de son terme à l'état de réalité subsiste où subsiste ce terme, bien que sa vertu puisse découler d'ailleurs[1]. On peut donc penser qu'on la voit quand on voit son terme, comme on voit l'être de la substance quand on voit l'accident.

Cependant la théorie du P. Liberatore nous paraît sujette à de sérieuses difficultés, dont la première est ce fait déjà signalé que nous ne connaissons directement en eux-mêmes aucun des faits du monde matériel. Il semble établi en physiologie que ces faits ne nous sont révélés que par les modifications qu'ils provoquent dans notre faculté sensitive. Ils ne pourraient par conséquent nous servir à voir en eux l'action qui y serait inhérente. D'ailleurs, quoiqu'il soit bien évident qu'un être ne peut sortir de rien, ni se déterminer de lui-même à l'existence, je me demande si ces idées de sortir, de se déterminer sont bien rigoureusement comprises dans le fait de l'existence nouvelle, si nous ne les y joignons pas précisément parce que nous avons l'idée de cause dans l'esprit, de sorte qu'en les donnant pour origine à l'idée de cause, nous commettrions un cercle vicieux.

[1] Hinc colligimus de ratione actionis ut sic solum esse ut sit modus quidam adhaerens termino et per se immediate fluens ab efficiente. (*Id.*)

Enfin la difficulté principale en cette question n'est pas de constater d'une manière générale qu'un fait nouveau est toujours déterminé par quelque condition particulière. Tout le monde admet que chaque fait se relie à d'autres : l'expérience nous a appris qu'il en est toujours ainsi et la science n'est le plus souvent que l'étude des faits qui servent à amener l'apparition d'un autre fait. La vraie difficulté est de constater cette autre espèce de lien qui consiste dans l'action efficace d'un être sur un autre. Je ne trouve pas le religieux italien assez explicite à ce sujet, et je ne puis admettre avec lui que l'idée d'une chose nouvelle soit absolument identique à celle d'une chose qui infuse l'être à une autre.

Il faut donc chercher ailleurs pour trouver à la notion de cause efficiente sa base véritable et caractérisque, l'idée d'action.

Pour cela, encore une fois, rentrons en nous-mêmes. Rentrons-y, non incomplètement comme nous l'avons fait plus haut, en constatant l'influence de la volonté sur le mouvement, mais complètement en n'envisageant que les faits entièrement conscients de nos facultés. Là nous trouverons des actions simples, immanentes, connues directement et qui ont cet avantage qu'elles comprennent dans le même individu le point de départ de l'action, l'action même et son terme ; en sorte que tout le spectacle de la vie de l'être se trouve déployé en nous et devant nous.

Ainsi nous voulons : quand nous formons un acte de volonté, personne ne peut contester qu'indépendamment de l'effet extérieur dont nous avons déjà parlé, nous ne produisions réellement quelque chose en nous-mêmes, que nous ne soyons véritablement actifs. Le fait de telle décision ou volition est une réalité qui n'existait pas tout-à-l'heure, qui existe actuellement. Notre conscience en témoigne et ici nous pouvons dire hardiment que nous voyons le fait se produire sous nos yeux. Nous le voyons non-seulement comme un fait, mais comme un acte de la puissance qui est en nous. Nous voyons cette puissance constituer ce fait, s'y incarner pour ainsi dire, car ici tout est identique sauf les distinctions modales : l'acte n'est que la puissance en mouvement, le fait n'est que la puissance au terme de son évolution. Ainsi, sur un petit théâtre se retrouve cette triplicité qui paraît être l'essence et le mystère même de la vie.

De même quand nous formons une pensée, quand nous prononçons une parole intérieure, *verbum mentis*, comme on disait admirablement au moyen âge, est-ce que nous ne sommes pas actifs? est-ce que nous ne sommes pas féconds? Cette pensée, perception ou conception que nous n'avions pas tout à l'heure, n'est-elle pas un fait nouveau que nous voyons se produire en nous? sans doute, et nous l'avons déjà remarqué, il y a dans la relation de la pensée à l'objet un mystère qui nous échappe, parce qu'il tient à l'essence même de l'être; mais il est certain que l'objet n'exerce sur l'intelligence aucune action physique. Il n'y produit donc aucun fait; c'est nous qui produisons notre pensée en sa présence. Notre pensée est bien à nous, de nous et par nous. En pensant de même qu'en voulant, nous sommes vraiment actifs et nous avons conscience de notre action.

Dans la sensation même, s'il y a certainement un côté passif, car elle est essentiellement une réaction, il a aussi un côté actif. Que donne en effet la matière dans la sensation? un mouvement, un ébranlement des centres nerveux. Et qu'est la sensation par elle-même? tout autre chose qu'un mouvement, une réaction spirituelle contre une impression matérielle.

Quelques-uns parlent d'une transformation de force, du changement d'une force motrice en force d'un autre genre. C'est se payer de mots. Une force ne pourra jamais se transformer qu'en une autre force de même ordre. Au fond, tout le monde l'entend ainsi ; la preuve en est que toutes les fois que l'on a cru constater la transformation d'un mouvement en une autre force, calorifique, chimique, électrique, etc., on en a immédiatement conclu que cette autre force était une forme de mouvement. Mais cette explication est inadmissible pour la sensation. Quelle forme de mouvement peut être l'impression du rouge ou du vert? En quelle nature d'ébranlement local peut consister la colère ou l'amour, la joie ou la tristesse ? le mouvement ne peut se transformer en ces choses, il ne peut que les provoquer. Il faut une autre force pour leur donner naissance : c'est l'âme, dit Leibniz, qui se les produit à elle-même. L'âme est donc active aussi dans la sensation et d'une activité dont nous avons conscience, car, suivant la remarque de Reid, toutes les langues humaines désignent les sensations par des verbes actifs : Voir, entendre, toucher, etc.

Ainsi nous sommes témoins en nous-mêmes de trois natures d'activités, je dirais volontiers de trois degrés de vie. Nous en sommes témoins par la même faculté qui nous rend témoins de notre être, car l'action c'est l'être en mouvement, l'être fécond, l'être s'épanchant d'une forme dans une autre. Qui voit l'action voit l'être, et qui voit l'être voit l'action de cet être. La même lumière donc qui nous fait affirmer notre être, nous fait affirmer notre action et de là nous appliquons l'idée d'action et par suite celle de cause aux autres substances.

J'entends ici l'objection des positivistes : « de quel droit appliquez-vous ces notions au monde du dehors. Cette tendance de l'homme à faire tout à son image est peut-être naturelle ; mais elle ne peut se justifier devant la raison. La science, devenue plus sévère, lui demande compte aujourd'hui de ces déductions fantaisistes, et veut chasser ces derniers restes d'une fiction enfantine par laquelle dans les commencements il a prêté sa propre vie à tous les êtres qui l'entouraient. »

Il y aurait beaucoup à dire sur ce que le positivisme appelle dédaigneusement le mode théologique de penser. Il ne me paraît nullement prouvé que les populations primitives aient été aussi enfantines qu'on veut bien le dire. Comte et ses adeptes plus ou moins directs n'auraient-ils pas souvent confondu deux choses, l'application convaincue d'une donnée intérieure au monde physique, et cette application toute de sentiment et de poésie qui n'implique aucune croyance et qui n'est que l'expression du besoin que l'homme éprouve de compenser par l'imagination son isolement moral dans le monde matériel et de se figurer des êtres jouissant et souffrant avec lui.

Quant à nous, nous sommes convaincus que l'application de l'idée de cause au monde extérieur est parfaitement légitime et nous le montrerons bientôt. Mais nous avouerons que certains auteurs ont commis un malentendu à cet égard.

Cousin a enseigné autrefois que la volonté en tant qu'elle produit la volition est le type de la cause [1]. M. Ravaisson, bien que séparé de l'école électique, semble partager la même opinion, car pour lui toute énergie manifestée dans le monde est un acte de volonté plus ou moins obscur [2]. Plusieurs savants spiritualistes, entr'autres M. Sainte Claire-Deville, s'appuyant sur ces théories, ont conclu que la notion de force qui, dans le langage philosophique, est une face de celle de cause, n'est qu'une application vague de la notion de volonté [3]. Si l'on acceptait ce point de vue, je donnerais presque raison aux positivistes, car il n'est pas conforme aux enseignements de la raison d'appliquer la volonté humaine au monde extérieur. Mais je crois le

---

[1] *Cours d'hist. de la philosophie* t. IV. p. 546.
[2] *Rapport sur la situat. de la philosophie en France*, p. 254.
[3] *Rev. sc.* 1868, n° 8.

point de vue de ces savants beaucoup trop étroit. Ils ne connaissent pas assez les ressources de la science métaphysique et même celles de l'intelligence naturelle, très subtile dans ses élaborations quand elles sont provoquées par les circonstances.

La volonté n'est pas le seul type d'action que nous puissions découvrir en nous-mêmes ; nous en avons montré jusqu'à trois. Il n'y a donc pas de raison pour que l'âme applique l'un de ces types plutôt que l'autre au monde extérieur. Au contraire, elle n'en applique aucun directement. Mais dans ces trois types elle sait reconnaître un caractère commun. Au-dessus de la nature spéciale de la volonté, de l'intelligence ou de la sensation, il y a une circonstance générale, c'est de constituer un fait réel qui n'existait pas ; cela même s'appelle action. Tandis que la volonté, par exemple, n'est que la puissance de constituer certains faits d'une nature spéciale, les faits volontaires, l'action en général est conçue comme la puissance de constituer un fait quel qu'il soit. Nous obtenons ainsi une notion générale, abstraite des types qui se rencontrent en nous, d'origine objective par conséquent, et qui s'applique très naturellement aux choses du dehors, tandis qu'aucun des types spéciaux que nous portons en nous ne pourrait leur convenir.

Cette application ne se fait pas dans l'homme du peuple ou l'enfant par un raisonnement dont le métaphysicien lui-même a quelque peine à se rendre compte. Non, la chose se passe d'une manière plus simple. L'homme ayant vu en lui-même toute réalité nouvelle être le terme d'une action, quand il voit quelque part une réalité nouvelle et ne voit pas l'action, sent qu'il lui manque quelque chose, qu'il n'a en face de lui qu'une réalité incomplète, ou, comme le dit M. Ravaisson, une fraction dont il cherche l'entier [1]. Ce quelque chose qui manque il l'appelle cause, et tous les efforts de son intelligence tendent à le découvrir soit par l'expérience, soit par le raisonnement ; c'est le grand ressort de l'esprit humain.

Direz-vous que ce sentiment, effet de la nature, n'est pas légitime. Ce serait déjà beaucoup se hasarder que de condamner un effet naturel et général. Mais la logique le justifie parfaitement. Quand l'homme a vu les conditions essentielles et nécessaires d'une chose, il peut bien appliquer ces conditions partout où il constate la présence de la chose. Il a vu de ses yeux la manière dont une

---

[1] *Rapport sur la situat. de la philosophie en France* p. 72.

réalité nouvelle s'établit; il l'a vue se constituer par l'action, n'être autre chose en tant que réalité que le terme d'une action en tant qu'action[1]. N'a-t-il donc pas le droit de dire quand il est en présence d'un fait qui passe à l'existence : ici, derrière, il y a une action cachée, car la réalisation d'une chose, c'est une action.

Je comprends maintenant que l'on dise avec le P. Kleutgen qu'il est absurde qu'une chose puisse sortir de rien, puisque nous avons vu en nous ce que c'était que sortir de quelque chose; ou avec le P. Liberatore que la vue des phénomènes internes amène avec elle l'idée de cause, puisqu'ils comprennent en eux la causalité qui les réalise. Ajoutons que cette notion s'applique partout et toujours puisqu'elle nous montre un point de vue de l'essence nécessaire des choses; puisque, entre avoir l'être par soi, ce qui le suppose éternel, et recevoir l'être d'ailleurs, mode dont notre expérience intime nous instruit, il n'y a pas de moyen terme possible, l'exclusion de l'un étant l'affirmation de l'autre.

Une difficulté toutefois peut arrêter certains esprits, c'est la différence réelle qui existe entre les opérations de notre âme et la cause efficiente telle

---

[1] Causa est principium per se influens esse in aliud. (Suar. *disp. met. disp.* 12, *sec.* II.)

qu'on l'entend ordinairement. Si les actes se succèdent dans l'âme, c'est dans un milieu tout intérieur. L'être substantiel reste toujours le même, l'action ne quitte point le sujet pour passer à son terme. Beaucoup de docteurs du moyen âge soutiennent que dans ce genre d'action, il n'y a pas à proprement parler de terme, ou qu'il n'est distinct qu'en raison de l'action elle-même.

Au contraire, l'idée pleine et entière de causalité suppose toujours une distinction très nette entre la cause et l'effet. Nous n'appelons proprement cause que ce qui produit un effet qui lui est étranger.

Cette différence est le résultat nécessaire de la manière dont nous appliquons l'idée d'action aux choses du dehors. Le fait qui surgit au dehors nous apparaît sans que son principe nous apparaisse ; c'est cela même qui nous fait chercher hors de lui l'action qui est le fondement de son existence. Il arrive donc inévitablement que si la question d'origine s'offre à nous, c'est toujours lorsque le fait ne présente pas en lui-même sa raison suffisante. Nous ne cherchons jamais l'action que lorsqu'elle est extérieure à l'effet, c'est-à-dire quand elle est dans les conditions qui constituent proprement la cause.

Une preuve indirecte et pour ainsi dire auxiliaire

qu'il en est ainsi, c'est que la cause véritable, la cause au sens vulgaire, celle dont l'action est appelée *transeuns*, c'est-à-dire sortant du point de départ pour s'attacher à l'effet, son point d'arrivée, une telle cause tout en étant jugée nécessaire par notre esprit, ne peut être comprise quant à son mode d'opération. Nous voyons bien que tout fait nouveau veut une cause, une action qui le constitue, nous voyons bien que dans le monde matériel, cette cause ne peut être trouvée dans l'être qui est modifié, mais seulement dans un autre être qui influe sur le premier. Il n'y a pas d'explication possible qui puisse nous faire admettre que la gravitation, le mouvement et tout l'ensemble des phénomènes matériels puissent se produire sans êtres distincts agissant de quelque manière l'un sur l'autre. Cependant un pareil mode d'action, bien que sa nécessité soit manifeste pour la raison, nous apparaît tellement mystérieux que beaucoup de philosophes n'ont pas voulu le croire possible. Tout le XVII° siècle, Leibniz lui-même, rejetaient l'action d'une substance créée sur une autre. N'est-ce pas un indice certain que le type premier auquel nous rapportons toutes les actions, toutes les causalités, ne nous montre rien de pareil ?

Bien plus, nous avons vu démontré par de grands

métaphysiciens que l'action est naturellement inséparable de son terme, puisque ce terme n'existe que par l'action arrivant à son but, constituant sa réalité [1]; au contraire, il n'est nullement nécessaire, il est souvent impossible que l'action reste inhérente à son point de départ, puisque par le fait même qu'elle en dérive, elle n'y reste pas [2]. Voilà ce qu'enseignent des métaphysiciens très-autorisés. Cependant quand nous voulons nous représenter une action, nous la concevons presque invinciblement comme un mode existant dans la cause qui la produit, évidemment parce qu'il en est ainsi de nos actions propres, les seules dont nous ayons l'expérience directe.

Il est donc bien évident que l'idée de cause est puisée dans notre âme, qu'elle se forme par l'application d'une expérience intime aux faits du dehors, et que cette application est légitime, puisqu'elle résulte de la connaissance acquise dans cette expérience d'une des conditions de la nature essentielle de l'être.

Cette origine de l'idée de cause se prouve à la

[1] Ubi fuerit terminus actionis, ibi necesse est esse actionem ipsam. (Suar. *disp. met. disp.* 48 sec. II.)
[2] In agente actione transeunte ex eo quod agit, nulla res vel modus naturalis fluit active ab ipso, ut in ipso maneat. Ergo actio hujus agentis ita fluit ab ipso ut in passo recipiatur. (*Ib.*)

fois et par le fait que nous connaissons réellement en nous-mêmes des actions véritablement efficaces, c'est-à-dire produisant des faits nouveaux et distincts, et par le fait que tout en pouvant prouver l'existence d'actions d'une autre nature nous ne pouvons concevoir nettement leur mode d'opérer.

CHAPITRE V

DE LA FIN.

Les notions de substance et de cause étant comprises dans une expérience intime et reconnues applicables à tous les faits, on ne peut plus reprocher à la métaphysique de travailler sur des formes vides. Elle a une base objective suffisante ; elle est possible et légitime. Toutefois elle resterait encore bien bornée dans ses développements si on n'avait recours à une autre idée, que j'appellerai l'idée progressiste par excellence, celle de fin. C'est la fin qui détermine l'action qui constitue la vie, la substance n'existe que pour être la base de la vie. La fin, c'est donc le ressort de la vie, et si l'on ne tenait pas compte de cette notion, on aurait une idée bien imparfaite de la véritable valeur de l'être.

Aristote le savait bien et c'est pourquoi il avait fait de la notion de fin le pôle de sa métaphysique, le point vers lequel gravitent toutes les autres notions.

D'où vient la notion de fin ? il ne peut guère y avoir d'incertitude à cet égard. Puisque nous nous proposons des fins, nous trouvons en nous-mêmes la notion de fin. Nous avons une volonté qui tend à un but, qui applique à ce but nos autres facultés ; la conscience de ces démarches, conscience qui est en chacun de nous, ne peut ne pas nous donner l'idée de fin. En vain dirait-on que pour se proposer une fin, il faut savoir ce qu'est une fin. Ceci serait un paralogisme. La volonté n'a besoin de connaître que l'être et ses perfections pour être attirée; cette tendance lui est naturelle. C'est ensuite que, réfléchissant sur ce qui s'est passé en elle, elle appelle fin ce qui l'attire, qu'elle reconnaît dans la perfection une fin. Serait-il donc nécessaire d'avoir l'idée du vert pour voir que la campagne qui m'environne est verte ? N'est-ce pas la verdure au contraire qui me donne l'idée de vert. De même c'est en marchant vers la fin que nous acquérons l'idée de fin [1].

---

[1] Quod in agentibus creatis per intellectum et voluntatem intercedat causalitas finis, sufficiens argumentum sumitur ex actionibus humanis. (Suar., *disp*. XXIII, sec. I.)

Je ne crois pas que cette origine de la notion de fin ait jamais été sérieusement contestée. Aussi bien les modernes professent-ils en général un grand dédain pour cette notion et s'en occupent-ils fort peu. Il est donc moins nécessaire de montrer d'où vient la notion de fin que de prouver qu'elle doit s'appliquer aussi hors de nous et de faire ressortir son importance.

L'être intelligent tend à une fin ; il n'y a point à cela de difficulté, l'expérience de chacun de nous le lui assure. Mais l'être inintelligent, la nature brute, tend-elle également vers une fin ? Voilà qui est très-contesté.

Beaucoup de contemporains regardent comme une illusion, comme une tentative d'anthropomorphisme, l'application de la notion de fin dans l'univers matériel. Ceci vient de leur négligence à analyser les idées fondamentales de l'esprit. Autrement ils verraient qu'il y a deux éléments distincts dans la notion de fin que nous trouvons en nous-mêmes. D'un côté l'acte par lequel nous nous proposons volontairement une fin, l'intention qui nous conduit sciemment vers cette fin ; d'un autre côté le caractère particulier que la recherche de la fin suppose dans les faits auxquels on l'applique.

Ce caractère consiste dans l'absence de détermination intrinsèque. Quand je me décide à diriger mes actes vers une fin, c'est que je sens la possibilité de produire ou de ne pas produire ces actes. Il n'y a rien en eux ni en moi qui les détermine nécessairement à l'existence ; d'eux-mêmes ils sont contigents, ils peuvent être aussi bien que ne pas être, quand on les considère indépendamment de la fin qui invite la volonté à les former. La fin intentionnelle qui est dans mon esprit suppose donc parallèlement dans les actes auxquels elle se rapporte la contingence et l'indétermination à l'existence.

Réciproquement partout où il y a contingence, il faut une fin. En effet tout ce qui n'a pas l'être par soi demande une cause efficiente. Si la cause agit nécessairement l'effet est lui-même nécessaire ; si donc l'effet est contingent, il faut que l'action de la cause soit contingente, qu'elle ne soit pas déterminée par nature à agir. Mais rien ne peut exister qui ne soit déterminé, il faut donc à la cause une détermination. Il n'y a pas d'autre moyen de donner cette détermination que la fin. Tout agent, dit saint Thomas d'Aquin, ne peut faire à la fois qu'un acte particulier. Qu'est-ce qui le détermine à faire tel acte plutôt que tel autre ? c'est la fin [1]. Tout ce

[1] Si agens non esset determinatum ad aliquem effectum

qui agit, remarque Suarez, marche vers un terme, ce terme ne fût-il que son action même, et si deux termes sont possibles, il faut nécessairement quelque chose qui incline l'agent de préférence vers l'un des deux : ce quelque chose c'est la fin [1].

Ce rôle de la fin la faisait appeler autrefois la cause de la cause ; il est mal compris aujourd'hui. La fin n'est regardée par les philosophes modernes que comme un principe d'ordre : elle est cela, mais elle est bien autre chose encore. Elle est une des conditions essentielles de l'être. Tout ce qui n'existe pas par une conséquence naturelle et nécessaire d'une nature nécessaire, ne peut exister sans une fin.

On voit donc que, si des deux caractères impliqués dans la notion de fin le premier, le choix intentionnel, ne peut se rencontrer que dans les êtres intelligents, le second a une toute autre étendue. Tout ce qui est contingent a été fait en vue d'une fin, tend vers une fin qui lui a été marquée, car n'étant pas contenu nécessairement dans

---

non magis ageret hoc quam illud, ad hoc ergo ut determinatum effectum producat, necesse est quod determinetur ad aliquid certum, quod habet rationem finis. (*Somme theol.* 1ª 2ᵘ 1, 2.)

[1] Causa efficiens, nisi temere agat, alicujus gratia agere debet. (*Disp. met.* disp. 23 sec. 1.)

sa cause, il n'aurait pas de raison d'être suffisante sans une fin.

Appliquons ces données à l'univers matériel. Il est manifeste que le monde et ses phénomènes ont le caractère d'effets contigents. Ils pourraient ne pas être, ils ont donc une fin. Dira-t-on que ces phénomènes sont l'effet nécessaire de l'essence des choses. Soit! j'admets que la matière étant donnée, ils en résultent tous nécessairement. Mais pourquoi la matière elle-même avec ses propriétés? En fin de compte, elle n'est pas nécessaire : elle pourrait ne pas être, il n'est pas absurde non plus de la supposer douée de propriétés différentes. Nous arrivons donc toujours à une indétermination première qui a dû être fixée. Qu'Alexandre Bain, dans un moment d'enthousiasme positiviste, ait été jusqu'à soutenir que la matière ne pouvait être conçue anéantie, parce que, dit-il, la pensée est une relation et ne peut avoir relation à rien, jamais on n'arrivera à faire adopter par le sens commun une pareille boutade. Qui peut m'empêcher de penser qu'une chose? n'est pas? En réalité le monde n'est conçu que comme un possible actualisé. L'idée de sa non existence peut nous effrayer, parce qu'elle bouleverse toutes nos habitudes, mais elle n'implique pas contradiction. Qui a donc déterminé la cause première à faire ce qui pouvait ne pas être fait? Il faut toujours en revenir à la fin. La fin seule a déterminé les natures diverses et leurs propriétés. Le monde est donc fait pour une fin et tend vers une fin, quoique sans intention. C'est ce que Suarez explique très bien en disant que la nature brute tend vers une fin, non pas qu'elle connaisse elle-même une fin qui la dirige immédiatement, mais parce qu'elle est dirigée à une fin par la cause première[1].

Mais allons plus loin, si la cause première a été déterminée à un effet qui ne pouvait recevoir l'existence que d'elle, est-ce bien par un acte intentionnel qu'elle y a été déterminée? N'aurait-elle pu être déterminée par quelqu'autre moyen?

Je dis qu'elle n'a pu être déterminée par une cause extrinsèque. Cela est évident de soi s'il s'agit de la cause première, l'affirmation opposée impliquant contradiction.

Aurait-elle pu être déterminée par une nécessité physique intrinsèque? Ce que l'on appelle dans l'école nécessité physique ne suffit pas. Qu'un être soit porté, même irrésistiblement, par sa nature à

---

[1] Ita fit ut in his actionibus, ut sunt a naturalibus agentibus, non sit propria causalibus finis, sed solum habitudo ad certum terminum.... intentio autem propria talis finis non est in ipsis naturalibus agentibus, sed in prima causa. (*Disp. mét.* disp. 23, sec. X.)

faire quelque chose, si cette nécessité n'est pas en même temps métaphysique, c'est-à-dire dont l'opposé implique contradiction, elle pourrait ne pas être. On se demanderait donc encore qui l'a déterminée à être telle et la question serait seulement reculée.

Quant à la nécessité métaphysique, elle ne peut rien déterminer de contingent. Résultant uniquement de l'identité à l'être, elle ne peut déterminer que ce qui est exigé pour l'intégrité de l'être : un seul être, un seul acte, un seul fait, Dieu, sa pensée, la procession des personnes divines. Tout le reste est contigent et ne peut sortir d'une nécessité métaphysique.

Ainsi le principe de détermination qui a dû diriger la première cause efficiente ne peut se trouver ni dans une essence étrangère, ni dans sa propre essence. Il faut cependant qu'il préexiste à l'action pour l'expliquer, non seulement de cette préexistence éminente par laquelle l'effet est contenu d'une manière générale dans la puissance de l'agent, mais d'une préexistence distincte qui puisse servir à préciser l'acte. La préexistence réelle et actuelle comme partie ou propriété de l'agent étant exclue, que reste-t-il, sinon la préexistence par ressemblance, autrement la préexistence idéale, intellectuelle [1], qui agit sur la cause efficiente moralement et non physiquement.

La cause première est donc intelligente par cela seule qu'elle est cause première et que ses effets sont contingents. Nous ne disons pas qu'elle soit intelligente de la même manière et suivant les mêmes lois que l'âme humaine ; mais nous ne pouvons nous empêcher de reconnaître en elle quelque chose d'analogue, bien que supérieur, à notre propre nature volontaire et libre.

Il n'y a, dit saint Thomas d'Aquin, que deux manières de marcher au but, ou de se mouvoir soi-même ou d'être mû par un autre. Celui qui agit par nature doit être considéré comme mû par un autre, il n'est pas maître en effet de son action ; celui-là seul se meut lui-même qui est maître de son action et connaît le but [2]. La cause première ne peut être mue par une autre, elle doit donc être intelligente et personnelle.

La fin, dit Suarez, ne demande pas pour agir une

---

[1] Agens non agit propter formam nisi in quantum similitudo formæ est in ipso. (*Somme th.* 1ª, 25, 1.)

[2] Aliquid sua actione vel motu tendit ad finem dupliciter : uno modo sicut seipsum movens, alio modo sicut ab alio motum..... Illa ergo quæ rationem habent seipsa movent ad finem. Illa vero quæ ratione carent tendunt in finem propter naturalem inclinationem quasi ab alio mota. (*Somme th.* 1ª, 2æ, 1, 2.)

existence réelle ; au contraire le plus souvent, c'est à produire cette existence réelle qu'elle applique l'action. Mais il lui faut cependant une existence quelconque. Or la seule existence possible en dehors de la réalité, c'est l'existence dans la connaissance[1]. La cause première ne peut donc agir sans avoir la connaissance du but qui détermine son action ; l'intelligence est nécessairement à la source des choses.

Ainsi la notion de substance nous a montré le principe de stabilité de l'être, la notion de cause nous a initié à sa vie, la notion de fin nous montre que la vie complète est intelligence. Tout ce qui est existe pour exercer un certain degré de vie[2] ; tout ce qui vit de soi est intelligent et libre.

Serait-ce à cause de ces conclusions que dans ces derniers temps beaucoup de personnes ont pris en haine la notion de fin? Elle exclut absolument le matérialisme ; si l'on pouvait démontrer que le monde n'est pas fait pour une fin, l'idée de Dieu recevait une forte atteinte.

Chacun sait que la notion de fin est l'appui le plus populaire du théisme, c'est d'elle que l'on se

---

[1] Ut realis causa causet, aliquo esse indiget, sed causa finalis non necessario postulat esse existentiæ realis proprium et in re, ergo saltem requirit esse in cognitione. (*Disp.* 23, sec. I.)

[2] Omnia esse propter suam operationem. (*Disp. met.* disp. 18 sec. I.)

sert avec le plus de succès pour entraîner les convictions des masses. Mais alors on ne la présente pas tout à fait comme nous venons de le faire. On explique que la belle ordonnance de l'univers, cet accord de tant d'êtres différents à contribuer à la perfection l'un de l'autre, cette régularité merveilleuse des lois qui président au mouvement, cette délicatesse des détails les plus intimes du mécanisme universel, tout révèle une intelligence créatrice. Ce raisonnement est excellent; toutefois ainsi que l'a remarqué M. Janet, il lui manque quelque chose en rigueur métaphysique, parce que sa portée dépend un peu de la manière dont on apprécie les faits. Quelques contemporains ont entrepris de faire collection des monstruosités, des irrégularités prétendues, des détails en apparence inutiles. Quelques détails insignifiants abandonnés au hasard du conflit des forces engagées ne sauraient être une raison de nier les résultats si évidents de l'ensemble; mais ils favorisent des contestations plus ou moins spécieuses, repoussées par les appréciations du sens commun mieux que par un argument péremptoire.

L'argument métaphysique, qui prouve l'intelligence du premier être par la notion de fin considérée comme le principe déterminant la cause à ses effets contingents, est plus difficile à saisir.

mais il est rigoureux et plus on l'approfondira, plus on le trouvera inattaquable [1].

Nous tenons donc beaucoup à maintenir l'idée de fin dans la science comme une idée fondamentale. Nous ne nions pas qu'on n'en ait quelquefois abusé. Mais un abus en justifie-t-il un autre ? et c'est un grand abus que de s'interdire absolument la considération de la cause finale.

La règle à suivre en cette matière me paraît avoir été tracée par Bacon qui ne saurait être suspect aux modernes. La considération des causes finales, d'après le philosophe anglais, est pernicieuse dans l'étude des sciences naturelles, mais elle est digne d'attention dans l'ordre métaphysique [2]. Pourquoi cela ? Parce que dans la métaphysique on n'étudie que les principes généraux et la notion de fin nous est vraiment et légitimement connue comme une des conditions générales de l'être, la condition qui détermine le choix entre les possibles ; dans la physique au contraire, on n'étudie que les faits particuliers, et les fins particulières qui pourraient les expliquer ne nous sont pas exactement connues.

---

[1] Deus non potest actionem suam dirigere in finem ut ab alio motus, ipse ergo formalissime intendit et cognoscit finem ; quod est proprium intellectualis agentis. (Suar. disp. met. disp. 30, sec. XIV.)

[2] *De dignitate et augmentis scientiarum.* ch. II.

Le P. Liberatore, dans sa métaphysique générale, combat l'opinion de Bacon. Il affirme dans un syllogisme en forme que la fin est la mesure de toutes les propriétés d'un être, que rien ne peut nous donner une idée plus exacte d'une chose que sa mesure, et que par conséquent on peut très-bien juger de l'objet par sa fin.

Au lieu d'un syllogisme, j'aimerais mieux un seul exemple, montrant qu'en fait la nature particulière d'un être a pu être exactement déterminée par la connaissance de sa fin.

Nous ne connaissons d'une manière précise la fin d'aucun être, et si nous la connaissions, il resterait à se demander si cette fin ne pourrait être atteinte par différents moyens. Comment dès lors juger avec certitude des propriétés d'un être par sa fin ! C'est au contraire par la connaissance de ses propriétés que nous pouvons découvrir quelque idée de cette fin. Et encore n'arriverons-nous jamais à en avoir une connaissance complète, puisque nous ne sommes jamais assurés de connaître exactement toutes les propriétés.

Deux ou trois exemples feront toucher du doigt cette difficulté.

Nous voyons, même par la raison naturelle, que Dieu n'a pu faire le monde que pour sa gloire ; mais en quoi ce monde peut-il contribuer à la gloire de Dieu ? Comment telle ou telle organisation des choses peut-elle mieux répondre à la perfection de son auteur ? Nous n'en savons absolument rien.

Nous jugeons facilement que l'homme étant capable d'intelligence et d'amour, doit aimer l'auteur de son être et lui obéir. Par la religion révélée nous obtenons une connaissance plus précise de certains actes que Dieu exige de nous, de certaines fins qu'il nous propose. Nous savons ainsi ce que nous devons faire et où la Providence veut nous conduire. Mais pouvons-nous nous flatter d'avoir une connaissance exacte et scientifique du but particulier pour lequel Dieu nous a placés dans l'ensemble des choses. Que d'obscurités à ce sujet ! Nous avons appris notre rôle dans une pièce dont l'ensemble nous échappe. Nous ignorons même si nous sommes les seuls acteurs intelligents et sensibles, ou s'il y en a d'autres. Dieu nous a appris ce que nous avions besoin de savoir pour notre conduite. Il a laissé à la science à deviner le reste, si elle le peut.

Enfin, le monde matériel n'étant pas maître de son action est incontestablement créé pour d'autres que lui-même. Nous pensons qu'il a été fait à notre usage, et en effet il nous est utile. Mais est-ce là son seul but ? Nous ne saurions l'affirmer. Il semble au contraire que les principaux appareils qui constituent la création nous offrent une utilité trop indirecte pour qu'elle soit la seule raison de leur existence. L'armée des étoiles, par exemple, n'aurait-elle d'autre fin que de nous donner une lueur douteuse pendant les nuits ? Quant aux êtres qui nous entourent de plus près, s'ils nous sont utiles, ce n'est pas seulement comme on l'entend ordinairement parce que nous pouvons les plier à notre usage. Ils exercent en outre certaines actions sur nous. Le monde sensible sert à donner occasion au développement de notre intelligence ; il provoque la conscience de nous-mêmes, rend évidentes les diverses relations de l'être, et nous conduit ainsi à l'auteur de toutes choses. Il nous est très utile par là, mais d'une autre manière qu'on ne l'entend généralement. N'a-t-il pas encore d'autres utilités, soit pour nous, soit pour d'autres ? Nous ne saurions en décider. Comment donc avec des notions si vagues, sachant que tout a une fin, soupçonnant bien quelque chose de cette fin, mais n'en ayant aucune révélation précise et déterminée, pourrions-nous en déduire des indications utiles sur la nature particulière de chaque être ?

On a donc bien fait de supprimer dans les sciences physiques la considération des causes finales ; elle n'y peut mener à rien. Cette suppression est le signe et la conséquence d'une révolution, légitime celle-ci, qui s'est opérée dans ces sciences à l'aurore des temps modernes et que nous avons déjà signalée.

Longtemps on avait cru qu'il n'y a rien à connaître du monde que ce qui est de prime abord accessible à nos sens. La science consistait alors à découvrir un ordre rationnel dans les notions sensibles, et il faut convenir qu'il lui était souvent imposé de singulières énigmes. Pour les résoudre, on n'avait d'autre ressource que de rapprocher les données sensibles des notions métaphysiques. Peu à peu on a trouvé moyen d'augmenter la force de nos sens par des instruments, de décomposer les substances par des analyses délicates, de résoudre les mouvements en des lois mathématiques. On s'est aperçu alors que toutes les apparences changeaient et on en a conclu avec raison qu'avant de faire une cosmologie rationnelle, il fallait d'abord acquérir une notion exacte et approfondie des faits. On a donc donné le premier rôle à l'expérience, et je ne suis pas de ceux qui pensent qu'en suivant cette voie, on s'est à tout jamais éloigné de la métaphysique. Au contraire je crois reconnaître que plus la science expérimentale progresse, plus les anomalies, les incompatibilités qui embarrassaient la physique antique tendent à disparaître, plus la conception expérimentale du monde se rapproche de ce qu'elle doit être pour se trouver en accord facile avec les lois fondamentales de l'esprit humain.

Mais si la considération de la cause finale est inutile en physique, en métaphysique il en est tout autrement. On peut dire qu'elle seule donne un sens à toutes les autres notions. Une donnée vous paraît-elle obscure, rapprochez-la de l'idée de fin et vous la verrez s'éclaircir. C'est pourquoi j'ai dit plus haut que l'idée de fin est progressiste, car je suis convaincu que c'est dans une application de plus en plus étendue de cette idée que réside toute l'espérance de progrès futurs en métaphysique.

On prouve par exemple, dans cette science, que l'existence est distincte de l'essence et que celle-ci est distincte également des propriétés. Mais alors, demandera-t-on, qu'est-ce que l'essence? Il semble que l'existence et les propriétés expriment tout l'être. Qu'est-ce que l'essence? Je ne puis répondre à cette question pour chaque individu en particulier, puisque l'essence est inaccessible. Mais je puis vous donner pour ainsi dire sa mesure, son caractère général. Considérez que tout être a une fin totale à laquelle sont subordonnées diverses fins particulières qui y conduisent. Vous comprendrez qu'en arrière des aptitudes spéciales par lesquelles l'être réalise les diverses fins secondaires, il faut un principe général d'activité et de vie répondant à la fin totale. Ce principe général est l'essence.

Autre question. La substance doit être une, quand l'action est une. Cependant vous voyez dans le monde des substances unes quant à certaines actions, par exemple, des végétaux dont le développement est un, des animaux dont la sensibilité est une, se diviser, se réunir, se multiplier. Vous n'y comprenez rien. Vous êtes tenté de croire que l'unité est dans la dernière division possible, et que les réunions ne sont qu'apparentes. Mais alors d'où viennent les actions unes qui réclament impérieusement un principe indivis ? Réfléchissez que la fin est le but de tout, vous comprendrez que la substance n'existe que pour la fin à atteindre, vous vous étonnerez moins d'une certaine mobilité de l'essence si la fin en est mieux gardée. Sans concevoir comment les essences se divisent ou s'unissent, puisque nous n'avons aucun type d'essence sous les yeux et que nous ignorons ce dont une telle chose est capable, nous comprenons cependant que la division n'exige pas de toute nécessité qu'il y ait des parties préexistantes; elle exige seulement qu'il y ait une raison aux divisions. Cette raison nous la trouvons facilement dans les fins diverses dont la nature animale ou végétale est susceptible. Si les fins deviennent distinctes, les essences le deviennent également; car la fin est supérieure à l'essence, et c'est le sort de l'essence qui doit être subordonné aux nécessités de la fin.

Et la personnalité ! quel est ce mystère que les psychologues spiritualistes jugent avec raison si important et qu'ils ont cependant tant de peine à débrouiller ? On dit ordinairement de nos jours que la personnalité repose sur un fait de conscience, la connaissance intime de notre propre identité. Toutefois des expériences singulières, plus remarquées dans ces derniers temps, montrent que l'erreur sur le moi est jusqu'à un certain point possible. Les faits relevés à ce sujet par M. le docteur Azam sont très-curieux, bien qu'on en connût déjà d'analogues. Mais si la personnalité repose sur un fait de conscience, que penser de semblables erreurs ? Ne sont-elles pas l'anéantissement de la personnalité même ? La réponse à ces difficultés est facile à l'aide de la métaphysique. Cette science nous apprend d'abord à ne pas confondre le moi lui-même avec la manière dont nous en avons connaissance. Je sais que je suis moi par une expérience intime de mon existence et par la succession régulière des actes où cette existence est engagée. Mais je suis moi par cette existence même, quand même je n'en aurais aucune connaissance, quand même la succession des actes qui me la manifestent étant troublée, je ne pourrais plus me retrouver moi-même. Je suis moi en un mot parce que je suis une substance et non parce que je me connais tel. Mais l'idée de substance répond-elle exactement à celle de personnalité ? Point encore. Il y a des substances qui ne sont point des personnes ; l'idée de personne comprend quelque chose de plus. Est-ce l'intelligence ? Oui, il n'y a de personnes que les substances intelligentes ou capables de l'être. Mais l'intelligence n'est pas encore le caractère distinctif de la personnalité. Ce qui fonde la personnalité, c'est surtout la destinée de la substance intelligente, destinée qui est d'être maître de sa propre action, de vivre de soi-même, et, au moins dans une certaine limite, pour soi-même [1], d'être en un mot, dans la mesure où une créature peut l'être, sa propre fin.

---

[1] Quod se possideat, sit quo sui juris in existendo. (*Liberatore, métaphy. gén*, ch. I, art. 2.)

On voit par ces exemples combien l'idée de fin est utile en métaphysique pour donner plus de précision à des notions qui restent vagues et insaisissables sans elles. Elle sert encore, nous l'avons vu, à prouver la priorité de l'intelligence sur le monde matériel : enfin elle est le fondement de la morale. La morale en effet ne peut nous apprendre la règle des actions humaines qu'en nous faisant connaître la fin que nous devons nous proposer. On peut juger par là que l'idée de fin ne le cède en importance à aucune autre notion métaphysique.

Encore un mot, car on peut dire que la notion de fin, sous ses divers aspects, est l'abrégé de tous les mystères de la vie. Nous avons montré plus haut qu'une conception intellectuelle était nécessaire pour diriger l'action productrice d'un fait contingent. Considérée comme présentant le type à réaliser, on appelle cette conception cause exemplaire. Mais le modèle n'agit pas physiquement sur la puissance active; il n'a qu'une action morale comme il n'a qu'une existence idéale. Cette action morale consiste dans un appel, ce que les anciens nommaient *motio metaphorica*, et la tendance de l'être intelligent vers le modèle qu'il voit, c'est la volonté. En tant que but de la volonté la fin s'appelle le bien, bien nécessaire si elle agit sur la volonté en vertu de la nature même de celle-ci, bien contingent si elle n'agit qu'en vue de certains rapports plus ou moins variables avec le bien nécessaire. Dans les deux cas le bien cherché intentionnellement s'appelle *finis qui intenditur*, ou plus brièvement *finis qui*. Mais la volonté se repose dans le bien acquis; elle l'embrasse, elle en jouit, elle le possède. En tant qu'elle recherche cette possession, son but est appelé *finis quo*. Enfin l'être intelligent cherche à posséder ce bien pour lui-même, pour son propre bonheur et sa propre perfection ou bien il cherche à procurer ce bonheur à un autre. Lui ou cet autre, devient en tous cas la fin dernière de l'opération, la fin que l'on appelle *finis cui*.

Voilà des formules bien abstraites. Mais, que sont-elles, sinon le tracé des lignes dont l'ensemble constitue l'activité vivante.

De même qu'en dynamique pour mieux saisir les lois du mouvement, on cesse de considérer les mouvements particuliers, on s'enferme dans leurs caractères généraux que l'on représente par des tracés géométriques et par des formules mathématiques, force vive, équilibre, vitesse, masse etc. De même en métaphysique on réduit pour ainsi dire la vie en formules pour en mieux saisir les faits généraux et pour se mettre à l'abri des distractions et des causes d'erreur que produirait l'obligation d'embrasser la multiplicité des vies particulières. On obtient ainsi comme un dessin général des relations et des diverses attitudes de l'être, dessin que la métaphysique doit s'efforcer de rendre correct, tandis que les autres sciences ont pour fonction d'y mettre les ombres et les couleurs.

Il y a encore une autre acception du mot fin, vulgaire et non scientifique : c'est celle d'opération accomplie et achevée. Cette acception ne représente plus la vie, mais la mort ; car c'est la mort de ne plus agir. Cependant nous aspirons souvent à cette sorte de fin, mais d'une manière secondaire et relative. Il n'est personne ayant entrepris un travail de quelqu'importance qui ne sente en soi ces deux sentiments contraires, d'être heureux d'avoir achevé son œuvre, d'être malheureux de l'oisiveté où cet achèvement le laisse. C'est qu'en effet agir est pour l'homme une chose pénible, parce que dans l'état actuel de sa nature, il ne peut rien faire de complet sans agir outre mesure, sans épuiser ses forces physiques. Et cependant il sent qu'agir est la perfection. Ne point agir est pour ainsi dire ne point être ; et je ne sais si on pourrait désirer une existence dépourvue de toute action.

Cependant, il n'y a presque point d'action humaine qui ne finisse par une suspension de l'action même ; partant il n'y a guère d'action qui puisse être pour nous, même modérée, une source de bonheur permanente. Si quelque action naturelle se rapproche davantage de cette condition, c'est à coup sûr la science, car l'action de l'intelligence est inépuisable. Mais la science humaine a bien des côtés faibles. Nous ne connaissons la vérité que par détails successifs et par des recherches difficiles ; souvent elle ne nous est donnée que dans des formules abstraites et non dans le spectacle vivant des choses, ou bien elle ne concerne que des êtres inférieurs. Cependant elle procure déjà à ceux qui la cultivent un bonheur relatif, ainsi que l'affirmaient Aristote et saint Thomas d'Aquin. Ah! n'y a-t-il donc pas quelque part la possibilité de contempler non plus dans des formules abstraites, mais dans sa vie propre, non plus en passant, mais toujours, un être supérieur à nous-mêmes dont la connaissance nous grandirait, nous élèverait, nous comblerait ? Ne serait-ce pas le parfait bonheur !

CHAPITRE VI

DE L'ESPACE.

Nous avons vu que la notion de substance dérive de la perception de l'être saisi dans nos propres actes, que la notion de cause est l'idée d'efficacité puisée dans l'âme et appliquée au dehors, qu'enfin la notion de finalité réalisée dans notre volonté, répond à la nécessité où est la cause efficiente d'être déterminée à l'un de ses effets possibles, détermination qui en dernière analyse doit toujours remonter à un acte d'intelligence. Toutes ces choses ont été expérimentées par nous en quelque être réel, et comme elles constituent les conditions fondamentales de l'être et développent ses rapports nécessaires, elles doivent s'appliquer même aux êtres que notre expérience n'atteint pas.

Que disait donc Emmanuel Kant lorsqu'il affirmait que l'entendement *Verstand*, la raison *Vernunft* et le jugement n'agissent que par des formes abstraites et des lois subjectives sans rapport nécessaire avec la réalité? Il commettait à ce sujet un singulier paralogisme. « De ce que je me considère dans ma pensée, disait-il, comme un sujet et non simplement comme un prédicat, il n'en résulte pas que le moi comme objet soit un être réel ou une substance. » Assurément cela n'en résulte pas ; mais Kant renverse complètement les termes du procédé intellectuel. C'est parce que je me perçois d'abord comme substance, qu'ensuite dans la pensée abstraite et réfléchie je me pose comme sujet. Malheureusement Kant était tellement prévenu de l'idée que la pensée abstraite ne relève que d'elle-même, qu'il ne pouvait admettre cette considération. Cependant le sens commun de tous les âges a déclaré que nous affirmons parce que nous voyons, que le concret précède nécessairement l'abstrait. Si la philosophie a quelque peine à définir d'une manière adéquate le rapport que l'intelligence met entre nous et les choses, est-ce une raison pour le nier, quand il est clair comme le jour que ce rapport est l'essence même de l'intelligence, et qu'on ne peut le supprimer sans défigurer complétement la nature de l'acte intellectuel et lui ôter toute signification ?

Nous pouvons donc dire, quoiqu'en ait dit Kant, que la métaphysique est une science possible, une science objective, puisqu'elle traite d'êtres réels, et leur applique des données tirées d'une expérience réelle. Si on veut discuter avec le criticisme, on a beaucoup de peine il est vrai à se défendre contre toutes ses objections, parce qu'elles sont déduites d'un point de vue faux et qu'on ne peut les examiner à fond sans entrer plus ou moins dans ce point de vue. Mais la réfutation de ce système est facile, quand au lieu de se perdre dans les détails, on se borne à rétablir la notion vraie de l'acte intellectuel qui est une connaissance, un rapport avec le réel, et que personne dans la pratique ne conçoit autrement.

Kant a attaqué également l'objectivité de notions moins élevées que celles que nous venons d'étudier, moins indispensables aussi à la métaphysique pure, mais qui jouent toutefois un rôle très important dans les opérations de l'esprit humain. Ce sont celles qu'il rapporte à la faculté de contemplation *Anschauungsvermögen*, l'idée de l'espace et l'idée du temps. Il a prétendu que ces idées n'étaient que des formes subjectives que nous appliquions aux objets de l'expérience sensible. Examinons ce qu'il peut y avoir de vrai dans cette manière de voir et d'abord en ce qui concerne l'espace.

Kant fait trois objections principales à l'objectivité de la notion d'espace.

Premièrement, dès que nous concevons une chose nous la plaçons dans l'espace, il faut donc que nous ayons préalablement l'idée de l'espace ; cette idée est donc antérieure à toute expérience.

Secondement, nous pouvons concevoir l'espace seul, toutes choses étant écartées, c'est une preuve que l'idée d'espace ne relève de la conception d'aucune autre chose.

Troisièmement, le monde physique et étendu se conçoit à la fois comme limité et sans limites, comme divisible en parties simples et comme excluant toute substance simple ; ces antinomies ne peuvent se résoudre tant que l'on considère l'espace comme jouissant dans l'ensemble des choses d'une existence réellement objective.

De ces trois difficultés la dernière seule est sérieuse ; les deux premières sont sans valeur.

De ce que nous ne percevons aucun objet sensible sans le placer dans l'espace, il n'en résulte pas nécessairement que la notion d'espace soit antérieure à celle des objets sensibles ; il suffit qu'elle soit simultanée, et c'est en effet ce qui a lieu. Il faut relever encore ici ce vice de la philosophie Kantienne de prendre son point de départ exclusif dans les concepts de l'intelligence réfléchie, sans jamais se reporter aux actes antérieurs dont la réflexion relève et où les notions s'étaient présentées dans un ordre inverse.

Que prouve la possibilité de considérer l'espace à part, si ce n'est notre puissance d'abstraction, la faculté dont nous jouissons de nous attacher à certains côtés des choses indépendamment des autres côtés ? Ne pouvons-nous penser au son sans penser à l'objet sonore, à la couleur sans penser à un objet coloré. Pourquoi de même, ayant puisé dans la connaissance des corps l'idée de l'étendue, ne pourrions-nous penser ensuite à cette étendue à part sans penser à aucun corps actuellement existant.

Il est vrai que s'il s'agit d'imagination nous ne pouvons guère nous représenter une qualité sensible seule sans lui attribuer l'étendue. Mais ce serait une erreur de croire que nous puissions nous représenter l'étendue absolument seule. Nous lui prêtons toujours dans ces représentations quelque qualité sensible, quelque forme, quelque nuance vague, en un mot quelque rapport avec les sens par lesquels nous sommes habitués à l'apprécier.

Reste la troisième objection, l'antinomie existant entre les conditions d'unité et de détermination essentielles à tout être réel, et les conditions de divisibilité et d'infinitude sans lesquelles on ne se représente pas l'espace. Cette objection, beaucoup plus profonde que les précédentes va au cœur de la question, quoiqu'elle n'ait pas tout à fait la portée que Kant lui attribuait.

Comment l'espace serait-il réel, s'il manque des conditions reconnues essentielles pour tout objet réel ? Comment ne serait-il pas réel puisqu'il contient toutes les réalités physiques ?

Plusieurs philosophes, s'inspirant en cela de l'impression vulgaire, ont prétendu que l'espace est une réalité non-seulement dans les corps, mais même en dehors des corps. On connaît la discussion soutenue à ce sujet contre Leibniz par le philosophe anglais Samuel Clarke, ami de Newton dont il partageait sur ce point les idées. La thèse de la réalité indépendante de l'espace a été également admise par Gassendi. Elle était au reste renouvelée des théories stoïcienne et académicienne de l'antiquité.

Le vulgaire tombe facilement, je dirais même nécessairement, dans cette erreur, parce que pour l'âme humaine l'espace n'est pas seulement une idée, c'est encore et surtout une imagination. Je ne crois pas contestable que la notion d'espace sous sa forme pratique ne dérive principalement des sens. Les animaux se représentent indubitablement l'espace ; ils apprécient comme nous les distances, et M. N. Joly, dans son cours à la faculté de Toulouse, on cite des exemples assez amusants.[1] D'un autre côté la science a constaté que la localisation des objets ne se fait pas de la même façon tout d'abord par la vue et par le toucher. On cite des aveugles guéris de leur cécité qui ne reconnaissaient pas facilement dans les premiers jours les objets les plus familiers à leurs mains.[2] Il y a donc quelqu'apparence que l'étendue visuelle et l'étendue tangible ne se présentent pas à nous exactement sous le même aspect. Enfin la notion de l'étendue est inhérente à toutes les sensations de nos deux sens principaux, et de ceux-là seulement. L'homme qui, par hypothèse, n'aurait ni le toucher, ni la vue, conserverait vainement le goût, l'odorat et l'ouie, il n'aurait aucune idée de l'espace et cependant son intelligence pourrait s'élever, comme celle de tout autre homme, aux idées d'être, de cause et de fin. En un mot, il n'y a aucune raison de considérer une donnée comme sensible qui ne s'applique pleinement à l'étendue.

Si donc l'étendue est une notion sensible, nous ne pouvons nous la représenter sans recourir à la mémoire sensible et il est d'expérience que la mémoire sensible prête toujours aux objets dont

---

[1] *Rev. sc.* 1876-77, n° 2.
[2] *Rev. sc.* 1876-77, n° 40. M. Naville.

elle produit la représentation une certaine objectivité. Plus effacée que l'image de la vision actuelle, l'image donnée par l'imagination n'en conserve pas moins les caractères de la première et notamment cet effet d'extériorité qui résulte nécessairement de l'association du toucher avec la vue. L'étendue notion sensible se présente donc toujours à l'imagination sous l'apparence d'un fait extérieur et réel.

Mais Aristote et les métaphysiciens scolastiques ont parfaitement reconnu l'illusion. Les philosophes antérieurs au Péripatétisme avaient soutenu que l'espace compris entre les murs d'une salle supposée complètement vide est par lui-même quelque chose de réel. Aristote rejette bien loin une pareille imagination. Pour lui et pour les scolastiques le vide que nous imaginons entre les corps sensiblement séparés, n'est qu'une pure forme n'ayant rien de réel et représentant seulement la possibilité de mettre un corps entre plusieurs autres[1]. Suarez remarque avec justesse qu'il faut que l'espace ne soit rien pour qu'il puisse être occupé par un corps, autrement nous aurions deux

[1] Reale spatium et realem dimensionem habens non est res distincta a corpore quod nostro intelligendi modo replet spatium, quod de se esset vacuum et nihil. (Suar. *disp. met.* disp. 51. sec. II.)

réalités étendues se pénétrant l'une l'autre et remplissant la même place ; ou, si l'on supprimait le corps occupant, il serait également vrai de dire qu'il n'y a rien dans ce lieu et qu'il y a quelque chose, ce qui implique contradiction.

Certains auteurs ont prétendu échapper à la difficulté en soutenant que l'espace n'est point un objet réel, mais cependant qu'il existe réellement comme capacité actuelle de recevoir les corps et même qu'il est à ce titre éternel et immuable. Malebranche, poussant cette idée jusqu'à sa dernière conséquence, voit dans l'espace l'immensité même de Dieu renfermant tous les corps dans le vaste sein de sa puissance infinie. Ces vues mystiques ne sont point du goût des scolastiques. Ils ne comprennent pas comment une idée vague, incomplète, indéfiniment divisible pourrait être un attribut de l'être le plus positif, le plus parfait, le plus un que l'on puisse concevoir. Ce qui est vrai et actuel est un être, remarque Suarez ; si donc l'espace pur n'est pas un être, il n'est rien ; il n'est du moins qu'un être de raison fondé sur la possibilité de multiplier indéfiniment les corps [1]. Cette

---

[1] Quatenus spatium apprehenditur per modum entis positivi distincti a corporibus, mihi videtur esse ens rationis, sumpto fundamento ex ipsis corporibus, quatenus sua exten-

possibilité est sans doute une conséquence de la puissance infinie du premier être qui peut multiplier sans limites les existences corps ou esprits, mais elle ne devient quelque chose d'actuel qu'autant que la puissance divine a produit des effets matériels.

Kant n'a donc pas si tort sur ce point. Il a raison de dire que l'espace conçu isolément est une forme vide, il se trompe seulement en prétendant que cette forme est antérieure à l'expérience, quand il est si facile de voir comment elle en dérive, comment elle est une imagination, le souvenir d'une donnée sensible, et en même temps une abstraction par laquelle l'intelligence conçoit à part des corps certaines propriétés vues dans les corps. Ces propriétés considérées dans leur essence seule et non dans leur existence concrète sont le fondement de la géométrie, et les essences, comme telles, étant immuables, puisqu'on ne peut les concevoir modifiées, sans les détruire, la géométrie est une science nécessaire, immuable et en un sens éternelle. De plus, en tant que ces propriétés sont considérées en dehors de leur réalisation ac-

---

sione apta sunt constituere spatia realia, [non solum quæ nunc sunt, sed in infinitum. (*Disp.* 51, sec. II.)

tuelle, elles tombent dans le domaine du possible, dans lequel, remarque Boscovich, il n'y a aucune limite. Elles peuvent donc être conçues indéfiniment multipliables ou indéfiniment divisibles. Ainsi l'indéfini entre dans le domaine des mathématiques.

Voilà comment s'explique cette antinomie qui étonnait Kant et comment l'espace est indéterminé et divisible à l'infini quand on le considère en lui-même indépendamment des corps, sans qu'il soit nécessaire que l'espace réel et matériel puisse être indéfiniment divisé en fait.

Mais cet espace réel, cette étendue corporelle ne peut-elle être indéfiniment divisée au moins métaphysiquement, c'est-à-dire par la pensée? Cette question nous mène à examiner ce qu'est l'étendue réelle ou extension des corps et si elle est exactement conforme en fait à l'idée qu'en fournit notre faculté sensitive. Les scolastiques n'hésitaient pas à admettre que l'extension des corps est telle en fait que nous nous la représentons. Cette idée les engageait dans les difficultés les plus épineuses. Ainsi sur une question fondamentale, celle de savoir comment existent les éléments intégrants de l'étendue, point, ligne, superficie, on comptait jusqu'à cinq opinions différentes. Cette question a toujours paru très difficile aux philosophes, disait Suarez[1]. Mais que faire? On était convaincu, et non sans apparence de raison, que les sens donnent de la nature des corps une idée directe et exacte. Cette réalité sensible, qui échappe de tous côtés à la compréhension, devait paraître quelque chose d'étrange auprès de la réalité si nette, si précise des faits intellectuels. Mais du moment que la nature des faits corporels semblait constatée, il fallait s'arranger avec elle. Les scolastiques faisaient de leur mieux, se contentant de signaler cette inintelligibilité de l'être sensible comme une preuve de son infériorité.

Ils admettaient donc, conformément aux apparences, une extension réelle et réellement divisible à l'infini. Mais l'unité, la détermination est un caractère essentiel de l'être. On ne conçoit un être que comme une unité, à moins qu'il ne soit une agglomération d'unités. On est un comme on est être, disait saint Thomas d'Aquin[2]. Où donc trouver l'unité dans cette réalité toujours divisible, dont les éléments fuient à l'infini.

On s'en tirait en mettant l'unité, non dans les

[1] Hæc res philosophis omnibus visa est difficillima. (*Disp.* 40 sec. v.)

[2] Unum quodque sicut custodit suum esse ita custodit suam unitatem. (*Somme th.* 1ª, 11, 1.)

éléments, mais dans l'ensemble. Qu'est-ce que l'unité corporelle? une certaine grandeur déterminée pour chaque nature d'être. Mais cette grandeur est divisible ! n'importe, en fait elle n'est pas divisée. Les points qui la composent n'ont point une existence à part ; ils ne la reçoivent que dans le cas d'une division actuelle. Nous avons donc affaire à une réalité divisible en puissance, mais actuellement une ; cela suffit pour qu'on puisse lui reconnaître l'existence actuelle [1].

J'ai bien peur que cet expédient ne cache un sophisme. Si la grandeur est divisible en points, demanderai-je, ces points existent-ils actuellement ou non d'une manière distincte ? On me répond qu'ils ne sont point actuellement distincts. Mais je soupçonne que l'on confond ici la division mécanique avec la distinction physique. Que les points ne soient pas mécaniquement séparés, cela est évident ; mais s'ils ne sont pas physiquement distincts, de quoi peuvent-ils servir ? Si les diverses parties de la ligne ne sont point actuellement l'une hors de l'autre, *pars extra partem*, l'idée même de grandeur disparaît, et si elles sont l'une hors de

---

[1] Tali modo puncti inter se uniuntur ut intra finitam magnitudinem et intra definitos terminos claudantur. (Suar. *disp. met.* disp. 40 sec. v.)

l'autre, elles ont une existence distincte, encore qu'elles soient matériellement unies. On n'est donc pas arrivé au résultat que l'on cherchait ; ou il n'y a pas de grandeur, ou il y a un nombre infini de réalités actuellement distinctes.

A mes yeux, c'est un véritable service que la science moderne a rendu à la métaphysique en montrant combien il est peu vraisemblable que les données sensibles représentent exactement la nature réelle des choses. La métaphysique a toujours été extrêmement compliquée par l'antinomie absolue qui semble exister entre la manière d'être de la matière et celle de l'esprit. Cette antinomie étrange est-elle réelle ? Ne serait-elle pas tout simplement l'antinomie de la connaissance sensible et de la connaissance intellectuelle ? A nos yeux tout serait simplifié, si on arrivait à considérer les sensations, non comme des représentations, mais comme des faits dont on cherche la cause. Quant au danger d'aller par cette voie à l'idéalisme, il nous semble facile à éviter, car la matière aura toujours son caractère propre, qui est d'être passive et d'agir à l'extérieur, tandis que l'esprit vit à l'intérieur.

Les savants ne croient plus aujourd'hui que la couleur, le son, etc., aient quelque rapport de ressemblance avec les qualités réelles des corps. De nombreuses observations viennent tous les jours à l'appui de cette opinion. Pourquoi n'en serait-il point de même de l'étendue, si l'étendue est une donnée d'origine sensible, et on n'en saurait douter. Pourquoi la valeur objective des grandeurs sensibles ne se trouverait-elle pas dans des relations et des nombres, comme la valeur objective des sons et des couleurs se trouve dans des mouvements qui ne rappellent en rien la qualité sensible qu'ils occasionnent. Aussi la science commence-t-elle à prendre en considération l'hypothèse d'une matière composée d'éléments primitifs inétendus. Beaucoup de mathématiciens ne regardent plus les points matériels que comme des centres de force; c'est à eux surtout qu'il appartient de transformer cette opinion en une vérité démontrée. La Métaphysique n'a qu'à constater combien cette manière de voir est plus simple et plus conforme aux notions fondamentales de l'intellect.

Il n'y a pas longtemps, M. de Saint-Venant, s'appuyant sur les recherches de M. Berthelot, exposait à l'académie des sciences que l'on ne peut, sans se mettre en contradiction avec ce qui ressort de l'ensemble des phénomènes terrestres et célestes, regarder les atomes comme des corpuscules formés de matière continue et dure ; mais qu'il n'y a rien de contradictoire à les considérer comme des points matériels doués de toutes les propriétés moins l'étendue. Depuis il a développé la même opinion dans un travail publié par la Société scientifique de Bruxelles en 1878. A ses yeux les faits de compression et d'élasticité sont inexplicables dans l'hypothèse d'une matière continue. Il est loin d'être le seul à soutenir cette opinion déjà adoptée par Boscovich et à laquelle inclinaient Poisson et Cauchy. Et l'on dit que la science moderne tend au matérialisme !

Kant aurait-il donc encore raison de regarder l'extension actuelle comme une forme subjective que nous appliquons aux choses ? Oui, il a raison, selon nous, s'il veut parler de la forme sensible de l'étendue et s'il soutient que cette forme n'existe pas objectivement telle qu'elle nous apparaît. Mais Kant ne semble pas tenir compte de cette autre considération que toute impression sensible est provoquée par un fait réel. Si donc il y a une étendue sensible, il y a nécessairement à côté une étendue réelle. Il ne s'agit que de savoir en quoi consiste cette étendue, autrement ce qu'elle doit être pour provoquer en nous l'impression d'étendue sensible.

Supposez une multitude de points excessive, non pas indéfinie, mais bien supérieure à ce qu'il est donné à nos sens d'apprécier ; supposez ces points liés entre eux par des relations réelles, physiques, placés dans un ordre fixe qui peut toutefois être changé suivant certaines règles, de sorte que chaque point agisse directement sur quelques points en nombre déterminé et par eux indirectement sur tous les autres : un monde ainsi conçu ne fera-t-il pas sur nos sens la même impression que le monde actuel ? Il paraîtra réellement divisible à l'infini, puisque les dernières divisions appréciables aux sens et à l'imagination seront encore divisibles, et de l'ordre dans lequel ces éléments viendront frapper nos sens ressortiront les relations de haut et de bas, de droite et de gauche, de grandeur et de figure. Nous aurons ainsi extrait de la notion d'étendue tout ce qu'elle contient d'intelligible, par conséquent d'objectivable, car ce qui n'est pas intelligible ne saurait être [1]. Cette théorie, qui est celle de Leibniz et de Boscovich, nous montre donc bien en

---

[1] Il est bon de remarquer qu'intelligible et compréhensible ne sont pas une même chose. Est compréhensible ce qui rentre dans la portée ordinaire de l'intelligence humaine ; est intelligible tout ce qui par sa nature peut être l'objet d'un acte pur d'intellection. Puisque Dieu est nécessairement intelligent, tout ce qu'il a fait est nécessairement intelligible.

quoi peut consister l'étendue réelle, et elle échappe facilement à toutes les antinomies qui ont fait le tourment de l'ancienne métaphysique.

Le point n'est plus cette réalité insaisissable, qui existe, puisqu'il constitue par accumulation la grandeur actuelle, et qu'on ne sait où prendre, puisqu'il échappe à la raison à mesure qu'elle le poursuit dans une division indéfinie. Les points possibles restent assurément indéfiniment nombreux puisque Dieu peut multiplier les êtres autant qu'il lui plaît, mais les points actuels sont en nombre défini. Ce sont des points réels, substantiels, doués de force. Les points réels sont vraiment réels, et les points possibles sont purement possibles. On n'est pas obligé de recourir à ces distinctions par trop subtiles de points réels quant à leur existence, et possibles quant à leur détermination, quand il est certain d'ailleurs qu'être et être déterminé sont une seule et même chose.

Devant notre hypothèse tombe la vieille objection, à la possibilité du mouvement, objection que l'on n'a abandonnée que parce qu'elle heurtait trop visiblement les faits. Le mouvement n'est plus le changement indéfini d'un point fuyant toujours à travers l'espace, ayant passé par un nombre infini de lieux, sans qu'on n'ait jamais pu dire qu'il fût un instant dans un lieu précis. C'est simplement l'état d'un point qui change successivement de relations avec d'autres points. Ces changements successifs peuvent être et sont toujours très-nombreux, jamais en nombre indéfini.

Mais, dit-on, et voilà la grande objection, des points indivisibles tels que vous les supposez ne peuvent donner une grandeur. On peut bien admettre comme indivisible le point qui termine une ligne donnée, et comme la ligne peut se diviser indéfiniment, il s'y trouvera évidemment une foule de points indivisibles révélés par l'acte même de la division. Mais ces points seuls ne peuvent former la grandeur. S'ils se touchent, fussent-ils en nombre infini, ils se confondent ; s'ils ne se touchent pas, il faut supposer entre eux quelque chose. La ligne ne peut donc être composée de points indivisibles seuls, il faut aussi des parties continues comme elle dont les points indivisibles ne sont que les extrêmes [1].

Telle est l'objection des scolastiques ; je réponds que leur dilemme n'est pas rigoureux, car les êtres peuvent se toucher de deux façons, l'une par leur

---

[1] Integra entitas magnitudinis non ex solis partibus continuis nec ex solis indivisibilibus surgit, sed ex omnibus simul. (*Suar. disp. met.* disp. 40 sec. v.)

existence, l'autre par leur action. Deux êtres qui agissent l'un sur l'autre sont dits très-justement se toucher. Toute action est de soi un contact. Cette action entraîne bien une sorte de présence de l'être agissant [2], mais non son identification avec l'être qu'il modifie. Si donc on voulait soutenir que les points matériels se touchent réciproquement par leur être individuel, on arriverait certainement à une confusion, à une identification. Leur être individuel n'ayant comme tel d'autre détermination que la situation qu'il occupe, ils ne pourraient se rencontrer dans le même lieu, sans perdre ce qui constitue leur différence. Mais l'objection n'a plus de valeur si les points matériels ne se touchent que par l'action plus ou moins énergique qu'ils exercent les uns sur les autres, car il serait absurde de dire qu'un être ne puisse agir sur un autre sans se confondre avec lui.

On voit donc qu'il est très correct, intellectuellement parlant, d'admettre des points matériels distincts tout en se touchant. Leur être restera individuel, leurs relations les uniront, et l'effet de leur multitude sur nos sens produira ce que

---

[1] Oportet omne agens conjungi ei in quod immediate agit, et suâ virtute illud contingere. (S. Th. *Somme th.* 1ª, 8, 1.)

[2] Ubi operatur, ibi est (*id.*)

nous appelons la grandeur sensible, laquelle reçoit son caractère propre de la manière dont la faculté sensitive est affectée.

Ainsi dans la notion d'espace réel et corporel, il y a quelque chose de subjectif, comme le voulait Kant, mais il y a aussi quelque chose d'objectif. Ce qui est subjectif, c'est une forme sensible, une certaine apparence qui n'est pas préformée toutefois dans notre âme, mais qui résulte de la manière dont elle réagit contre les impressions extérieures. Ce qu'il y a de réel, c'est la cause de ces impressions, une nature d'êtres très inférieurs, mais cependant réels, multipliés au delà de toute mesure, agissant les uns sur les autres et sur nos sens.

CHAPITRE VII

DU TEMPS.

Examinons maintenant la notion du temps.

Kant avait placé cette notion sur le même rang que celle d'espace, bien qu'il y ait entre elles une différence considérable. L'idée de temps n'est point en effet comme celle d'espace une donnée originairement sensible. Il ne paraît point nécessaire de supposer que les animaux aient l'idée du temps, et l'on peut parfaitement concevoir que cette notion fût connue d'un être qui n'aurait aucun sens, pourvu qu'il eût conscience de son existence et de son activité.

L'idée du temps représente-t-elle quelque chose d'objectif? Kant fait à ce sujet les mêmes difficultés que pour l'espace. Nous y ferons les mêmes réponses. Il faut considérer toutefois que la troisième difficulté, celle de l'infinie grandeur ou de l'infinie division, ne s'applique point au temps directement comme à l'espace. L'idée du temps réellement continu n'est nécessitée que par l'idée d'espace physiquement continu. Au point de vue idéal le temps est certainement divisible en instants d'un nombre indéfini, puisque rien ne limite la possibilité d'intercaler des faits entre les faits existants, mais ce temps idéal est une idée pure et il n'y a nécessité d'admettre un temps continu en fait que si l'on persiste à envisager l'espace et le mouvement qui s'y produit comme réellement continus. Si l'espace est composé de points coexistants où s'opèrent des mouvements successifs, il n'y aura plus dans l'ordre réel qu'un temps composé d'instants successifs, ce qu'on nommait autrefois le temps discret. Cette différence dans la manière de concevoir les choses ne change rien d'ailleurs à la nature intrinsèque du temps.

Les objections de Kant n'ont donc point à nous préoccuper. Toutefois, même parmi les philosophes dogmatiques, il existe une très grande incertitude sur la manière d'envisager le temps. Pour l'espace tout le monde était d'accord qu'il y a dans les corps un état particulier qui fonde notre conception. Il n'y aurait plus d'être intelligent et sensible qu'il y aurait encore de l'étendue, quoique non peut-être sous l'apparence que nous nous en formons. S'il n'y avait point d'esprit y aurait-il encore du temps? Cette question embarrasse les spiritualistes eux-mêmes.

Une des principales difficultés consiste en ce que le temps considéré en lui-même n'a aucune réalité vraiment présente. Les instants passés n'existent plus, les instants futurs n'existent pas encore. L'instant présent, surtout dans l'hypothèse du temps continu, passe plutôt qu'il n'existe [1]. Comment le temps n'ayant aucune partie réelle, n'ayant au plus de réel qu'un moment passager, peut-il être en soi quelque chose de réel? Aussi la

---

[1] Partes temporis nunquam sunt existentes ; ergo neque sunt partes reales. (*Suar*. *disp. met.* disp. 50, sec. IX.)

plupart des philosophes semblent-ils incliner à considérer le temps comme dépendant de la pensée. Le temps est dans la pensée de l'âme, dit S. Augustin[1]. Aristote lui-même dit que le temps est un nombre[2] et comme il appartient à l'âme seule de compter, il en conclut logiquement que le temps dépend de l'âme [3].

Cette opinion peut paraître se rapprocher de celle de Kant, mais elle en est fort différente en fait. Kant prétend que l'idée du temps est une forme vide que l'âme possède d'avance et applique aux choses. Les philosophes que nous avons nommés admettent bien que le temps se constitue par une conception de l'âme, mais ils ne soutiennent nullement que cette idée existe en nous indépendamment de la connaissance des choses. Tout au contraire, ils reconnaissent parfaitement le rapport nécessaire entre l'idée et les faits : « Qu'est-ce que le temps, dit S. Augustin, si personne ne me le demande, je le sais ; si je veux l'expliquer à quelqu'un je ne le sais plus. Je puis dire cependant hardiment savoir que si rien n'avait été, il n'y

---

[1] Tempus in cogitatione animi reperitur (*Confessions*).
[2] Tempus esse numerum motus secundum prius et posterius. (*Phy.* 4, 14.)
[3] Tempus pendere ab anima. (*Phy.* 4, 14.)

aurait pas de temps passé ; si rien ne se préparait, il n'y aurait point de temps futur ; si rien n'était, il n'y aurait point de temps présent[1]. » On voit que malgré le caractère subjectif qu'il attribuait à la notion de temps, S. Augustin savait très bien qu'elle est fondée sur quelque chose de réel. Quel est ce quelque chose ? Mérite-t-il à lui seul le nom de temps ? telle est la question.

Les philosophes du moyen âge la résolvaient en recourant à une notion plus générale, qu'ils appelaient durée. Ils reconnaissaient trois sortes de durée : la durée intrinsèque qui est dans la chose même, la durée extrinsèque ou mesure de la durée et enfin la durée idéale conçue indépendamment de tout être réel.

La durée idéale ou le temps pris en soi indépendamment de toute existence n'est rien d'actuel: c'est la possibilité du temps réel, c'est une pure abstraction de l'esprit[2]. Il nous semble une réalité sans limite, parce que nous pouvons toujours concevoir

---

[1] Quid est ergo tempus ? Si nemo ex me quærat, scio ; si quærenti explicare velim, nescio. Fidenter tamen dico scire me quod si nihil præteriret non esset præteritum tempus ; et si nihil adveniret non esset futurum tempus, et si nihil esset, non esset præsens tempus (*Conf.* l. II, ch. XVII.)

[2] Non aliud est nisi possibilitas ipsius temporis realis quæ mentis abstractione concipitur. (*Liberat métaph. gén.* 2, 6.)

un fait possible après un autre, et que, nous représentant par l'imagination des espaces sans bornes, nous y rêvons facilement des promenades sans fin. Il faut remarquer cependant que ce caractère d'infinitude ne s'applique pas à la durée idéale seule comme il s'applique exclusivement à l'espace idéal; la durée réelle a aussi son infinitude en ce sens qu'elle peut être indéfiniment prolongée dans l'avenir. Rien n'empêche l'existence successive de durer un nombre d'instants toujours plus grand tandis que l'espace réel ne saurait être effectivement sans bornes, le nombre des coexistences ne pouvant être indéterminé.

La durée intrinsèque est quelque chose de réel, de précis, d'objectif. C'est un fait, le fait que l'individu continue à être. Quelques scolastiques, abusant d'une tendance assez commune au moyen âge, ont voulu faire de cette durée une modalité réelle et distincte existant dans les choses; mais la plupart n'ont vu dans la durée que le fait même de l'être en tant qu'il persévère. Durer, dit Suarez, ce n'est pas autre chose que conserver l'existence[1]. Quand on considère la permanence de l'être on a

---

[1] Rem permanere et eamdem existentiam retinere. (*Disp.* 50 sec. 1.)

une idée parfaitement adéquate à celle de durée; la durée est donc la permanence de l'existence considérée sous un aspect spécial [1]. Mais même si aucune intelligence ne se livrait à cette considération, le côté considéré n'en existerait pas moins, les êtres n'en continueraient pas moins à être et à ce point de vue ils auraient la durée.

Il y a dans la nature des choses qui persévèrent simplement dans leur être, ou si elles cessent, ce n'est qu'après avoir conservé l'être assez longtemps dans les mêmes conditions. Telles sont les substances immatérielles et même dans leur premier fond les substances matérielles. Ces choses ne nous sont pas connues directement; leur durée par conséquent échappe à notre expérience. Les scolastiques appelaient cette durée d'un nom particulier *Ævum* et remarquaient que sa propriété est de n'avoir que de rares instants distincts. Il y a au contraire des choses qui ne font que passer, c'est à peine si on peut dire qu'elles durent. La permanence que comporte l'idée de durée n'existe à leur égard que dans l'ensemble, en tant qu'il y a toujours des réalités de même ordre qui se succèdent. Ces choses nous sont très familières : faits,

---

[1] Ratione tantum vel connotatione aliqua intrinseca ab existentia differt. (*Disp.* 50, sec. 11.)

actes, mouvements, pensées, etc. La durée qui s'y rattache est la durée successive pour laquelle les scolastiques réservaient plus particulièrement l'expression de temps.

C'est surtout dans le mouvement local que se réalise l'idée du temps ainsi conçu, en sorte que le temps peut être dit la succession des mouvements locaux[1].

Mais cette notion de durée intrinsèque n'est pas encore adéquate à celle de temps, telle que nous la concevons. Le temps ne nous apparaît pas seulement comme une succession réelle ou possible, il nous apparaît aussi comme un rapport, comme une mesure. Nous disons qu'une chose a duré un certain temps en la comparant à une durée générale et régulière : idéal que nous ne pouvons réaliser, mais dont nous cherchons à nous rapprocher en choisissant un mouvement type aussi régulier que possible. En dehors de cette comparaison l'idée de temps est peu compréhensible. S'il existait une suite unique de mouvements successifs, on ne saurait trop comment dire combien de temps elle a duré.

Pour satisfaire à ces considérations, les scolas-

---

[1] *Tempus habere extensionem suam a motu.* (Suar. disp. 50, sec. VIII.)

tiques avaient distingué ce qu'ils appelaient la durée extrinsèque. La durée extrinsèque, c'est le temps compris comme une mesure ; elle consiste essentiellement à rapprocher une durée d'une autre pour les comparer. Cette durée a un fondement objectif, les durées intrinsèques qui existent indépendamment de tout acte de l'esprit[1] ; mais elle est constituée par une opération subjective, car le choix de la durée type à laquelle on compare les autres est un acte arbitraire de l'esprit[2].

Il est donc vrai de dire du temps comme mesure qu'il est quelque chose de réel et en même temps qu'il relève de la pensée. Il est réel dans la durée des choses qui durent réellement ; il est subjectif dans l'acte de comparaison des durées.

Pour mesurer le temps avec précision il faudrait choisir une série de mouvements parfaitement réguliers, d'une importance assez générale pour être rapprochée facilement de toutes les autres séries, et d'une nature telle qu'elle soit divisible en parties exactement égales. C'est ce qu'on a cherché à ob-

[1] Positis rebus mutabilibus, etiamsi nullus intellectus eas contempletur, illa in suis motibus duratione afficiuntur quae tempus exhibet. (*Liberat. met. gén.* ch. 11, art. 6.)
[2] Dicendum est ex natura rei nullum esse motum seu durationem successivam quae sit aliorum motuum mensura, sed ex arbitrio et capacitate hominum pendere. (*Suar.* disp. 50, sec. 1.)

tenir en choisissant pour mesure le mouvement des astres facile à constater en tous lieux, et qui produit de lui-même la division des jours, des mois et des années. Pour les plus petites divisions, on a eu recours à des moyens artificiels portés aujourd'hui à une très grande perfection. Les péripatéticiens attribuaient le mouvement des astres à un premier moteur céleste et le croyaient absolument régulier. Les découvertes modernes ont montré que ces mouvements célestes ont aussi leurs variations, bien que peu importantes dans un long espace de temps. Il ne parait donc pas qu'il existe dans le monde de mouvement absolument régulier, c'est-à-dire parcourant toujours la même étendue pendant le même temps. Peut-être trouverait-on plutôt dans les dernières oscillations de la matière cette égalité parfaite. Il est vraisemblable que les ondulations de telle ou telle espèce de lumière, par exemple, sont strictement régulières. Mais comment ces mouvements pourraient-ils nous servir de mesure? Une mesure absolument exacte du temps est donc chose pratiquement impossible. Ici, comme partout, nous pouvons entrevoir la perfection mais non la réaliser.

CHAPITRE VIII.

DE L'INFINI.

Après la substance, la cause et la fin, après le temps et l'espace, nous avons promis d'examiner la notion de l'infini.

Peut-être aurions-nous mieux fait de ne pas mettre en avant une idée que beaucoup qualifieront d'arbitraire et de fictive, et qui d'ailleurs, comme nous l'avons déjà remarqué, n'est pas indispensable aux premiers fondements de la Métaphysique. Cependant l'idée de l'infini est une conséquence si naturelle, si inévitable des notions métaphysiques; elle a d'ailleurs joué un rôle si important dans le monde, que nous ne saurions nous résigner à la passer sous silence.

« Je ne puis, malgré moi l'infini me tourmente, »

disait un grand poëte contemporain.

Elle en a tourmenté bien d'autres. Que d'esprits se sont mis à la torture pour en saisir la valeur, que de mouvements elle a produit dans l'histoire, que de transformations elle a opérées dans les âmes! Qu'on en ait conscience ou non, c'est l'infini qui mène l'humanité.

Et voici le grand problème : l'humanité se laisse mener par quelque chose qui lui est caché.

Proposition positiviste, dira-t-on. Non, elle n'est pas positiviste, elle n'est pas négative de la perfection et de la réalité de l'infini. Elle exprime simplement ce fait, que nous allons, je l'espère, démontrer, à savoir que nous n'avons pas de l'infini une connaissance immédiate, directe et adéquate.

Depuis Descartes, beaucoup de personnes s'imaginent que nous possédons réellement une idée directe de Dieu, soit une idée innée dans le sens cartésien, soit une certaine vue mystérieuse de l'infini lui-même. M. Caro de nos jours défend le premier système, et regarde la preuve de Dieu par son idée comme la preuve métaphysique par excellence. Dans le système ontologique, on peut citer Mgr Hugonin et l'abbé Gioberti qui ont soutenu que l'idée d'être est en nous une vue de l'être qui est par lui-même.

Ces systèmes ont un grand tort ; ils ne valent que pour ceux qui ont envie d'être persuadés. Ils ne reposent pas en effet sur une donnée nette, précise, incontestable, qui s'impose à tous les esprits.

Je ne nie pas que nous ayons de l'infini un certain sentiment intime, comme le disait le P. Gratry; nous reviendrons plus loin sur cette pensée, mais un sentiment n'est pas une connaissance.

Je ne nie pas non plus que nous ayons de l'infini une idée quelconque et même, comme le veut Fénelon[1], une idée nette, précise, qui nous permette de voir clairement que tous les êtres qui nous entourent ne sont pas lui. Mais on peut bien avoir une telle idée par le raisonnement ou le témoignage, sans qu'il soit nécessaire de recourir à une représentation spéciale. Si je n'ai jamais vu de lion, il suffira cependant d'indications assez sommaires pour reconnaître que tous les autres animaux que je rencontrerai ne sont pas des lions. Je n'ai jamais saisi les mouvements moléculaires auxquels d'après la science est due l'impression de couleur. Je puis cependant les compter, en fixer la longueur et la direction, j'en ai donc une idée précise. Nous avons certainement l'idée de l'infini de cette manière; mais est-ce là une idée qui puisse fonder le raisonnement cartésien ? Non ; pour que ce raisonnement soit valable, il nous faut une idée directe, intuitive, qui représente la nature divine, sinon

---

[1] *De l'existence de Dieu*, seconde partie, in principio.

parfaitement, du moins dans les traits distinctifs et positifs de son existence individuelle, d'une telle idée seulement on peut dire qu'elle ne peut venir que de son modèle[1]. Où avons-nous jamais rencontré une telle idée ? Vous me dites que vous savez très exactement tout ce qui n'est pas Dieu. Je l'admets ; mais si je vous demande ce qu'est Dieu en soi, vous voilà réduit à des négations, car vous ne pouvez définir le terme *infini* que par des propositions négatives. Dieu est certainement très positif en lui-même, mais c'est pour cela même que nous ne le connaissons pas directement, puisque nous sommes réduits aux expressions négatives pour le caractériser.

On a cru trouver cependant une formule positive pour définir Dieu ; on a dit : il est l'être, il est tout l'être, il est la plénitude de l'être, ou, ce qui est au fond la même chose, il est la perfection. Je ne blâme pas assurément ces manières de parler. Elles

---

[1] Ceci touche le raisonnement propre de Descartes. Quant au raisonnement de saint Anselme, saint Thomas d'Aquin l'a réfuté depuis longtemps en remarquant que si l'idée de ce qui est absolument parfait implique son existence, c'est à condition que l'on aura accordé d'abord qu'il peut y avoir réellement quelque chose d'absolument parfait. (*Contra gentes* I, II.)

Le raisonnement de saint Anselme n'implique nullement d'ailleurs que l'idée de l'infini soit innée ou intuitive.

sont belles, elles sont très dignes de Dieu et nous représentent très bien sa majesté. Mais que nous apprennent-elles sur sa nature de positif, de spécial, que nous n'ayons pu trouver ailleurs?

Que veut dire le mot être? il veut dire avant tout exister. Cela se voit partout et en toutes choses, et ne peut caractériser aucun être; c'est la plus générale des idées. Être dans un autre sens veut dire essence, l'être suprême sera alors l'essence supérieure, l'essence des essences. Mais nous ne connaissons pas, dans leur nature propre, même les essences créées; c'est pour cela que nous les appelons des êtres, faute d'en savoir autre chose, sinon qu'elles existent. Si le mot être dans un arbre ou dans un minéral n'indique rien qu'un certain fond inconnu sur qui reposent les phénomènes, comment ce même mot indiquera-t-il une connaissance positive quand il s'agit de l'essence infinie? Il exprimera que Dieu est, qu'il est par lui-même, qu'il est l'essence au-dessus de toutes les essences. Tout cela est très vrai, très utile; mais tout cela ne nous donne aucune idée de ce que peut être en soi et, pour ainsi dire, dans sa forme propre cet être ou cette essence supérieure.

L'idée d'être ne saurait donc être en nous une intuition ou une image de l'essence divine, sinon dans le même sens que tout ce qui est est en quelque manière une image de Dieu. Ce n'est donc pas en s'appuyant sur cette idée que l'on pourra contredire la déclaration si formelle de S. Jean que personne n'a jamais vu Dieu[1], ni celle de S. Denys l'Aréopagite qui va jusqu'à dire qu'il n'y a pas de science de Dieu[2], voulant parler évidemment d'une science directe, complète et naturelle.

Veut-on des preuves plus directes que nous ne nous représentons pas Dieu par une idée simple et intuitive, une première preuve sera précisément la variété des expressions employées pour exprimer sa nature.

Les uns ont dit : *l'infini*, considérant surtout que l'être qu'ils entendaient désigner a toutes les perfections possibles et peut produire indéfiniment des créatures. En effet rien ne peut se concevoir en dehors de Dieu ; il est la source de toutes choses, et, comme toute créature est séparée de lui par un abîme, la perfection de chaque créature pourrait croître indéfiniment sans l'égaler. Suarez, qui ne se pique pas de poésie mais d'exactitude, dit simplement que les mots fini et infini ont été pris de

---

[1] Deum nemo vidit unquam. (*Évang. selon saint Jean* 1, 18.)

[2] Neque sensus ejus est, neque phantasia, neque opinio, nec ratio, nec scientia. (*De nominibus divinis* 1.)

l'étendue matérielle pour être appliqués à la multiplicité des perfections[1]. Voilà une étymologie qui n'a rien de bien mystique.

Le terme *parfait* avait été mis en usage par S. Anselme, comme représentant plus particulièrement la perfection complète à laquelle on ne peut ajouter aucune perfection.

S. Bonaventure disait *l'être pur* ou simplement *l'être*, comme celui qui a tout ce qui peut être réalisé. S. Thomas disait *l'acte pur*, suivant le langage péripatéticien, l'être qui est du premier coup tout ce qu'il peut être, qui est tout acte.

Les Allemands ont inventé dans ces derniers temps le mot *absolu*, dont ils donnent des définitions étranges, mais quelle que soit la nature qu'ils prêtent à cet absolu, qu'ils en fassent l'identité indifférente (Schelling 1re phase), l'idéal (Schelling 2e phase) ou la substance immanente en général (Hegel), ils ne l'appellent absolu que parce qu'ils le considèrent comme la seule chose existant en elle-même et par elle-même, celle qui, eussent dit les scolastiques, existe par son essence. Malheureusement, ils définissent toujours cette essence par quel-

---

[1] Sumpti quidem sunt a nobis ex quantitate molis, translati vero sunt ad significandum quantitatem seu gradum perfectionis. (*Disp.* 28 sec. 1.)

que chose qui n'est qu'un pur possible, commettant ainsi une contradiction dans les termes.

Que d'expressions diverses et prises à des points de vue différents pour exprimer une idée qui serait, dit-on, primitive ! Quand les hommes connaissent une chose objectivement et qu'ils en ont une idée directe, ils lui appliquent un mot et elle est désignée. Ils n'ont pas besoin de rechercher des expressions insolites pour caractériser, par exemple, le rouge ou le vert : chacun sait d'abord ce que ces mots veulent dire. Pour Dieu, il n'en est pas ainsi, parce que, quand nous l'avons nommé, le mot ne s'applique à rien qui nous soit présent. Il faut donc s'épuiser en rapprochements, en comparaisons, en définitions, pour faire connaître quelque chose de sa nature. Il faut le caractériser indirectement par certaines relations ou certaines ressemblances, parmi lesquelles chacun choisit la plus conforme à la nature de son esprit.

« Nous ne pouvons, a dit Suarez, connaître Dieu en lui-même tel qu'il est, et par conséquent le concevoir par des idées simples et qui lui soient propres, nous ne pouvons donc le définir que par des notions négatives, cet être excellent étant absolument différent des autres[1]. »

[1] Non possumus ea quæ sunt Dei propria prout in se sunt

Telle est la doctrine d'un théologien, d'un spiritualiste de profession; c'est la doctrine de toute la tradition péripatéticienne et scolastique.

Cette doctrine devient plus évidente encore, si on essaie de décomposer l'idée de l'infini, car, telle que nous la concevons, elle se décompose très bien. On peut réciproquement réunir un certain nombre de concepts qui donnent ensemble une idée tout à fait adéquate à celle que nous appelons l'infini. Donc elle est un composé de ces concepts et n'a d'autre origine que la leur.

La notion d'infini se constitue par deux idées qui unies la représentent adéquatement: la première, l'idée de perfection sans limites, la seconde, l'idée de simplicité ou d'unité absolue. La notion d'infini est tout cela et cela seulement.

La perfection sans bornes à elle seule n'éveillerait pas l'idée de l'infini, mais seulement de l'indéfini. Elle n'indique en effet par elle-même que l'idée d'une perfection accrue indéfiniment, et, comme le remarque très bien le P. Liberatore, l'infini ne se constitue pas par des additions au fini; il est la

---

concipere, imo nec per positivos conceptus simplices ac proprios Dei, ideo negativis utimur, ut illud excellentissimum ens quod maxime a cæteris distat. (*Disp.* 28, sec. 1.)

perfection à la fois souveraine et indivisible[1], une perfection autre que les perfections créées, mais qui les comprend. Ajoutez les perfections aux perfections, élevez l'être de degré en degré, vous n'aurez jamais l'infini, quoi qu'en dise Locke; ajoutez des choses bornées à des choses bornées, vous n'aurez jamais qu'une chose bornée, comme en ajoutant des nombres à des nombres vous n'aurez jamais qu'un nombre. Pour avoir l'infini, il faut sortir de la série, il faut prendre, non la perfection du degré supérieur, mais la perfection qui n'a pas de degré; il faut prendre, non le nombre le plus élevé, mais l'unité en dehors des nombres. L'infini n'est pas différent du fini seulement parce qu'il est plus grand mais parce qu'il est tout autre chose.

D'un autre côté l'unité à elle seule ne signifierait rien parce qu'elle peut être vide. L'unité absolue ne se présente à nous que dans l'ordre abstrait. Tout ce que nous connaissons est multiple à quelque égard. Dire que Dieu est l'un, comme l'ont fait certaines écoles, c'est en faire quelque chose

---

[1] Est infinitas perfectionis omnino indivisibilis quæ in se est summe actualis et completa. (*Suar. disp. met.* disp. 30, sec. 11.)

L'unité est tellement essentielle à la notion de l'infini que saint Thomas déduit l'infinité de Dieu de l'unité absolue de son être et de son essence. (*Somme théol.* 1ª, 7, 1.)

de vague, d'indéterminé, qui ressemble au néant.

Mais si à la perfection sans limites, nous joignons l'unité absolue, nous y mettons le cachet spécial, le caractère particulier, le seul du moins à nous connu, qui distingue la perfection infinie de toutes les autres perfections[1]. Qui dit perfection dit être, qui dit perfection sans limites dit l'être le plus grand possible, qui dit perfection absolument une et réelle, dit l'être en dehors de la série des créatures, l'infini. Nous avons donc bien en unissant ces idées la notion de l'infini, de l'être qui comprend toute perfection sans aucun degré particulier, qui est absolument un, mais qui équivaut à tout. Cette synthèse de deux notions en apparence contradictoires donne à l'idée de l'infini l'aspect spécial qui a fait croire à quelques-uns qu'elle avait une origine à part. Mais cette synthèse, loin de résulter d'une réalité directement perçue, ne nous représente à l'esprit aucun fait, aucune quiddité saisissable, elle nous est incompréhensible. Ce qui prouve que nous savons seulement qu'elle doit être, mais que nous ne la voyons pas réalisée.

[1] Quand les ontologistes veulent prouver que l'idée de l'infini est spéciale, c'est toujours en définitive au caractère d'unité qu'ils ont recours. La perfection illimitée qui ne serait pas exclusive de tout degré dans son essence, serait en effet une pure abstraction.

Voilà donc l'idée d'infini ramenée à deux éléments ; mais l'un de ces éléments ne devrait-il pas lui-même avoir une origine supérieure à chercher dans une intuition transcendante ou dans une idée innée ? Nullement, je ne crains pas d'affirmer que ces deux notions : perfection sans limites et unité absolue, peuvent se former en nous par la simple connaissance de la créature.

D'où vient, par exemple, l'idée de perfection sans limites ?

Il y a dans la créature un fait certain, c'est qu'elle est capable de plus ou de moins. Dans l'ordre des essences, il y a plus ou moins d'excellence; dans l'ordre des individualités, les êtres sont plus ou moins nombreux, les qualités ont plus ou moins d'éminence, plus ou moins d'intensité. Est-il possible de poser une limite à ce plus ou à ce moins? Il y a certainement une limite de fait, tout ce qui existe actuellement a une valeur déterminée. Mais cette limite de fait, comment la fixer ? tant de fois l'affirmation d'un jour a été détruite par la découverte du lendemain. L'expérience est inépuisable pour nous et nous donne ainsi comme un avant-goût de l'être sans bornes. Chercherons-nous par la raison la limite possible, nous verrons qu'elle ne peut se trouver que dans la contradiction, c'est-à-dire dans l'impossibilité d'être ; mais cette limite n'est certainement applicable ni au nombre, car ce qui est déjà plusieurs fois, peut exister un plus grand nombre de fois, ni à l'éminence de perfection, car plus une chose est parfaite, plus elle a de raisons d'être.

Ainsi la perfection des êtres créés nous apparaît comme pouvant être augmentée indéfiniment. Il n'y a qu'un pas à faire pour la concevoir distincte de sa limite variable et admettre la possibilité de la perfection sans la limite[1].

Les ontologistes diront peut-être que l'être n'est susceptible de s'accroître indéfiniment que parce que la notion d'être est au fond celle d'infini.

J'admets volontiers que si les êtres finis peuvent être accrus sans limite en tous sens, cela prouve que leur auteur est infini. C'est si l'on veut, le sceau dont il a marqué son ouvrage. Mais s'ensuit-il qu'il ne suffise pas de voir cet

---

[1] Il se passe quelque chose d'analogue en géométrie. Nous savons qu'il existe des polygones et nous savons que les côtés d'un polygone peuvent être indéfiniment multipliés. De là l'idée d'un polygone d'un nombre infini de côtés. Cette idée coïncide avec celle du cercle. Mais nous donnerait-elle l'idée du cercle si nous n'avions pas celle-ci directement. Évidemment non. Ainsi l'idée d'une perfection infiniment accrue coïncide avec la notion de l'infini ; mais elle n'est pas l'idée propre de l'infini qu'il nous faudrait recevoir d'ailleurs.

ouvrage pour connaître le sceau qui y est empreint ?

Pouvons-nous ou ne pouvons-nous pas, en voyant une créature, remarquer qu'elle est capable de se perfectionner, de s'accroître ou de se multiplier ? Nous le pouvons évidemment.

Cette propriété est inhérente à la créature ; elle tient à ce que son essence, son existence et ses diverses conditions n'étant pas nécessairement liées, on peut toujours concevoir une essence existant dans d'autres conditions. Donc nous pouvons la concevoir en dehors des conditions qui la bornent. Oui, le fini appelle de tous côtés l'infini, mais par des qualités qu'il possède en lui-même. Il suffit donc de connaître ces qualités pour en induire l'infini.

D'ailleurs, nous ne savons nullement ce qu'est cette perfection sans limites que nous admettons, ni en quoi elle consiste. Nous jugeons seulement que chaque perfection peut grandir toujours ; mais nous serions bien embarrassés d'expliquer ce que devient une des perfections que nous connaissons quand elle a perdu toute limite. Qu'est-ce qu'une intelligence sans limite saisissant d'un coup d'œil le présent, le passé, l'avenir, tout ce qui est intelligible ? Son mode de procéder nous échappe absolument. Nous n'en connaissons pas de telle. Nous savons seulement qu'aucune perfection n'est liée à une limite quelconque, et les créatures nous montrent ceci, puisqu'elles présentent la même perfection, tantôt avec une limite, tantôt avec une autre.

De même l'unité absolue : cette idée peut très bien dériver de l'unité connue des créatures. Nous savons que chaque fait créé est un et n'existe qu'autant qu'il est un[1]. Il est vrai que les faits comportent à d'autres égards la diversité, mais ne suffit-il pas de connaître l'unité pour la mettre partout ? La diversité elle-même ne se conçoit que par l'unité, et comme une collection de parties unes. Essayez de vous représenter quelqu'être qui n'ait pas l'unité dans son dernier fond ; vous n'y arrivez pas, c'est une énigme. Au contraire la possibilité de l'unité seule n'a rien qui répugne, puisque c'est toujours sur l'unité que nous nous appuyons pour concevoir le reste.

Un être absolument un est donc en thèse abstraite parfaitement concevable ; en thèse réelle le

---

[1] Il ne nous paraît ni exact ni clair de dire avec certains philosophes : l'être est un. Il faudrait d'abord s'entendre sur le sens de ce terme vague l'être. L'axiôme véritable est : tout être est un.

raisonnement nous démontre que tout ce qui est divisible a été fait. Nous voilà donc conduits à admettre quelqu'être réel qui soit tout un. Dans quelles conditions cet être existe-t-il ? nous n'en savons absolument rien, pas plus que nous ne connaissons une perfection illimitée. Notre intelligence ne nous fournit aucun type analogue ; tous ceux qu'elle nous présente sont multiples à quelques égards ou purement abstraits. Nous n'avons donc point une vue directe de l'être absolument un, nous n'en avons dans l'esprit aucun modèle. Nous nous sommes seulement démontré qu'un tel être est possible et réel et nous l'avons nommé Dieu.

Ainsi, c'est le raisonnement seul qui conduit à Dieu[1]. Que parle-t-on de vue ? Voir Dieu est impossible dans l'ordre naturel, car aucune intelligence finie ne peut s'assimiler à l'être infini. Dieu sit caché[2] ; nous ne le voyons que par ses créatures[3] qui nous présentent quelques ressemblances indirectes de sa perfection. Comme les fragments brisés d'un miroir, chacune nous offre de lui quelques traits dont la réunion est une énigme.

---

[1] Nous ne parlons ici bien entendu que des moyens purement naturels d'arriver à la connaissance de Dieu.

[2] Vere tu es Deus absconditus (*Isaïe*, 45, 15.)

[3] Invisibilia ejus a creatura mundi per ea quæ facta sunt intellecta conspiciuntur. (*Saint Paul. Rom.* 1, 20.)

Il n'y a ni autre idée innée, ni vue concrète. L'homme n'a de Dieu naturellement qu'une notion élaborée.

Est-ce à dire que cette notion soit fictive ou arbitraire ? à Dieu ne plaise ! nous avons déjà repoussé cette pensée, nous la repoussons encore de toutes nos forces. Une idée est fictive et arbitraire quand elle est formée d'après les convenances subjectives de l'esprit qui l'enfante. Une idée qui repose sur un raisonnement légitime est simplement vraie parce que les nécessités du raisonnement reproduisent les nécessités des choses. Dieu est donc, quoi qu'on en ait ; nous en sommes certains et en ce sens l'idée de l'infini caractérise un être qui existe vraiment et objectivement. Mais elle n'est pas ce qu'on appelle une idée intuitive, c'est-à-dire la vue d'une chose en elle-même, elle n'est pas même une marque ou un caractère spécial imprimé en nous et distinct des notions que nous procure la vue des choses créées ; elle est dans sa forme actuelle le produit du travail de l'esprit humain, se fondant sur les connaissances positives qu'il possède pour s'élever toujours plus haut ou pénétrer toujours plus profondément jusqu'à Dieu qui est à la fois au sommet et au fond de toutes choses.

Enfin nous pouvons appuyer ces conclusions d'une preuve de fait, c'est que le genre humain n'a pas connu toujours et partout l'idée de l'infini telle que nous la comprenons aujourd'hui.

Une idée intuitive ou innée est nécessairement connue par tout homme ; il suffit de la lui nommer, il la reconnaît: telles sont les idées de couleur, d'action, d'existence. L'homme n'en saisit pas immédiatement toute l'étendue et toutes les conséquences ; mais il en connaît par expérience les caractères distinctifs ; il les a sous les yeux, et tout ce qu'il y ajoute depuis est tiré de ce qu'il avait vu d'abord. Il en est tout autrement de l'idée de l'infini ; ce n'est pas assez de la nommer, il faut l'expliquer et elle n'est vraiment connue dans sa valeur propre et distinctive que depuis la révélation évangélique.

Dans les œuvres laissées par l'antiquité païenne, nous trouvons sans doute des termes que nous traduisons par les mots éternel ou infini : αἴδιος, ἄπειρος, etc. Mais si nous examinons les textes, nous n'aurons pas de peine à reconnaître que ces mots n'exprimaient chez les anciens aucune idée semblable au véritable infini.

Aristote, à qui il faut toujours avoir recours quand il s'agit de définitions, attribue deux sens au mot ἄπειρος.

Ce mot désigne, dit-il, une chose au bout de laquelle on ne peut arriver, soit qu'elle n'ait point de terme et qu'on puisse y ajouter ou on retrancher indéfiniment, soit qu'elle ne soit point de nature à être traversée. Il ajoute que le premier sens est le sens ordinaire et que le terme ἄπειρος ne peut se dire en ce sens que d'une chose divisible[1]. Il est manifeste que le second sens s'applique au contraire à tout ce qui n'est pas divisible.

Quant au mot éternel ἀΐδιος, Aristote a si peu l'idée de son sens actuel qu'il déclare le mouvement et le temps éternels, c'est-à-dire sans commencement ni fin[2], mais non sans succession.

Il est vrai qu'Aristote évitait par système les idées transcendantes. Néanmoins si le mot infini eût eu dans l'antiquité un troisième sens plus élevé, il est vraisemblable qu'Aristote l'eût mentionné au moins pour le combattre.

[1] Τὸ δ'ἄπειρον ἢ τὸ ἀδύνατον διελθεῖν τῷ μὴ πεφυκέναι διιέναι καθάπερ ἡ φωνὴ ἀόρατος, ἢ τὸ διέξοδον ἔχον ἀτελεύτητον. . . . . . εἰ δὲ ἀδιαίρετον οὐκ ἄπειρον, εἰ μὴ καθάπερ ἡ φωνὴ ἀόρατος. Ἀλλ'οὐκ οὕτω λέγουσι, οὔτε ἡμεῖς ζητοῦμεν, ἀλλ' ὡς διέξοδον (met. l. 10, 10).

[2] ἀλλ'ἀδύνατον κίνησιν ἢ γένεσθαι ἢ φθαρῆναι· ἀεὶ γὰρ ἦν· οὐδὲ χρόνον, οὐ γὰρ οἷόντε πρότερον καὶ ὕστερον εἶναι μὴ ὄντος χρόνου (met. l. II. 6.)

L'infini d'Aristote présente exactement la même notion que nous appelons aujourd'hui *indéfini*. Or nous avons déjà vu que l'idée d'indéfini est radicalement distincte de celle d'infini. Celle-là est vague et illimitée négativement, elle considère l'être indépendamment de ses limites[1]. L'idée de l'infini au contraire est illimitée positivement ; elle embrasse l'être dans toute sa latitude. L'idée de l'indéfini est une idée générale, irréalisable comme telle. L'idée de l'infini représente un être un, concret, réel et parfait.

Il est vrai que l'idée d'unité, essentielle à la notion moderne de l'infini, joue un grand rôle dans la conception du premier principe que se sont formée beaucoup d'écoles antérieures au christianisme. Quelquefois même on la trouve associée à l'idée d'indéfini. Chez les Pythagoriciens, les Éléates, les Orientaux, l'unité paraît avoir été considérée comme la source de tous les êtres. Platon semble avoir retenu quelque chose de cette doctrine. Mais dès que l'on va à l'application, on voit qu'il s'agit toujours ou d'une simplicité comme celle de l'âme humaine, qui est bien loin de l'unité ab-

[1] Mere offert essentiam objecti indeterminate accepti unde in rigore loquendo nec finita, nec infinita dici potest. (*Liberat. mét. gén.* ch. II, art. 7.)

solue, ou d'une unité vague, générale, indéterminée, qui ne peut être qu'abstraction ou confusion.

Le véritable infini ne se constitue point en effet par une simple juxtaposition des idées d'unité et d'indéfini, qui fournirait par exemple l'idée de l'être un, mais indéterminé, point de départ de la philosophie indienne. Il faut que ces deux idées se pénètrent l'une l'autre, se modifient l'une par l'autre, que l'être infini soit un, non parce qu'il est unique, non parce qu'on n'y peut rien démêler, non pas même parce qu'il est une substance ou une personne, mais parce qu'il n'y a rien en lui que la raison puisse déclarer objectivement distinct, parce que tout ce qu'on peut dire de lui est lui-même, parce que tout en lui est identique. Voilà le véritable infini et je ne crois pas que la philosophie ancienne y ait jamais atteint.

Bien plus, je ne crois pas que cette notion fut nettement connue par les Hébreux eux-mêmes, bien mieux partagés cependant que les autres anciens en ce qui concerne la connaissance de Dieu. Les Hébreux ont eu une idée très précise de l'être suprême. Ils ont connu son individualité et sa personnalité. Ils ont connu aussi son immensité, sa puissance inépuisable, son existence indéfectible. Tout cela est rendu dans la Bible par de magnifiques images qui sont présentes à tous les esprits.

La Bible nous dit que personne n'est semblable à Dieu[1], qu'il est celui qui est[2], qui existe par conséquent par lui-même, qu'il est immuable[3], qu'il est incompréhensible[4], que sa grandeur est immense[5], que ses perfections sont sans nombre, etc. Il y a certainement dans ces idées les prémisses nécessaires pour déduire l'infini. Cependant je ne trouve pas d'indice que cet effort ait été accompli. C'était déjà beaucoup assurément de concevoir Dieu comme un être un, actuel et personnel, et non comme une entité vague et lointaine ; mais cette simplicité absolue, métaphysique, qui donne à l'idée de l'infini son caractère spécial, son cachet propre, je ne la vois nulle part indiquée dans l'Ancien Testament.

Aussi S. Thomas d'Aquin, si soigneux ordinairement de s'appuyer sur l'Écriture, ne cite aucun texte ancien marquant l'idée précise du véritable infini. Partout où il s'occupe spécialement de la simplicité divine, il s'appuie de préférence sur des

[1] *Ps. 34, 10.*
[2] *Exode. 3 14.*
[3] *Malachie.*
[4] *Jérémie, 32, 19.*
[5] *Ps. 144, 3.*

passages des Pères. S'il cite quelques paroles de la Bible, c'est plutôt comme donnant prétexte à une objection.

En effet, c'est dans l'Évangile que je trouve pour la première fois la simplicité absolue et intrinsèque de la nature divine formellement indiquée. Dans la grande scène où Jésus-Christ déclare aux Juifs sa divinité, il leur dit : avant qu'Abraham fût né, je suis[1]. Cette expression représente bien l'éternité divine telle que nous la comprenons aujourd'hui, non seulement l'absence de commencement et de fin, mais la possession simultanée dans un seul instant indéfectible de tout son être[2]. De même quand Jésus-Christ déclare que lui et son père sont une chose, que celui qui le voit, voit son père[3], Il indique bien une unité spéciale qui n'a rien à faire avec les unités créées.

Ses disciples l'ont ainsi compris, et dès le début du christianisme nous voyons la simplicité divine affirmée telle qu'elle l'est de nos jours. St Clément d'Alexandrie appelle Dieu l'identité innée[4], et depuis cette époque les Pères et les Docteurs n'ont

---

[1] Antequam Abraham fieret ego sum. (*St. Jean* 8, 58.)
[2] Interminabilis vitæ et tota simul et perfecta possessio. (*S. Th. Somme théol.* 1ª 10, 1.)
[3] *S. Jean*, ch. v.
[4] *Stromates* l. VII.

cessé d'insister sur ce caractère d'unité absolue, comme étant la marque particulière de la prédominence de l'être divin.

Le genre humain a donc pu comprendre d'abord que l'être suprême est souverainement parfait. Il a compris aussi parfois que l'unité est à l'origine des choses. Mais il n'a jamais su fondre ces deux idées en une seule, alors même que les écrivains inspirés le mettaient sur la voie. Et en effet en les unissant on arrive à une antinomie effrayante où le nécessaire et le contradictoire sont si près l'un de l'autre que l'intelligence se voit entre deux abîmes. Pour s'assurer qu'une telle solution était la vraie, il a fallu que le christianisme appuyât la raison par ses affirmations dogmatiques. Alors elle a pu envisager la question froidement et sans vertige et se convaincre que la conception d'une unité absolue quoique vivante et parfaite n'a rien d'intrinsèquement impossible.

L'idée de l'infini n'est donc pas une idée innée ou intuitive, encore une fois c'est une idée d'origine chrétienne. C'est une idée complexe, élaborée dans la suite des âges, et que, comme beaucoup d'autres, nous croyons posséder immédiatement, quand nous avons une longue habitude de la considérer [1].

[1] Prædicta opinio provenit partim quidem ex consuetudine

Cependant un fait incontestable paraît contredire nos conclusions, c'est que l'infini, l'être divin si incomplètement qu'il ait été connu suivant les temps et suivant les lieux, a toujours exercé sur l'humanité une action particulière. Comme nous l'avons dit en commençant ce chapitre, il y a dans l'âme un sentiment intime, une aspiration secrète à l'infini. Comme l'aimant se tourne toujours vers le nord, l'homme s'est toujours instinctivement tourné vers Dieu. Ce fait a un nom dans l'histoire, c'est la religion ; il a une cause dans la nature humaine, c'est le sentiment religieux.

L'homme seul ici-bas est religieux, toutefois il ne l'est pas d'une manière indestructible. Il peut perdre ce sentiment sans cesser d'être homme. Ce qui fait l'homme, c'est la raison à quelqu'usage qu'il l'applique. On peut perdre le sentiment religieux, soit par les préoccupations de la vie matérielle, soit par l'entraînement des passions, soit par l'application exclusive aux sciences et aux affaires. Ce sentiment s'oblitère quelquefois au point de ne plus pouvoir être recouvré. C'est un fait dont n'ont pas assez tenu compte les savants qui, à bonne in-

---

qua à principio homines assueti sunt nomen Dei audire. (*St. Th. contra gentes* 1, 11.)

tention, considèrent le sentiment religieux comme le caractère distinctif de la nature humaine.

Qu'est-ce que le sentiment religieux ? Est-ce le respect des lois de la morale ? Non. Bien que la morale soit ordinairement mieux respectée par les hommes religieux, elle n'est pas leur privilège exclusif. Nous voyons des hommes irréligieux conserver par l'habitude et l'éducation une moralité véritable quoiqu'incomplète puisqu'elle ne comprend pas les devoirs envers Dieu.

Le sentiment religieux est-il donc la préoccupation particulière de ces derniers devoirs ? Est-ce le sentiment de reconnaissance et de préférence que nous devons à l'auteur de notre être ? Ce n'est pas cela seulement. Le sentiment religieux agit chez des peuplades qui ont à peine l'idée d'un créateur. Chez beaucoup, il paraît se compliquer d'un sentiment de crainte. Enfin les principaux modes de manifestation du sentiment religieux, le sacrifice particulièrement, impliquent autre chose qu'un simple mouvement de reconnaissance et d'admiration.

Si nous allons jusqu'à l'idée d'expiation, au sentiment de notre faiblesse, au besoin de protection, nous pénétrerons assurément plus près de la nature intime du sentiment religieux. Mais je crois qu'il comprend quelque chose de plus, quelque chose qui lui donne précisément son caractère particulier, j'oserai dire étrange.

Ce quelque chose, c'est le besoin de s'unir à l'être souverain et d'entrer en société avec lui. L'isolement est une souffrance pour l'individu, elle est également une cause de malaise pour l'humanité.

L'humanité ne veut pas se sentir seule sur ce globe qui lui a été abandonné. Quelquefois sans doute elle se dit, dans l'enivrement de ses progrès: mon but est de dominer le monde. Et l'instant d'après, elle sent que le monde ne lui suffit pas. Qu'elle ait fait le tour du globe, qu'elle ait mesuré les distances des astres, qu'elle ait assujetti toutes les forces de la nature, elle sent toujours un vide qu'elle veut combler, un inconnu qu'elle veut atteindre. Ce besoin est le principe générateur le plus énergique des religions.

Oui! l'homme veut entrer en société avec quelqu'être supérieur. Quel est cet être? Le plus ordinairement il ne le sait pas, il sait seulement qu'il ne suffit pas à lui-même. Ce sentiment n'est pas raisonné car si on raisonne trop on le perd, et de soi il n'est pas raisonnable. Aristote l'a dit: l'amitié de l'homme à Dieu n'est pas possible, parce que l'amitié ne peut exister qu'entre égaux. Malgré cette décision de la philosophie, l'homme veut à toute force amitié, union avec l'inaccessible. Ce besoin n'existe pas seulement dans le catholicisme, où il est satisfait par la prière, la communion, l'espoir de la vie éternelle. Il existe hors du catholicisme et c'est là peut-être qu'il est plus facile à constater en raison des aberrations étranges par lesquelles il cherche à se satisfaire. La bible ne suffit pas au protestant, et l'on en voit beaucoup, quakers, méthodistes, piétistes, etc., chercher dans une exaltation fiévreuse, cette inspiration, cette communication de Dieu que leur religion ne donne pas. Le mahométisme plus froid et plus terrestre a cependant ses derviches. Les anciens avaient leurs pythonisses, les sauvages ont leurs incantations. Les incrédules eux-mêmes, s'ils ne veulent rien croire de la religion officielle, s'éprennent parfois de mystères étranges, de magie, de magnétisme ou de spiritisme. Que signifie toutes ces pratiques superstitieuses, ces enchantements, ces sacrifices humains, sinon que l'homme veut absolument gagner sur l'inconnu. et tendre la main à travers l'abîme à un être caché.

La nature est cependant si belle, la science est si merveilleuse, la vie est si agitée d'intrigues et de passions : n'y a-t-il pas là de quoi occuper toutes les facultés de l'homme ? Eh! bien non, il lui faut autre chose. Par le bien, par le mal, il veut forcer l'inconnu à répondre. Il n'avait pas encore commencé à étudier les secrets de la nature qui l'intéressent à tant de titres, que déjà il voulait voir dans cet abîme, qui, ce semble, ne le concerne pas. Voilà une manie étrange! C'est une manie, il faut le dire, qui a occasionné dans l'univers les plus grands biens et les plus grands maux, les œuvres les plus sublimes et les déportements les plus abominables, et ce n'est pas un des moindres services qu'ait rendu le christianisme d'en avoir réglé l'application.

L'homme, en effet, aurait dû comprendre que, s'il peut entrer en relation avec quelque être supérieur, c'est à celui-ci à faire les premières avances, à dire si l'union lui convient et à en dicter les conditions. Mais dans son empressement, l'homme n'a rien voulu entendre, il a marché de lui-même, il s'est heurté à toutes les absurdités. Et quand cet être tant cherché s'est enfin présenté combien peu ont su le reconnaître!

Tels sont les faits, l'histoire en est remplie. Qu'on ne les attribue pas à la folie seule, la folie est une déviation d'une fonction normale, et s'il y a folie religieuse, c'est qu'il y a dans l'homme une fonction normale religieuse. Quelle est cette fonction? On peut la nommer avec raison le besoin de l'infini, puisque rien de fini ne peut apaiser ce besoin.

Est-ce à dire que l'homme connaît l'infini, avant que l'éducation et le raisonnement lui en aient donné la notion. Non, il le désire sans le connaître, comme l'enfant a faim avant de savoir ce qui rassasie, comme le jeune homme est inquiet avant d'avoir trouvé une compagne, avant même de savoir qu'il désire une compagne. Ainsi l'homme sent un vide profond, que rien ne peut combler ici-bas. Il cherche donc si d'ailleurs ne lui viendrait pas le bien qui calmerait son inquiétude ; et cette faim est tellement dévorante chez un grand nombre, que si les moyens réguliers ne se présentent pas à eux, ils se jettent dans les extravagances.

Mais d'où vient ce besoin ? Il ne semble pas naturel, car il n'est pas naturel qu'un être ait un besoin sans la faculté qui y répond et je ne connais pas de faculté par laquelle nous puissions nous mettre en rapport avec l'infini. Il y a là un mystère ; qu'on me permette d'en risquer une explication.

Dieu pouvait nous créer sans doute pour le simple exercice de notre intelligence actuelle et la jouissance reconnaissante des biens de ce monde. Il lui a plu de faire davantage ; il nous a créés pour nous unir à lui. Il nous a donc mis au cœur un besoin que lui seul se réservait de satisfaire. Est-ce une tendance naturelle ? Je ne le pense pas, son objet étant si fort élevé au-dessus de l'ordre naturel. L'église enseigne que Dieu appelle à lui tous les hommes, que tous reçoivent une grâce, c'est-à-dire une disposition de la volonté qui les appelle à Dieu. Ce besoin dont nous parlons ne serait-il pas la première et la plus générale de ces grâces ? Le genre humain en a singulièrement abusé, parce qu'il est impatient, qu'il veut tout faire de lui-même, qu'il ne sait pas attendre et obéir. Heureux ceux qui, sentant profondément ce besoin, ont cependant le courage et la sagesse de comprendre, qu'il ne dépend pas d'eux de le satisfaire, savent attendre l'heure de Dieu et se bornent à la hâter par la prière. Ceux-là, disent les Pères, Dieu leur enverra plutôt un ange que de les laisser périr sans avoir vu le salut.

TROISIÈME PARTIE

DES ERREURS EN MÉTAPHYSIQUE.

CHAPITRE Ier

CAUSE DES ERREURS EN MÉTAPHYSIQUE.

Est-il prouvé que la métaphysique est une science? Il me semble que les explications données dans la première partie ont dû faire comprendre qu'elle a droit à ce titre, qu'il y a vraiment une science métaphysique, science abstraite parallèle aux sciences mathématiques, mais s'élevant plus complètement au-dessus des notions sensibles. La seconde partie a dû montrer également que la métaphysique ne repose pas sur des conceptions en l'air ou des principes artificiels; elle applique légitimement aux faits des notions tirées des faits eux-mêmes, et ces notions servent à en exprimer, autant qu'il est possible à l'intelligence humaine, la valeur intime et les conditions essentielles.

Pourquoi donc la métaphysique étant une science, ne peut-elle parvenir comme les autres sciences à s'établir solidement dans son domaine ? Il y a quatre mille ans et peut-être plus que la géométrie progresse d'une manière régulière. Il n'y a pas deux écoles d'arithmétique ou d'algèbre. La physique, la chimie, la géologie elle-même ne sont pas recommencées tous les matins, et leurs évolutions se produisent avec une certaine suite. Seule la métaphysique comme un astre errant, ne paraît pas connaître de chemin tracé ; chaque génération la recommence sur un plan nouveau et l'on peut presque dire qu'il y a autant de métaphysiques que de métaphysiciens.

S'il était prouvé qu'un tel état de choses tient à la métaphysique elle-même, cette science devrait être déclarée impossible, au moins jusqu'à un plus complet développement de l'esprit humain. Mais nous croyons pouvoir démontrer que les égarements continuels des métaphysiciens résultent ordinairement de ce qu'ils font tout autre chose que la métaphysique telle que nous l'avons définie. Que cherchent en effet la plupart d'entre eux ? une conception générale du monde : c'est précisément, avons-nous dit ailleurs, ce qu'il ne faudrait pas chercher. Ce point de vue qui a été dès l'origine le but dernier de tous les systèmes philosophiques, est certainement encore prématuré aujourd'hui et je ne sais s'il pourra jamais être atteint par les seules forces de l'intelligence. Placés dans un si petit coin du monde, comment en pourrons-nous jamais saisir l'ensemble ?

C'est la thèse que nous voudrions développer dans cette partie et nous pouvons heureusement l'appuyer sur l'expérience. La métaphysique n'a pas toujours été considérée comme une machine à systèmes ; pendant longtemps, elle a été étudiée pour elle-même d'une manière spéciale et distincte. Si pendant cette période elle n'a pas offert plus d'incertitudes, plus de variations que la plupart des autres sciences depuis qu'elles sont constituées ; si au contraire, hors de cette période, elle a présenté des variations incessantes et des erreurs presque toujours amenées par une préoccupation étrangère aux questions purement métaphysiques, le principe de cette instabilité deviendra manifeste à tous les yeux.

Commençons par considérer la période de métaphysique régulière.

CHAPITRE II

DES PÉRIPATÉTICIENS AU MOYEN-AGE.

Il y a dans l'histoire un grand siècle que l'on commence à soupçonner, mais qui est resté longtemps ignoré. On cite partout le siècle de Périclès, celui d'Auguste et celui de Louis XIV : la beauté littéraire accessible à tous les esprits a immortalisé ces trois âges. Mais un autre siècle, inférieur aux précédents au point de vue littéraire, n'en a pas moins mérité le nom de grand, si on doit appeler grand tout essort puissant des facultés humaines : je veux parler du siècle de saint Louis. Assurément cette époque ne pouvait aspirer à l'éclat de la poésie et à l'élégance du langage entre une langue morte parlée seulement dans les écoles et une langue vivante encore dans l'enfance. Cependant la liturgie ecclésiastique en a conservé de beaux monuments et l'on retrouve aujourd'hui avec plaisir les essais des vieux trouvères. Mais le siècle créateur de ces grandes cathédrales qu'on est d'accord aujourd'hui pour placer à côté, sinon au-dessus de

l'art grec, pouvait-il être dépourvue de génie?
Aussi plus on creuse l'histoire, plus on trouve qu'il
y a eu là un point culminant. On découvre que la
population était alors très nombreuse et dans une
véritable aisance, que les cours offraient le spectacle d'un luxe un peu barbare peut-être, mais qui
attestait la richesse nationale [1]. Tout ce développement fut refoulé au XIVe siècle par des calamités sans nombre, et à quelques égards nous
sommes à peine revenus à la même hauteur.

L'histoire n'offre pas d'exemple d'un grand mouvement de l'humanité produit dans un seul sens.
La puissance du mouvement de cette époque est
incontestable. Ce n'est donc pas dans un siècle de
barbarie qu'a été fondée la scolastique, c'est dans
un siècle de véritable civilisation et de grande
puissance intellectuelle.

Or une des œuvres principales de la scolastique
a été d'établir la métaphysique à l'état de science
distincte. Cette science est née pour ainsi dire et
malheureusement tombée avec elle.

Aristote, il est vrai, en avait été le premier
auteur, et comprenant parfaitement la nécessité de
la division du travail, parmi toutes les sciences

---

[1] *Revue des deux Mondes*, 15 janv. 1870, étude de M. Alfred Maury sur les guerres des Valois.

spéciales dont il avait fixé les limites, il avait fait une place à part à la métaphysique. Mais dans l'antiquité il ne put faire école sur ce point. Des raisons sur lesquelles nous reviendrons plus tard et qui ne sont point sans analogie avec celles qui ont enrayé le développement de la métaphysique à l'époque de la renaissance, firent tomber en oubli cette partie de son œuvre. Il fallut vers le début de l'ère chrétienne refaire la découverte de ses ouvrages acroamatiques. Quelques philosophes les commentèrent ; la plupart se contentèrent d'y faire des emprunts sans s'assujettir à la méthode aristotélicienne. Aristote, né trop tôt pour être compris par le génie grec, revenait encore trop tôt au jour.

Fortune singulière ! ce philosophe qui vraisemblablement croyait à peine en Dieu, a dû au monothéisme le complet développement de sa philosophie.

Tant que les apologistes chrétiens se préoccupèrent avant tout d'affermir le christianisme, ils eurent plus volontiers recours à Platon. Platon par ses tendances et ses instincts est beaucoup plus chrétien qu'Aristote ; il croit en Dieu, il l'aime presque, il aspire à une autre vie. On se plaisait donc à montrer dans le grand sage de la Grèce ces nobles inclinations de la nature que le christianisme venait satisfaire. Mais quand le christianisme eût décidément triomphé et qu'il s'agit d'expliquer et de développer ce que l'on croyait, on remarqua de bonne heure que la méthode d'Aristote était bien plus favorable à une forte organisation du savoir que les sublimes aperçus de Platon. Les Pères de l'Orient s'appuyèrent de plus en plus sur Aristote. Cette influence devint prépondérante du ve au viie siècle. Saint Jean Damascène est tout-à-fait péripatéticien. Le péripatétisme eut des écoles, entre autres l'école d'Edesse détruite par l'empereur Zénon pour soupçon de nestorianisme. De là Aristote passa chez les Arabes, où son influence détermina un grand mouvement philosophique, mais dans un sens panthéiste.

Aristote n'était pas absolument inconnu en Occident ; toutefois ses principaux ouvrages, sa métaphysique surtout, n'y avaient pas pénétré. Aussi l'influence de Platon restait-elle prédominante dans nos écoles comme elle l'avait toujours été chez les pères latins. Avec ses ouvrages, ceux de saint Augustin et ceux de saint Denys l'aréopagite, on avait déjà entrepris de vastes études. A l'ignorance déplorable du clergé dans les siècles qui suivirent, Charlemagne avait succédé au xiie siècle une soif ardente de s'instruire. Les étudiants abondaient et les professeurs illustres ne faisaient pas défaut. Il suffit de citer saint Anselme, Abélard, Hugues de Saint-Victor et Pierre Lombard qui résuma magistralement tous ces efforts dans les quatre livres des sentences.

Cependant, il manquait encore quelque chose au développement scientifique de la scolastique ; la méthode y faisait défaut. On n'avait pas de points de repère bien définis pour organiser la masse des idées soulevées. On s'en aperçut trop dans la fameuse querelle des réalistes et des nominaux. Aucun des deux partis ne sut résoudre complètement la question. L'Église donna raison aux réalistes, parce que les nominalistes s'étaient risqués à attaquer le dogme ; mais la condamnation de ceux-ci n'impliquait nullement une décision de la question scientifique. Les nominalistes reparurent plus tard sans être inquiétés ; et même les péripatéticiens thomistes, bien que prenant le nom de réalistes, se tinrent si éloignés des exagérations de leurs prédécesseurs, que Leibniz les appelait nominalistes. Il est à noter néanmoins que les nominalistes proprement dits furent de tout temps des gens d'opposition.

Le sentiment de cette absence d'une bonne

méthode fut certainement pour beaucoup dans la faveur qui accueillit les ouvrages complets d'Aristote revenant en Europe par les écoles arabes de Cordoue. Beaucoup de docteurs durent se dire que là était ce qu'ils cherchaient depuis longtemps. Malheureusement Aristote arrivait, non-seulement avec son paganisme, mais, ce qui était bien plus fâcheux, avec le costume panthéiste dont l'avaient affublé les philosophes juifs et arabes. Aussi fut-il d'abord mal vu par les autorités ecclésiastiques. Les livres d'Aristote furent défendus à plusieurs reprises. Cependant son influence finit par triompher de tous les obstacles, et dès le milieu du XIIIe siècle il dominait en maître dans l'école.

La question était alors assez analogue à celle qui s'agite de nos jours entre l'Église et la science contemporaine. Si l'autorité religieuse montre de la défiance vis-à-vis de certaines vues nouvelles, c'est surtout parce que beaucoup de ceux qui les propagent s'en font une arme contre elle. N'ayant jamais prétendu à l'infaillibilité dans l'ordre scientifique l'Église prend la science pour ce que les savants eux-mêmes la donnent. Mais qu'il se trouve demain un homme développant ces théories mal famées dans un sens qui mette le dogme complètement hors de cause, l'Église ne s'en préoccupera plus. Cet homme se trouva au XIII° siècle pour sauver Aristote, ce fut Alexandre de Halès. Son exemple prouva que la doctrine d'Aristote pouvait facilement se détacher des erreurs ajoutées par les docteurs arabes. Dès lors la scolastique fut fondée. Albert-le-Grand compléta l'œuvre d'Alexandre de Halès en faisant pénétrer la méthode péripatéticienne dans toutes les parties de la science et saint Thomas d'Aquin donna à ce mouvement sa consécration définitive par sa somme théologique.

L'influence progressive des idées d'Aristote est très sensible dans les ouvrages de ce grand docteur. Les débuts de sa jeunesse rappellent encore les tendances de Pierre Lombard et des docteurs platoniciens ; plus il avance, plus le péripatétisme occupe une large place dans ses théories ; dans la somme théologique la victoire est complète. De là vient qu'aujourd'hui les écoles platoniciennes religieuses trouvent assez souvent le moyen de s'appuyer sur l'autorité de saint Thomas comme les écoles péripatéticiennes. Il ne s'agit que de puiser les textes dans ses premiers travaux. Je crois néanmoins que l'on doit considérer comme la vraie pensée d'un savant et d'un philosophe, celle qu'il a émise au sommet de sa carrière, dans la pleine maturité de sa pensée, après avoir parcouru toute la science de son temps. C'est donc la somme théologique qui doit être regardée, suivant moi, comme la vraie base d'une philosophie thomiste.

A partir de saint Thomas, l'école est fixée dans ses grandes lignes ; la métaphysique a conquis sa méthode et ses solutions fondamentales. Toutes ces solutions ne sont pas celles d'Aristote, mais on trouvait le moyen de les lui imputer à peu près toutes. Les scolastiques regardaient Aristote comme la plus haute autorité scientifique naturelle, et ils ne se mettaient pas volontiers en désaccord avec lui. On forçait le sens de certains passages trop peu en harmonie avec la pensée chrétienne. On conservait certaines inutilités pour ne pas contrarier le grand mort. Imbus de cet esprit conservateur qu'on retrouve encore aujourd'hui en Angleterre dans un autre ordre d'idées, les scolastiques ne changeaient que ce qu'ils jugeaient indispensable de changer, et, quand ils changeaient, ils cherchaient encore dans la tradition antérieure des justifications de ce changement.

Cette métaphysique ainsi constituée par les travaux d'Alexandre de Halès, d'Albert le Grand, de saint Thomas d'Aquin et de leurs successeurs, a été enseignée pendant trois cents ans dans toutes les universités de l'Europe; elle l'est encore dans les écoles de théologie. Elle a eu son cadre distinct, ses professeurs, ses cours, ses élèves. Elle n'a jamais varié dans ses principes essentiels. Elle a cependant agité une foule de controverses. A Dieu ne plaise qu'elle n'en agitât pas! une science où l'on ne discute pas est une science morte. Elle a donc eu tout ce qui fait la tradition et le progrès, la stabilité et la vie, l'unité et la fécondité. Aujourd'hui elle est immobilisée, il est vrai, elle languit parce qu'on l'a renfermée avec le prêtre dans le sanctuaire. Mettez une plante en cave et ordonnez-lui de fleurir! Elle n'existe plus que pour protester contre la négligence dont elle est l'objet dans le monde laïque, et peut-être comme une pierre d'attente pour l'avenir.

Mais ne faisons pas compte de cette existence d'étiolement. Ne parlons que des trois cents ans où elle a rempli le monde du bruit de ses discussions, où l'on se pressait aux thèses de doctorat, comme on se presse aujourd'hui aux assemblées scientifiques. Est-il beaucoup de sciences qui puissent se glorifier d'une si longue tradition? Excepté les mathématiques et l'astronomie, aucune autre n'a eu sous une forme arrêtée une existence égale. Plusieurs datent de cent ans ou moins encore. Elles se disent faites ; qui sait si l'avenir confirmera ce jugement.

CHAPITRE III

CONTROVERSES DE LA MÉTAPHYSIQUE SCOLASTIQUE.

Nous venons de parler des controverses scolastiques ; mais ces controverses, dira-t-on, ne sont-elles pas une preuve que les scolastiques n'ont jamais pu s'entendre entre eux pas plus que les autres philosophes ? A cette époque, comme en tout autre temps, il y a eu plusieurs écoles. Les rivalités entre ces écoles ont même été plus vives et plus brutales qu'entre les écoles de philosophie laïque. On a lutté par des intrigues dans les cours et dans les conciles, quelquefois même par des batailles dans la rue. Est-ce là cette unité de doctrine et de tradition que l'on peut proposer pour modèle à toutes les philosophies ?

Oui, nous le reconnaissons, les luttes ont été violentes parce que les mœurs étaient rudes et parce qu'il s'agissait pour les scolastiques non pas d'établir une école à côté d'une autre, les idées du temps ne comportaient pas cette liberté, mais de conquérir des chaires dans les mêmes écoles. Toutefois l'ardeur des compétitions ne doit pas nous faire illusion sur la valeur des discussions engagées. Aucune n'était fondamentale ; aucune ne dépassait en importance les différences qui existent aujourd'hui entre les écoles de géologie, de chimie ou d'économie politique. Toujours l'accord a existé sur les points fondamentaux. Il est facile d'écrire un traité élémentaire de métaphysique générale où toutes les questions essentielles soient résolues en dehors des disputes d'école.

La métaphysique du Suarez donne un résumé très complet de toutes les controverses importantes agitées pendant les trois cents ans où le péripatétisme a joui de la faveur publique. Il suffit de parcourir ce travail pour se rendre compte que ni la méthode générale, ni les théorèmes fondamentaux ne sont atteints.

On sait qu'il y avait dans les universités du moyen âge trois écoles opposées : le thomisme, le scotisme et le nominalisme. Le thomisme était enseigné par les dominicains ; les jésuites l'adoptèrent depuis avec quelques modifications empruntées pour la plupart au scotisme. Le scotisme et le nominalisme fleurirent chez les franciscains. Il y avait en outre bon nombre d'esprits indépendants ayant leurs opinions particulières.

J'ai compté dans la métaphysique de Suarez cent neuf questions de quelque importance agitée entre ces divers partis. Sur ces cent neuf questions, il y en a un certain nombre qui n'appartiennent pas à la métaphysique générale : telles sont les controverses sur les substances immatérielles. On disputait, par exemple, pour savoir si les anges sont tous spécifiquement différents, ou s'il y en a plusieurs d'une même espèce : question de pure curiosité.

Nous mettons aussi de côté les controverses sur la nature divine. La nature divine, comme nous l'avons déjà remarqué, n'est pas l'objet direct et primaire de la métaphysique. L'existence de Dieu, sa personnalité, ses perfections infinies, sont des corollaires très certains des études métaphysiques; mais, si l'on veut aller plus loin, on trouve à chaque pas des obscurités. Il n'est donc pas étonnant que, même avec le secours de la théologie, tout le monde ne fût pas d'accord sur la manière de concilier, par exemple, la liberté de Dieu avec son immutabilité, ou son intervention nécessaire avec l'activité propre des causes secondes.

Il y avait enfin certaines discussions morales plutôt que métaphysiques, comme celles qui concernent la question ardue de la liberté, ou ces questions très subtiles au sujet de l'habitude, dont on ne saisit guère l'intérêt, si on n'envisage leur application aux cas les plus délicats de la théologie morale.

Voilà bien des controverses qui touchent à la métaphysique appliquée plutôt qu'à la métaphysique générale.

Dans un ordre d'idées plus spécial à la science qui nous occupe, bien que l'on pût, avec raison peut-être, le rapporter à la cosmologie, nous rencontrons une cause de nombreuses difficultés : le concept de la matière et les notions voisines. Tout le monde au moyen âge admettait une matière distincte de la forme et une extension continue distincte de la substance. Les nominalistes du xv° siècle ont bien rejeté verbalement la distinction de l'étendue et de la substance ; mais ils accordaient aux accidents une étendue propre, ce qui conduisait au même résultat. Toutefois on avait beaucoup de peine à fixer, à bien dire les scolastiques n'ont jamais pu fixer nettement leur doctrine sur la nature de la matière. La matière est-elle une pure puissance, ou a-t-elle de soi quelque réalité ? la matière peut-elle exister sans forme ? Comment la forme sort-elle de la matière ? L'étendue dépend-elle de la matière et de la forme ou de la matière seulement ? En quoi consiste l'extension continue ?

est-elle composée de parties divisibles et étendues ou bien a-t-elle aussi des parties indivisibles ? Toutes questions sur lesquelles les docteurs ont longtemps discuté sans jamais arriver à produire des arguments vraiment décisifs.

Ne nous en étonnons point. Ces problèmes touchent à la nature du monde physique ; or cette nature était trop superficiellement connue au moyen âge, pour que l'on pût en tirer des inductions sûres relativement à l'essence intime des corps. Nous sommes peut-être un peu plus avancés aujourd'hui. Notre plus grand progrès consiste cependant à nous être aperçus que nous connaissons le monde sensible beaucoup moins bien que nous ne pensions.

Parmi les controverses qui appartiennent en propre à la métaphysique générale, autrement à la science de l'être, beaucoup sont des questions de mots, c'est-à-dire qu'elles résultent de ce que les diverses écoles n'attribuaient pas aux mêmes termes la même valeur. Ainsi tout le monde distinguait dans l'être concret à peu près les mêmes éléments intrinsèques ; mais tous ne caractérisaient pas de même la nature de ces distinctions. Saint Thomas n'avait connu que deux modes de distinction. Trouvait-il une différence dans les choses mêmes, il qualifiait la distinction de réelle, autrement il n'admettait qu'une distinction de raison. Cette classification était peut-être un peu vague. Ses successeurs voulurent préciser et se jetèrent dans de grandes difficultés. On vit alors apparaître les distinctions formelles, virtuelles, modales, *ex natura rei*, etc. : trop nombreuses s'il s'agissait de fixer les points essentiels, trop peu nombreuses si l'on voulait tenir compte de toutes les nuances. Ce fut cependant sur ces discussions que les différentes écoles se classèrent. Les scotistes plaidèrent pour les distinctions formelles ; les nominalistes ne virent partout que des distinctions de raison ; les thomistes, après avoir longtemps refusé d'admettre les nouveaux termes, finirent par en créer eux-mêmes.

Ces controverses peuvent paraître un peu puériles ; cependant, dans leur ensemble, elles offraient une certaine importance. La science a sans doute peu d'intérêt à ce que tel prédicament soit reconnu distinct d'une distinction formelle ou bien d'une distinction modale, mais il y aurait un grave inconvénient au triomphe d'un système qui n'admettrait partout que des distinctions de raison. Ce système serait au fond la négation de la métaphysique. La métaphysique n'existe à bien dire que pour démêler dans chaque être individuellement un, ses conditions diverses distinctes en nature quoiqu'incapables d'exister isolément. Ainsi dans un triangle on distingue la surface, les lignes qui la terminent et les angles délimités par ces lignes, quoiqu'il n'y ait dans la réalité ni ligne sans surface, ni surface sans lignes, ni angles sans lignes et sans surface. Qui nierait la différence réelle des lignes, des surfaces et des angles tuerait la géométrie. De même si on venait à déclarer que toutes les distinctions supposées par les catégories n'ont qu'une valeur purement logique et subjective, on tuerait la métaphysique.

Citons encore quelques controverses remarquables qui ne se rapportent à aucune des classes ci-dessus indiquées :

1° La discussion sur le principe d'individuation était une des plus importantes à cause de ses applications théologiques. Les thomistes anciens, à l'exemple de leur maître, n'admettaient pas un principe d'individuation spécial. Suivant ces docteurs, l'individuation est acquise, dès que l'être comme tel existe dans des conditions déterminées. Les êtres spirituels ne diffèrent entr'eux que par leur essence ; les êtres corporels réalisés dans la matière diffèrent en outre par les circonstances matérielles, autrement dit par les conditions d'étendue où ils sont placés.

Les scotistes, au contraire, regardaient le principe d'individuation comme une qualité spéciale donnée à chaque être individuel et qu'ils appelaient *hæcceité*. J'ai peine à comprendre les motifs qui ont poussé cette école dans une voie si contraire au principe fondamental de ne pas multiplier les êtres sans nécessité.

2° La question des universaux était encore agitée, mais dans des bornes beaucoup plus étroites qu'au début du moyen âge. Tout le monde était d'accord que les universaux ont au moins un fondement dans la réalité. Suarez reconnaît que les nominalistes tels que Occam ne différaient sur ce point des thomistes que par leur manière de s'exprimer. Ils ne voulaient dire en effet qu'une chose, qui est véritable, à savoir que l'universel n'acquiert le caractère qui lui est propre que par une opération de l'esprit.

3° On disputait aussi, comme nous l'avons vu précédemment, pour savoir si l'action à distance est possible. Les scotistes admettaient l'action à distance. Toutefois, ils ne croyaient pas, comme paraissent le faire beaucoup de savants, qu'un corps puisse exercer son action sans intermédiaire à des distances énormes. Ils disaient seulement que chaque corps a une certaine étendue qui lui appartient, une sphère d'action qui lui est propre.

Les thomistes, au contraire, condamnaient toute idée d'action à distance. Suivant leur opinion, le contact est absolument indispensable à l'action, l'être étant nécessairement là où il agit et sa vertu ne pouvant avoir d'effet si elle n'est pas appliquée à l'objet qu'elle modifie.

La solution définitive de cette difficulté dépendrait beaucoup évidemment de l'idée que l'on se formerait des concepts de distance et d'étendue.

4° Au sujet de l'action, il y eut encore une controverse qui, sans avoir obtenu un grand retentissement, nous paraît digne de considération. Nous en avons déjà dit quelques mots en exposant le système de Suarez. Il s'agissait de déterminer dans quel sujet est l'action. Pour les actions immanentes, telles que les pensées, aucun doute n'était possible, tout se passant dans le même être : mais il y a toute une classe d'actions qui opèrent à l'extérieur, celles que les scolastiques appelaient *transeuntes* qui lient un sujet à un autre. Pour celles-ci la question est délicate. L'action ne peut être évidemment étrangère à la cause qui la produit; mais on ne saurait nier non plus sa présence dans l'effet qu'elle constitue au moment où elle le constitue.

Saint Thomas s'était généralement exprimé comme si l'action était dans la cause agissante. Ce qui est dans le sujet supportant l'action, il l'appelait passion. Aussi distinguait-il la passion de l'action comme deux choses physiquement distinctes.

Cette manière de voir semble simple, mais elle n'est pas sans inconvénient. Si nous admettons par exemple que l'action *transiens* constitue un mode dans le sujet qui agit, comment concilierons-nous la création du monde avec l'immutabilité divine ? Plusieurs scolastiques, entr'autres Suarez, ont donc cherché à serrer la question de plus près.

Dans le sujet qui supporte l'action, il y a évidemment la passion en tant que le sujet est modifié. Mais on ne saurait nier qu'il n'y ait quelque chose de plus. C'est là que la modification s'opère, que l'action atteint son terme. L'action pourrait-elle ne pas être où elle s'accomplit ? cela semble inconcevable.

Toute action inclut deux choses : le principe actif mis en jeu et le fait produit. Le principe actif est évidemment le sujet agissant ou quelque chose de ce sujet. Mais si l'action était dans le sujet, elle constituerait un fait spécial et intérieur précédant le fait extérieur ; deux faits pour une seule action. Au contraire Suarez estimait que ce n'est qu'en tant que production du fait extérieur que l'action est quelque chose de spécial. Il déclara donc que l'action *transiens* n'a dans le sujet qui opère que son origine ; elle existe comme prédicat spécial dans le sujet modifié. L'*esse ab* est distinct de l'*esse in*. L'*esse ab* de l'action vient de sa cause ; elle a l'*esse in* dans l'être qui la subit. Il en résulte, selon Suarez, que l'action et la passion ne sont que le même fait réel envisagé de deux points de vue opposés ; elles ne sont distinctes qu'en raison.

Nous croyons avoir indiqué les controverses les plus importantes qui ont divisé les écoles scolastiques de métaphysique. Et maintenant, nous le demandons, qu'elle est la science si arrêtée qu'elle soit qui n'ait pas eu et n'ait pas encore des discussions sur des sujets plus fondamentaux ? Est-ce que tous les physiciens passés et présents s'entendent sur la nature de l'éther ou sur la génération spontanée ? Est-ce que la chimie depuis son origine n'a pas déjà changé trois fois ses formules ? Est-ce que tous les géologues sont d'accord sur le mode de formation et l'antiquité des terrains ? Cependant ces sciences sont universellement reconnues comme telles et beaucoup y veulent voir les sciences par excellence.

La raison en est que ces sciences sont des sciences de faits et l'esprit humain a tellement changé à notre époque qu'il met aujourd'hui la science avant tout dans la connaissance des faits ; il ne veut voir de science qu'où il y a des faits constatés. Autrefois on cherchait surtout à éclairer les notions et à reconnaître les causes.

Qu'on me permette d'être ici de l'avis des anciens, s'il s'agit de la science complète. Oui, ce qu'il y a de plus élevé dans le savoir, c'est la connaissance des causes. Sans elle, les faits n'ont ni signification, ni lien, et Aristote a eu raison de dire en ce sens que la science n'est que des choses nécessaires. Je reconnais toutefois que les anciens ont été trop vite ; l'expérience nous a appris à leurs dépens qu'il fallait avant tout connaitre les faits, et que cette étude préliminaire est déjà très-difficile. Mais envisager les faits autrement que comme des matériaux, vouloir y rester, s'abstenir de parti pris d'aller au-delà, c'est décapiter la science, c'est agir comme un maçon qui ne ferait qu'amasser et tailler des pierres sans aucun dessein de construire.

CHAPITRE IV

INFLUENCE DE L'ÉGLISE SUR LA SCOLASTIQUE.

D'autres adversaires admettent volontiers que la métaphysique scolastique avait une véritable unité de doctrine ; mais, disent-ils, ce n'est point par sa nature propre et par des raisons scientifiques. Elle n'était pas libre. Or, qu'est-ce que la raison, quand elle n'est pas libre ? On ne peut lui faire ni un reproche de ses erreurs, ni un mérite de sa correction. Dominée d'un côté par l'autorité de l'Église, de l'autre par l'autorité d'Aristote, la scolastique était comme un enfant tenu en lisières ; il peut remuer les jambes, mais il ne choisit pas son chemin.

Examinons un moment cette objection ; elle est fort importante, car elle tient à la manière d'envisager les droits fondamentaux de la science.

Et d'abord, quelle a été l'influence de l'Église sur la métaphysique.

Oui, l'Église a établi et voulu établir une unité complète de dogmes. Elle n'a jamais admis qu'on ne fût pas de son avis sur l'existence de Dieu, sur la destinée de l'âme, sur la chute de l'homme, sur les moyens qui lui sont donnés pour se relever, enfin sur les règles de la morale. Sur tous ces points elle a la prétention d'avoir la science infuse, d'avoir la parole de Dieu même, qui sait apparemment les choses qu'il a faites mieux que tous les savants du monde. Cette prétention était pleinement reconnue au moyen-âge.

Mais en quoi ces questions touchent-elles à la métaphysique dans le sens précis que nous avons donné à ce mot. Est-ce que l'étude de l'être et des catégories, de la cause efficiente et de l'action, de la substance et de l'accident a quelque chose à faire avec le péché originel et la rédemption. Non, c'est un ordre d'idées complètement différent, ne s'appliquant point aux mêmes objets et ne se jugeant pas par les mêmes principes.

Aussi l'Église n'a-t-elle jamais eu d'enseignement propre sur la métaphysique générale. Elle s'est accommodée du Platonisme à ses débuts, et après la chûte de la scolastique elle a toléré le cartésianisme, quand cette philosophie a été traitée dans un esprit de respect pour la religion. On voit par là quelle latitude elle laisse aux fidèles. Il lui suffit que les dogmes soient hors de cause. Elle a sans doute formulé certaines doctrines par des expressions scolastiques, parce qu'elle employait le langage du temps. Mais elle n'y tiendrait pas absolument, si on pouvait lui donner un équivalent dans une autre langue.

Considérez par exemple ce qui s'est passé au sujet du mystère de l'Eucharistie. Si un dogme a influé sur la scolastique, c'est assurément celui-là. C'est lui qui a mis sur la voie de distinguer réellement la substance de l'étendue. Cette distinction, quoique paraisse croire Suarez déjà très moderne dans son mode de penser, repose aussi sur d'autres raisons, sur des arguments vraiment métaphysiques et naturels. Mais il est certain qu'Aristote ne l'avait envisagée que très vaguement, et qu'on lui a fait dire à ce sujet beaucoup plus qu'il n'avait pensé. Eh ! bien, les Scolastiques, parlant de l'Eucharistie, trouvaient très simple de dire qu'après la consécration Jésus-Christ se substitue à la substance du pain, mais laisse persister l'étendue et les propriétés qui s'y rattachent. Arrivent les temps modernes; on confond l'étendue et la matière. Luther, continuant dans le nouveau sens l'explication scolastique, en conclut que la substance du pain reste avec le corps de Jésus-Christ dans l'Hostie. Qu'a fait l'Église? a-t-elle réclamé contre la confusion métaphysique? nullement, elle s'est bornée à condamner Luther, laissant les théologiens arranger comme ils pourraient les idées courantes avec le dogme. Et de fait dans certains ouvrages de théologie moderne des explications toutes différentes de celles du moyen âge ont été proposées.

C'est toujours ainsi que l'Église procède; elle ne s'inquiète que du dogme. Ne heurtez pas le dogme, vous ferez ce que vous voudrez.

Le dogme, dira-t-on, est lui-même une limite? Sans doute, il peut être quelquefois une limite pour la métaphysique générale, mais comme toute science est une limite pour les autres : sur les questions communes deux sciences ne peuvent avoir une solution radicalement opposée. Si une contradiction se produisait entre deux sciences profanes, il serait évident que l'une d'elles au moins se serait égarée, il faudrait réviser l'une ou l'autre. Le dogme une fois prouvé par la démonstration de l'autorité de celui qui l'enseigne vaut pour le croyant comme une science de plus. Un physicien admettrait-il une solution contraire aux principes de la mécanique, quelque apparence que lui donnassent les faits? de même un savant chrétien n'admettra pas une hypothèse physique en contradiction directe avec sa foi. Il faut du reste remarquer que les points de contact du dogme avec les autres sciences sont beaucoup moins nombreux qu'on ne l'imagine, car il n'y a de fixe que les définitions de l'Église et non les interprétations populaires ou même théologiques qui peuvent avoir cours.

Cherchez, par exemple, les points de métaphysique sur lesquels les scolastiques ont dû réformer Aristote en raison d'une contradiction avec le dogme. Vous n'en trouverez, pour ainsi dire, aucun dans la métaphysique générale. Il a suffi au contraire d'étendre les vues du philosophe grec pour qu'elles aidassent puissamment à l'élaboration de la théologie. Cependant Aristote était un païen qui n'avait pu prévoir l'apparition du christianisme.

Ce fut une noble hardiesse de la part des docteurs du moyen âge d'accepter ainsi de prime abord les résultats de la science païenne pour servir à l'organisation de la science ecclésiastique. N'était-ce pas un témoignage expressif de leur confiance simple et entière dans l'accord nécessaire de la raison et de la foi ? Non celui qui craint d'étudier de peur de rencontrer des sujets de doute n'a pas une foi solide. Celui qui croit pleinement entre hardiment dans la science, parce qu'il sait bien que la science impartiale ne peut rien donner de radicalement contraire à sa croyance. Il n'a pas besoin, comme on le croit, de se préoccuper à chaque instant du dogme. Au contraire, dans la science il ne faut se préoccuper que de la science, tout autre souci même légitime peut conduire à forcer les déductions. N'admettez pas des attaques contre la foi : mais ne faites pas de science dans le dessein exprès de trouver à la foi des justifications dont elle n'a pas besoin. Laissez toutes les vérités s'accorder par leur harmonie naturelle, et s'il survient une opposition apparente, ne vous en troublez pas trop ; creusez davantage, vous trouverez plus profondément l'accord. Quant à une contradiction absolue entre un dogme défini et une vérité scientifiquement constatée, je n'en connais pas d'exemple.

Ce n'est donc pas le dogme qui a créé et régi la métaphysique. La métaphysique existait avant lui ; elle n'a été que ranimée et complétée au moyen âge. J'en conviendrai toutefois volontiers, le dogme a donné une aide indirecte mais très efficace à son développement.

Nous verrons bientôt quelles préoccupations religieuses et morales ont entraîné et entraînent encore la plupart des philosophes. On dit qu'il y a aujourd'hui beaucoup d'indifférents ; cela n'est pas exact, au moins parmi les classes éclairées. Cherchez au fond de la pensée de quiconque peut réfléchir, vous trouverez toujours une croyance religieuse ou une antipathie ; en effet le sentiment religieux étant un besoin de l'humanité, on n'y échappe qu'en le combattant.

L'heureux résultat de l'acceptation unanime du dogme par les savants du moyen-âge, ce fut d'avoir fait la paix dans les âmes. La grande question de notre origine et de notre destinée étant tranchée, on n'avait plus à en discuter. Partout ailleurs le grand problème de la philosophie consiste à rechercher la place de l'homme dans le monde. Ce but est trop absorbant pour laisser le loisir des études de détail. On définit en courant et en vue d'un système particulier les notions métaphysiques qui se présentent. Pour les hommes du moyen âge, le problème était résolu autant qu'il est besoin ; ils pouvaient consacrer leurs préoccupations à des questions plus accessibles.

Ils aimaient d'ailleurs non-seulement à croire, mais à comprendre et à exposer, et la métaphysique offrait un merveilleux secours pour éclaircir les obscurités du dogme. Ils jouissaient donc à la fois de ces deux avantages, de n'avoir aucune préoccupation qui empêchât de donner une attention spéciale aux études métaphysiques et de trouver une utilité dans ces études par les facilités qu'elles fournissent à l'explication des croyances catholiques.

Dans des circonstances aussi favorables la métaphysique devait prendre naturellement tout son essor. Aussi n'y a-t-il de métaphysique scientifiquement organisée que celle d'Aristote et des scolastiques. Cette science est la véritable gloire des docteurs du moyen âge et c'est par elle surtout que leurs travaux méritent de vivre.

Leur physique est devenue complètement nulle par le progrès des sciences expérimentales. Leur psychologie, quoique beaucoup plus profonde à bien des égards que les psychologies modernes, doit être modifiée et développée en vue des nouvelles expériences sur la sensation.

Leur métaphysique est une science faite, comme l'était déjà de leur temps la logique d'Aristote. On pourra simplifier, abréger, modifier des détails, on ne pourra changer ni les bases, ni les principales conclusions, si l'on ne veut faire autre chose que la vraie métaphysique, la science des conditions de l'être en tant qu'être.

Cette science nous manque absolument, et grâce à son absence, les faits recueillis par les savants contemporains risquent de devenir un amas confus de matériaux. Les positivistes eux-mêmes en sentent le besoin ; on les voit préoccupés de chercher les termes propres, de démêler les notions générales, ce qui n'est autre chose que de faire de la métaphysique. Dieu sait quelle inexpérience et quelle maladresse ils y apportent ! Mais aussi pourquoi se rendre volontairement novice autant qu'on pouvait l'être au siècle de Thalès et de Pythagore, quand on a pour se guider les monuments d'une vaste élaboration déjà accomplie sur les mêmes sujets.

CHAPITRE V

INFLUENCE D'ARISTOTE SUR LA SCOLASTIQUE.

Mais Aristote, dit-on, c'est lui qui a enchaîné la métaphysique du moyen-âge, c'est lui qui l'a renfermée dans un cadre étroit dont aucun docteur n'osait sortir. Ces esprits, habitués par l'Église à l'obéissance passive, ne savaient qu'obéir en toute chose. Plutôt que de marcher d'eux-mêmes ils se sont attachés aux pas d'Aristote ; ils ont ainsi immobilisé, momifié la science qui a besoin, au contraire, d'air, de vie et de liberté.

Voilà ce que l'on répète depuis trois cents ans, depuis que l'Université de Paris a cessé de maintenir l'enseignement de la philosophie d'Aristote.

Je voudrais que ces questions fussent examinées tranquillement et sans parti pris. Je voudrais surtout qu'on ne les tranchât pas d'une manière différente pour la philosophie que pour les autres sciences.

Est-ce que l'autorité de Newton, si grande encore de nos jours, a enchaîné l'astronomie ?

Est-ce que la chimie a eu à se repentir d'avoir suivi la direction que lui a imprimée Lavoisier ?

Est-ce que la physique est immobilisée parce qu'elle admet encore la valeur des découvertes de Galilée ?

Les mathématiques sont-elles faussées parce qu'elles continuent à employer les démonstrations d'Euclide ?

Oui, dira-t-on ; on a conservé de ces grands hommes ce qu'ils ont trouvé de vrai, mais on ne les invoque pas toujours sur toutes les questions, et ce n'est pas par leur autorité que l'on tranche les controverses.

Eh ! bien, il en était au fond de même au moyen âge. On s'appuyait sur les affirmations d'Aristote, de saint Thomas, de saint Augustin, etc., parce que l'on croyait que ces grands hommes avaient généralement vu juste. Mais leur autorité ne suffisait pas indépendamment d'autres preuves.

Quelqu'édit de la Sorbonne a pu condamner brutalement une proposition comme contraire à l'enseignement d'Aristote. C'était un boutade. Dans les ouvrages des grands scolastiques, je n'ai jamais rencontré cette ridicule proposition : cela est vrai parce qu'Aristote l'a dit. Partout à côté de l'opinion d'Aristote vous trouvez la démonstration. Cette autorité est du reste invoquée pour les solutions les plus opposées. Nul n'ignore ce qu'on peut faire de l'autorité d'un mort, et que de propositions diverses on peut tirer des ouvrages d'un homme qui a tant écrit.

Qu'y a-t-il donc à reprocher au moyen âge ? L'habitude innocente de s'entourer d'autorités ? C'est encore ce qui se fait tous les jours et dans toutes les sciences. Tout savant qui n'a pas conquis une réputation de premier ordre aime à étayer ses opinions en les appuyant sur les grands noms de la science. Il sait par expérience que c'est le meilleur moyen de les recommander à l'attention des lecteurs. Les docteurs du moyen âge étaient, non pas timides, mais modestes, et ne croyaient jamais avoir conquis une réputation assez grande pour que leur pensée valût par elle-même. Veut-on leur reprocher cette modestie réelle ou imposée par les mœurs du temps, quand il est notoire qu'elle n'empêchait nullement la variété des opinions, ni la hardiesse à sonder les plus effrayants mystères.

Assurément, il n'était guère admis au moyen âge que l'on sortît du cadre tracé par Aristote. Mais de nos jours l'astronomie peut-elle sortir du cadre tracé par Copernic et Newton ? Est-ce que ceux qui se risquent à présenter des objections contre la conception actuelle des idées d'attraction et d'inertie obtiennent quelque succès ? Non, à aucune époque il n'est facile de remonter le courant établi dans la science. Il y a même des courants secondaires contre lesquels on lutte en vain quand ils ont la faveur publique. Allez soutenir, dans un congrès de géologues, que l'époque quaternaire peut tenir dans quelques milliers d'années. On vous tournera le dos comme à un homme qui parle de ce qu'il ignore. Cependant prenez tous ces géologues un à un, aucun ne pourra vous fournir une preuve catégorique de la durée des phénomènes glaciaires. Ils n'ont que des inductions, des hypothèses, des indices, et pourtant ils n'hésitent pas à repousser d'abord tout ce qui contrarie leurs vues préférées.

Toujours vous trouvez dans la science une opinion générale appuyée sur quelque autorité et qu'on est mal venu à combattre. Est-ce un bien ? est-ce un mal ? Je dis hardiment que c'est un bien, malgré les inconvénients qui en résultent quelquefois.

Il ne faut pas seulement de la liberté dans la science : il faut aussi, comme dans tout ce qui se fait par le concours de plusieurs, une autorité, une direction. Je sais que la théorie moderne est contraire, mais la pratique résiste. En fait on admet des autorités. On dit tous les jours qu'un homme a conquis une autorité dans la science, ce qui veut dire apparemment qu'il est téméraire de ne pas tenir compte de son opinion. Et encore dans toutes les sciences faites ne conquiert-on cette autorité qu'en acceptant les grandes lignes tracées par nos prédécesseurs. Il n'y a que dans la philosophie qu'un homme qui se croit quelque renom se trouve en droit de refaire à sa façon le système entier du monde. Et on l'écoute, surtout s'il est né en Allemagne ; et plus ses conceptions sont différentes de ce qui a été imaginé jusqu'ici, plus il acquiert de vogue, tant on s'est habitué à considérer la philosophie comme un roman ou un poème, qui est l'œuvre d'une fantaisie individuelle, et non comme une science qui est l'œuvre de la collaboration de l'humanité entière.

Oui, sans une autorité, non de commandement assurément, mais d'opinion, la science comme la société n'est qu'un grand désordre. Si chacun se permet de se former des théories à son gré, sans s'inquiéter de ce qui s'est fait avant lui, de ce qui se fait à côté de lui, comment réunira-t-on ensuite toutes ces conceptions disparates? Pour que des cristaux se réunissent en une masse homogène et stable, il faut qu'ils aient des surfaces homologues qui puissent se rapprocher entre elles. De même pour que les idées de chacun puissent profiter à l'ensemble, il faut qu'elles soient jetées dans un moule commun. Qui indiquera ce moule, sinon les grands hommes en qui l'humanité a reconnu un génie suréminent?

Sans doute ce moule étant fait par un homme peut ne pas suffire à contenir toutes les idées justes. C'est là un inconvénient, mais qui n'approche pas de celui que cause la dispersion du travail. Il peut arriver un jour où ce moule soit manifestement insuffisant. Il est alors légitime de le briser. Mais qui peut le faire? Celui qui se sent la force d'en établir un meilleur. Ainsi la théorie de l'émission de la lumière a été justement supprimée, parce que les faits, en montrant son insuffisance, ont suggéré la nouvelle théorie de l'ondulation. Une science qui resterait sans cadre fixe paraîtrait comme une société sans gouvernement. Elle serait bientôt abattue, émiettée.

Les scolastiques n'ont pas eu de motif valable de modifier le cadre donné par Aristote. La métaphysique n'est pas comme les sciences de faits qui peuvent à chaque instant découvrir des phénomènes nouveaux et imprévus, et se trouver par là dans la nécessité de changer leurs théories, de faire peau neuve pour donner place aux accroissements incessants de la science. Pour les sciences qui s'occupent de notions intellectuelles le champ des découvertes importantes est assez restreint. Les grandes lignes sont bientôt tracées, quand après le premier débrouillement des notions il survient un homme d'un coup d'œil profond qui les met en ordre. Aussi ces sciences ne changent pour ainsi dire pas. On les apprend, on creuse quelques nouveaux problèmes, on ne les renouvelle guère. Telles sont les sciences mathématiques.

Il est vrai que la métaphysique n'est pas tout à fait une science abstraite comme la géométrie ou l'algèbre, dont les données sont de purs possibles. S'occupant de l'être réel, elle tient aux faits de plus près : peut-être y aurait-il donc lieu à en modifier quelques parties d'après la nouvelle notion que nous nous faisons du monde physique. Mais tout le temps que la métaphysique est restée florissante, ces raisons n'étaient pas connues. Jamais les scolastiques n'ont été mis en demeure de modifier un cadre qui satisfaisait amplement à tous leurs besoins. Ils ont conservé la métaphysique d'Aristote, comme on conserve encore aujourd'hui sa logique.

Quand est survenu le grand développement des connaissances expérimentales, la scission entre la science laïque et la scolastique était déjà à peu près faite. On s'est ignoré les uns les autres, et, nous ne saurions trop de fois le déplorer, on s'ignore encore aujourd'hui.

Les savants méprisent la scolastique parce qu'ils ne la connaissent pas. Il n'est plus facile, je l'avoue, de la connaître. Ces vieux docteurs ont une langue à eux qu'on doit avoir apprise avant de les comprendre. On ne s'en fait une idée exacte qu'après une longue familiarité avec leurs ouvrages. Les savants entendant donc prêter aux scolastiques des opinions absurdes, et si par hasard ils ouvrent un de leurs vieux livres, y trouvant des assertions aujourd'hui reconnues fausses, ne vont pas plus loin, et ne se doutent pas des trésors de précision, de justesse et de profondeur déposés dans ces ouvrages si appréciés par Leibniz.

D'autre part, les scolastiques de nos jours regardent presque tous la science contemporaine comme une grande égarée ; le tumulte des opinions les éblouit, l'inexactitude de certaines notions les choque, les erreurs soutenues au nom de la science les épouvantent. Ils n'examinent donc les théories en vogue qu'en tremblant et avec le parti pris secret de n'en admettre que le moins possible.

Et pourtant si la vieille métaphysique et la science moderne s'unissaient, quel essor de l'esprit humain ! quelle sûreté de vues chez les savants dans leurs inductions les plus transcendantes ! quel caractère pratique et positif des spéculations rationnelles, sans cesse mises en présence des faits.

Il n'existe à vrai dire entre la métaphysique scolastique et la science moderne aucune raison sérieuse d'opposition. De part et d'autre, sauf la différence du sujet, c'est le même esprit scientifique, la même recherche de la vérité nettement déterminée. Aristote qui a fondé la métaphysique était aussi le plus grand observateur de son temps. La métaphysique n'aurait qu'à modifier quelques théories obscures, la science à négliger quelques hypothèses hasardées, et l'accord se ferait de lui-même.

Où est l'homme qui saura réaliser cette synthèse entre la spéculation et l'observation, réparer la déchirure causée par le spiritualisme outré de Descartes entre la science du monde physique et la science du monde de l'esprit? Où est la génération qui saura s'élever au-dessus des défiances des uns et de l'hostilité des autres et embrasser toutes les branches du savoir dans une même émulation? C'est peut-être trop espérer de l'humanité!

CHAPITRE VI

DES PROBLÈMES APPELÉS ORDINAIREMENT MÉTAPHYSIQUES ET DE LEUR DIFFICULTÉ.

Elle existe donc la métaphysique, la science de l'être en tant qu'être; elle existe, elle a ses principes, ses méthodes, ses traditions. Nous l'avons retrouvée sous les décombres; il ne s'agit que de la nettoyer et de l'habiller à la moderne.

Mais est-ce là ce qu'on appelle aujourd'hui métaphysique? Quand on demande si la métaphysique est une science, est-ce surtout de la science de l'être qu'on veut parler ? Si utile que soit l'étude des catégories pour donner à l'intelligence une vue claire de ses acquisitions, il existe plusieurs problèmes d'un intérêt autrement vivace pour l'esprit humain : Origine de l'homme, ses destinées, ses rapports avec l'absolu, etc. Ce sont ceux-là surtout qu'aiment à poursuivre les philosophes modernes. Est-ce qu'ils se refuseraient à une solution scientifique ? ou à quelle condition cette solution serait-elle possible ?

Nous ne saurions répondre d'emblée à ces interrogations. Les problèmes que nous venons d'indiquer sont d'ordres très divers. Pour les traiter scientifiquement, il faudrait d'abord rattacher chacun d'eux à une science précise. On se dispense trop souvent de le faire. Trop souvent on les enchâsse dans de vastes et chimériques systèmes où ils ne sont examinés qu'à un point de vue préconçu. Cela peut être supportable dans un ouvrage de polémique ou de vulgarisation. Dans la science c'est un défaut de méthode.

Aristote avait procédé autrement. En dehors des sciences physiques et mathématiques qui se sont fait depuis une destinée à part, il avait classé les questions philosophiques qu'il jugeait accessibles en quatre sciences distinctes : la Métaphysique, la Logique, la Psychologie et la Morale.

Nous avons vu ce qu'est la métaphysique, ontologie ou science de l'être. Nous avons montré qu'elle est une science. Regrettons encore une fois qu'elle soit absolument délaissée de nos jours et que nulle part dans le monde laïque on ne la traite d'une manière spéciale et méthodique.

La logique, science ou art, est encore étudiée aujourd'hui, bien qu'elle soit moins cultivée qu'il ne serait utile. Stuart Mill a essayé une nouvelle logique; mais sa tentative conduit à un tel renversement de toutes les notions communes, qu'elle ne peut avoir aucun résultat.

La psychologie est incontestablement une science d'observation; elle est très goûtée à notre époque. L'école écossaise l'a grandement développée et son influence a suggéré ce qu'il y a de meilleur dans le mouvement philosophique en France depuis le commencement du siècle. Cette école manque de profondeur, mais elle a de la sagesse. Précisément parce qu'elle a négligé l'ontologie, elle discerne moins bien que la psychologie scolastique la nature intime des opérations de l'âme. Ses classifications sont superficielles. Mais elle constate plus de phénomènes, elle entre dans plus de détails intéressants ; elle connaît mieux les progrès de la science moderne et les utilise souvent d'une manière heureuse.

En ce moment une troisième école de psychologie tend à se former, celle de M. Alexandre Bain. Malheureusement M. Alexandre Bain est moins un psychologue qu'un physiologiste amateur. Assurément la psychologie doit compte de la physiologie ; elle y trouve de grandes clartés sur certains faits dont la conscience ne peut démêler les causes. Mais faire comme M. Alexandre Bain une psychologie tout à fait par le dehors, se borner à l'exposition des découvertes physiologiques et vouloir tout en tirer sans se mettre presque jamais en présence du véritable fait psychologique, du fait intérieur, c'est prendre la science par le petit côté, subordonner l'accessoire au principal et fausser la méthode.

Je crois que l'on pourrait faire une très bonne psychologie en introduisant dans le cadre de la psychologie scolastique les observations des écossais et en pratiquant les modifications réclamées par la physiologie.

Voilà trois sciences bien déterminées : Métaphysique, Logique, Psychologie, science de l'être, lois du raisonnement, étude des faits de conscience. Il ne reste qu'à souhaiter qu'il y ait des hommes qui se dévouent à l'étude spéciale de chacune d'elles. Une science ne se forme et ne progresse que lorsqu'elle est étudiée spécialement. Un savant doit connaître au moins toutes les sciences du même ordre, mais il ne doit se consacrer qu'au développement d'une seule.

Mais en quoi ces trois sciences contribuent-elles à la solution des grands problèmes dont nous avons parlé ? Il est incontestable qu'elles préparent cette solution. La métaphysique fournit les arguments les plus fondamentaux pour établir l'existence et les perfections de Dieu. Une psychologie bien dirigée donne des raisons très solides de croire à l'immortalité de l'âme. Mais il est certain aussi qu'une bonne métaphysique et une psychologie sérieuse ne suffisent point pour ne pas s'égarer, témoin Aristote lui-même. Ces sciences donnent des corollaires qui jettent du jour sur des régions étrangères à leur objet propre, mais ne les éclairent pas complètement.

Quant à la morale, la quatrième des sciences créées par Aristote, elle est trop étroitement liée avec le problème de la destinée humaine pour pouvoir être définitivement constituée sans que ce problème soit résolu.

Enfin la prétention de déterminer la solution de

toutes les questions philosophiques à l'aide d'une synthèse générale du monde, fixant les rapports de l'absolu et du relatif et donnant la raison de tous phénomènes de l'Univers, cette synthèse, ambition de tant de philosophes, nous paraît, pour le moment du moins, une chimère.

Expliquons plus en détail des vues si importantes pour la direction de l'esprit humain.

Je ne mettrai pas en doute, par exemple, qu'il y ait une science de la morale. Aristote en a tracé le cadre que les scolastiques ont complété et rempli. Mais qu'est la morale d'Aristote et que peut être une morale indépendante de toute croyance religieuse? Elle peut indiquer assez exactement quelles actions sont bonnes et quelles sont mauvaises ; un sentiment intime nous guide dans cette répartition. Si nous cherchons sur quoi ce sentiment intime est fondé, nous pouvons le savoir : il est évident que chacun de nous doit se conserver, développer ses facultés et respecter celles des autres. Un instinct naturel nous donne cette règle et condamne tout ce qui y est contraire. Enfin un philosophe profond peut, sans autre guide qu'un raisonnement sûr et un esprit pénétrant, analyser la nature des actes humains, déterminer le ressort de la liberté et établir une classification ingénieuse des vertus et des vices.

Voilà donc une science de la morale. Mais cette science est-elle complète ? peut-elle satisfaire tous les esprits ? Non, évidemment.

Celui qui attribue à l'homme une vie future et une destinée spirituelle, entendra nécessairement d'une autre manière les principes de la morale naturelle que celui qui ne reconnaît qu'une destinée passagère et terrestre. Celui-ci, du devoir de se conserver et de se développer, déduira une sorte de sagesse pratique, qui consistera à tirer de lui-même le meilleur parti possible, pour se créer dans le milieu où il est placé une existence heureuse. L'autre pourra se juger tenu de sacrifier une partie du bonheur actuel aux prévisions d'un bonheur futur : il jugera donc coupables des actes que le premier considère au moins comme indifférents. Mais de plus une existence heureuse est rarement possible ici-bas, une morale terrestre est donc forcément incomplète. Si l'homme reconnaît qu'il doit être juste, il entend en même temps être heureux : un sentiment intime d'équité ne lui permet pas de séparer ces deux choses. Or, telle que la vie nous est faite, il n'existe pas de moyen certain de réaliser ici-bas le bonheur dans la justice. Que ferez-vous donc, philosophe naturaliste ? sacrifierez-vous le but où aspire toute âme humaine ? Vous écarterez-vous de la voie droite du raisonnement pour trouver un chemin de traverse vers un impossible bonheur? Des deux manières vous serez conduits à fausser des principes essentiels. En fait, en dehors de la morale chrétienne dont la forme scientifique est la morale scolastique, nous ne trouvons pas un seul code de morale qui ne contienne des erreurs graves, quelquefois monstrueuses. Nous en verrons plus loin des exemples.

Mais, dira-t-on, qu'à cela ne tienne, l'immortalité de l'âme peut être connue par la raison, et la morale trouve ainsi dans la raison seule son complément nécessaire.

Oui, la raison peut démontrer la spiritualité de l'âme; elle peut en conclure son immortalité. Il répugne que l'homme disparaisse tout entier, parce que l'âme a un principe qui échappe aux causes de dissolution du corps.

L'homme appuyé sur la révélation voit que la raison dit cela nettement et irréfutablement. Mais celui qui n'a pas un tel secours doit être assez embarrassé. Il n'est pas commode d'être conduit à une vérité d'apparence paradoxale. Or cette existence de l'âme sans le corps, si elle est démontrée nécessaire, est bien difficile à définir; elle implique bien des anomalies; elle se heurte à bien des instincts naturels. Le philosophe passera-t-il par-dessus ces difficultés sur la seule foi du raisonnement? Admettons qu'il le fasse, quel fruit en retirera-t-il pour la morale? Sait-il ce que devient l'âme dépouillée de son corps, quelle est sa condition définitive? sait-il ce que font ces âmes ici-bas? pourquoi elles sont dans des corps? ce qu'elles feront dans une autre vie? quel est leur rôle dans l'ensemble des choses? En sont-elles le but dernier ou gravitent-elles vers un but supérieur?

La religion nous dit que l'homme est créé pour arriver au bonheur par la connaissance de Dieu. Voilà un but précis, une explication suffisante au moins en ce qui peut intéresser notre conduite. Mais, livrée à elle-même, la raison naturelle n'a jamais pu répondre à ces questions. De cette réponse cependant dépendrait le couronnement définitif de la science morale.

Ce n'est pas tout, le sentiment naturel nous dit que la morale nous impose un devoir, qu'elle est une loi. La raison, livrée à elle-même, a-t-elle jamais expliqué clairement pourquoi la morale est un devoir. J'entends des philosophes démontrer fort bien que suivre la morale est ce qu'il y a de plus convenable à notre nature, que c'est notre intérêt bien entendu, qu'il est sage de se rallier en suivant les préceptes de la raison à l'ordre universel. Tout cela est fort bien, mais tout cela n'est pas le devoir. L'utilité, la convenance, la sagesse peuvent être des motifs de préférence, mais n'impliquent pas cette nécessité morale qui est l'essence du devoir. Je suis libre de ne pas prendre le parti le plus convenable, mais je ne suis pas libre de manquer à mon devoir. Le devoir ne s'explique que par le droit; c'est un rapport de personne à personne. Je dois parce qu'un autre a droit d'exiger. Et quel est cet autre qui a droit d'exiger de moi? c'est directement et avant tout celui qui m'a fait. Celui-là qui m'a formé et m'a formé dans une intention, a droit à ce que je remplisse cette intention. Autrement, je perds ma raison d'être, je n'ai plus droit à l'existence. Je suis un désordre qui trouble l'action régulière d'une autre volonté et qui par conséquent démérite vis à vis d'elle. J'ai voulu l'entraver, je mérite qu'elle m'entrave à son tour [1]. De même que dans le monde physique l'action appelle la réaction, de même dans le monde moral le crime appelle le châtiment.

Voilà le vrai fondement de l'obligation morale et

[1] Cum aliquis agit in bonum vel malum alicujus personæ, cadit ibi ratio meriti vel demeriti. (*Somm. th.* 1ª 2æ 9-21, art. 3.)

de la sanction. Elle est dans le droit d'une volonté dont nous dépendons. La raison droite ne nous impose une obligation qu'autant qu'elle représente la raison éternelle[1]. Les choses n'ont pas de droit, les abstractions encore moins, et par conséquent elles ne peuvent être le principe d'un devoir. Le devoir remonte à la volonté et à la personnalité divine, personnalité dont les philosophes non chrétiens n'ont jamais eu un sentiment net et pratique.

Ainsi la morale est une science ; elle a un objet accessible à la raison, la bonté ou la malice des actes humains. Toutefois, sans secours extérieur, la raison s'y égare presque nécessairement, parce que plusieurs conditions du problème moral se trouvent dans une région qui dépasse le champ de nos facultés naturelles, et qu'elle reste dès lors exposée à toutes les tentations et toutes les inquiétudes d'une solution incomplète.

Nous en dirons autant des recherches sur la nature divine ou, comme l'on dit en Allemagne, des recherches sur l'absolu. La philosophie contemporaine a réuni ces recherches sous une science

---

[1] Quod ratio humana sit regula voluntatis humanæ ex qua ejus bonitas mensuretur habet ex lege æterna quæ est ratio divina. (*Somme th.* 1ª 2æ, q. 19 art. 4.)

particulière que l'on nomme théodicée. Cette science n'est en réalité qu'un chapitre de métaphysique développé à l'aide de données suggérées par la religion révélée.

La métaphysique, avons-nous dit, a pour corollaire le plus important l'existence et la suprême perfection d'un premier être, cause du monde. Ceci est parfaitement établi par la pure raison. Il y a cependant des hommes qui reculent parce que cette conclusion met les passions à la gène et la raison au bord d'un abîme. Que sera-ce si vous voulez sonder sans secours cet abîme même ? Vous ne trouverez plus que des affirmations étonnantes, des oppositions apparentes, des antinomies qui déroutent. Comment les accepter si vous ne savez d'ailleurs être dans le bon chemin ? Toutes les notions ordinaires sont bouleversées; un seul fil nous conduit, l'application stricte du principe de contradiction: tant que nous ne heurtons pas ce principe, nous n'avons pas le droit de nous soustraire aux conséquences du raisonnement. Mais que de vertiges, que d'inquiétudes doivent saisir une raison non chrétienne quand elle se hasarde dans ces espaces sans limites ! Que de fois elle doit reculer et se demander si elle ne s'est pas trompée. Il me semble la voir se risquer sur la crête d'un rocher entre deux précipices. Si personne ne la soutient à ce passage étroit, comment éviter une chûte? Comment ne pas tomber à gauche dans les bas fonds de l'anthropomorphisme, du naturalisme, d'un dieu borné simple organisateur du monde, ou à droite dans le gouffre de l'infini sans existence propre et du panthéisme.

Une théodicée naturelle, qui n'est pas une copie du dogme religieux, se trouve donc en réalité pratiquement impossible, non d'une impossibilité intrinsèque, mais à cause des difficultés énormes qui troublent l'action naturelle de la raison dans un milieu si exceptionnel. De fait quand la religion n'a pas agi directement ou indirectement sur la philosophie, une théodicée régulière n'a jamais pu se constituer. Les utopies des philosophes n'ont été qu'une suite d'inconséquences ou d'erreurs monstrueuses qui ont obscurci de leur ombre même des vérités d'ailleurs certaines et facilement accessibles.

Si une morale complète, si une théodicée exacte sont si peu praticables à la raison sans appui extérieur, que dire d'une cosmologie universelle, de ces vastes systèmes ayant la prétention de donner le mot de l'univers. Nous l'avons dit, c'est une chimère. Comment expliquer l'univers, quand

on ne sait même pas au juste ce qu'est l'homme ?
Comment indiquer les rapports du fini et de l'infini,
quand on ignore l'infini et qu'on sait mal le fini ?
Faire une théorie générale de l'univers physique
serait déjà une chose très hasardée dans l'état actuel
de nos connaissances. Aucun savant sérieux ne voudrait s'y compromettre. Comment faire le système
général du tout, une synthèse embrassant le monde
physique et le monde moral qui ne s'unifient probablement que dans l'absolu. La théologie elle-même
oserait-elle s'en charger ? Assurément la révélation
enseigne ce qui est nécessaire à l'accomplissement
de la destinée surnaturelle de l'homme ; mais que
de mondes, que d'intelligences, que de vérités nous
restent inconnus.

Voilà cependant ce que la raison humaine a trop
souvent voulu, ce que l'on appelait philosophie
dans l'antiquité, ce qu'on appelle souvent de nos
jours métaphysique; faire d'emblée la théorie de
l'univers, la systématisation générale du savoir.
Effort impossible qui a faussé toutes les notions et
usé les meilleurs génies. Je ne sais si un jour ce
résultat pourra être obtenu, je crois plutôt que
l'homme n'y parviendra jamais dans sa condition
actuelle; c'est un idéal infiniment éloigné. Il est
certain toutefois que si une synthèse générale de

l'univers peut jamais être réalisée, ce ne sera pas par ces tentatives folles, ces élans désespérés vers l'inconnu; ce sera par le développement régulier des sciences particulières qui, poussées jusqu'à leurs dernières profondeurs, arriveront à se confondre en une seule science par l'harmonie naturelle des divers ordres de vérités.

L'impuissance de la philosophie purement naturelle dans les problèmes que nous venons d'exposer est du reste un fait d'expérience. Il suffit pour s'en convaincre de jeter un coup d'œil sur les erreurs qui ont prévalu dans les plus grandes écoles de l'antiquité et des temps modernes.

CHAPITRE VII

ÉCOLE DE PLATON.

La première école de l'antiquité dont nous ayons une connaissance suffisante est celle de Platon; nous ne saurions du reste mieux commencer.

Platon était né au sein du paganisme. Entouré d'erreurs évidentes, il devait chercher franchement quelque chose de meilleur. De nos jours on a pu soupçonner la philosophie de fermer les yeux à certaines vérités pour faire autrement que l'Église. Platon, en cherchant autre chose que les légendes païennes, ne pouvait qu'y gagner. Il ne s'est jamais trouvé d'ailleurs d'esprit naturellement plus élevé, plus dévoué au vrai et au bien. Si donc Platon n'a pas trouvé la vérité, il fallait qu'elle fut bien difficile à atteindre.

Or quelle que soit la beauté et la grandeur des des aperçus de Platon, on ne peut se dissimuler que sa philosophie en tant que système cosmologique et moral est singulièrement incomplète. Chose étrange, ce puissant génie qui s'est proposé avant tout de trouver dans l'étude du monde l'indication d'une ligne de conduite pour l'homme, a risqué précisément dans l'ordre moral ses erreurs les plus évidentes.

Nous trouvons dans Platon une idée de Dieu qui est assez juste, mais tellement vague qu'elle ne peut guère avoir d'action sur sa philosophie. Platon l'avoue lui-même dans le Timée : « Il est difficile de comprendre ce qu'est le père de l'Univers et plus difficile encore de le dire. » On a souvent commenté Platon au point de vue chrétien et on a donné à ses doctrines théologiques une netteté qu'elles n'avaient problement pas dans sa pensée.

Je ne crois pas d'ailleurs légitime d'assimiler ce que Platon disait des rapports de l'homme avec les dieux aux affirmations chrétiennes sur les relations de l'homme avec le Dieu suprême. Il y a un monde entre ces deux doctrines. Les dieux de l'antiquité n'étaient que des intelligences supérieures et non cet être absolu et infini que Platon regardait comme inaccessible.

Platon enseigne, il est vrai, qu'il y a un monde des idées, et que le bonheur de l'âme humaine consiste dans la contemplation de ce monde. Mais où est-il ce monde des idées? Est-il en Dieu? Est-il Dieu? Est-il à part? Nous ne trouvons dans aucun ouvrage de Platon une réponse précise à cette question.

Quant aux rapports du premier Être avec le monde, tous reconnaissent aujourd'hui que Platon a erré en admettant une matière éternelle que cet être n'aurait fait qu'organiser. L'idée de deux natures existant éternellement indépendamment l'une de l'autre est définitivement écartée du nombre des opinions possibles. Ceux qui de nos jours n'admettent pas un Dieu créateur, ou reconnaissent une matière éternelle s'organisant elle-même, ou regardent le monde physique comme une émanation de l'infini.

La spiritualité de l'âme est très nettement enseignée par Platon. Ses tendances morales le portaient en effet à une vive conception de la supériorité de notre être intellectuel. On a remarqué avec raison que son ardeur même l'a entraîné trop loin. L'âme n'est pour lui qu'un hôte passager du corps; elle en est tellement indépendante qu'elle lui a préexisté : l'union à un corps est pour elle une chûte. En outre Platon prouve l'immortalité de l'âme par un argument trop absolu, puisqu'il pourrait servir à démontrer son éternité. L'âme doit toujours exister, dit-il dans le Phédon, parce qu'elle se meut elle-même, et ce qui se meut soi-même ne peut périr. C'est précisément l'argument qu'emploiera bientôt Aristote pour démontrer l'existence éternelle du premier moteur.

Nous retrouverons plus tard d'autres exemples du spiritualisme excessif qu'amène en philosophie la préoccupation trop exclusive des questions morales.

La philosophie de Platon, en dépit d'une sorte de pressentiment du vrai, est donc manifestement insuffisante. Mais cette insuffisance éclate surtout dans sa morale.

Je passe sur certaines ignominies. Platon a eu le grand tort d'être de son temps et de chercher à idéaliser ce qu'il aurait dû condamner avec énergie. Ce que je veux mettre en lumière, comme une marque plus particulièrement évidente de l'erreur essentielle des sages de l'antiquité, c'est l'ignorance complète où il est resté des droits de la nature humaine.

On connait son idéal de gouvernement qui est du reste celui de tous les philosophes anciens. L'état, but suprême de l'humanité ; une classe supérieure chargée de le défendre et de le diriger ; des classes inférieures soumises en tout à son autorité, et enfin des esclaves. Cette hiérarchie pourrait encore être admise, si elle était tempérée par le respect des droits individuels. Loin de là, tout est sacrifié à l'état, rien n'est réservé à l'intérêt particulier. Les biens, ils sont la propriété de l'état ; le mariage n'est qu'un moyen de multiplier les citoyens ; l'enfant appartient à l'état et doit être jeté dans le moule estimé le plus avantageux pour l'état. Ainsi non-seulement les hommes libres exploitent les esclaves, mais l'état exploite les hommes libres. La dignité, la personnalité de l'homme n'est comptée pour rien. C'est une machine que l'état crée dans ses haras, entretient et utilise pour son plus grand avantage.

La République de Platon est, de son propre aveu,

une utopie inapplicable. Mais comment osait-il la proposer pour idéal? Comment les sages anciens ne se sont-ils jamais demandé pourquoi sacrifier des êtres réels, actifs, intelligents à une idée, à un fantôme? car l'état, au-dessus des individus, n'est après tout qu'une idée; ou, s'il est autre chose, c'est la classe des gouvernants exploitant les gouvernés.

Il y a une chose que l'Antiquité a quelquefois ménagé en fait, mais qu'elle n'a jamais pu comprendre en théorie, c'est la dignité de la personne humaine.

Que lui enseignait le spectacle du monde visible? qu'il y a un grand nombre d'êtres supérieurs les uns aux autres, que ces êtres sont en lutte continuelle, que l'activité du monde s'entretient par leurs réactions, que le plus fort triomphe du plus faible, le plus habile exploite le plus maladroit, et l'homme lui-même n'a d'autre titre apparent de domination sur le monde que d'être le plus adroit des êtres vivants.

Pourquoi ce système universellement appliqué s'arrêterait-il au seuil de l'humanité? Les hommes sont manifestement inégaux entre eux. Ils ne naissent ni dans les mêmes circonstances, ni avec les mêmes forces physiques, ni avec les mêmes aptitudes intellectuelles. Il est de mode aujourd'hui de dire que les hommes sont naturellement égaux. Je ne puis voir cela, si on parle de la nature apparente, telle qu'elle se présente à la simple observation. Pourquoi donc de même que l'humanité plie les êtres inférieurs à ses besoins, l'homme le plus intelligent ne plierait-il pas aussi à ses desseins les hommes moins bien doués que lui.

Dire que l'homme souffre et que nous n'avons pas le droit de lui imposer la souffrance ne suffit pas. Les animaux souffrent aussi.

La véritable raison, c'est que l'homme seul dans le monde physique est maître de lui-même, existe en quelque façon pour lui-même. Il est une personne, il a une volonté raisonnée, et cette volonté implique le droit d'exécuter ses décisions si elles ne se heurtent pas à d'autres volontés. Voilà en quoi les hommes sont tous égaux, la volonté de chacun a dans sa sphère une valeur propre et indépendante. Dire que le roi et le pauvre, l'homme sain et le malade, l'homme de génie et l'idiot sont égaux en nature, c'est une absurdité manifeste. Mais tous sont égaux, en ce que dans le cercle tracé par leurs facultés et leur situation, ils ont tous un droit égal de vouloir et d'appliquer leurs résolutions.

Cela nous paraît évident aujourd'hui : pourquoi l'Antiquité ne s'en est-elle jamais douté ?

Ah ! c'est que la personnalité humaine a bien peu de valeur, sans l'appui d'une personnalité plus haute. Celle-ci seule, parce qu'elle domine toutes les personnalités créées, maintient la balance entre elles ; elle est leur médiateur nécessaire. Le même Dieu, qui a créé notre volonté et lui a marqué son but, a créé celle des autres hommes. Chacun de nous doit donc respecter dans l'exercice régulier de la volonté de son prochain l'application d'une intention divine. L'état lui-même n'a pas le droit de se substituer à la volonté individuelle, mais seulement de la contenir dans ses justes limites.

Platon était aussi bien placé que possible dans l'Antiquité pour saisir ces vérités. Il soupçonnait Dieu, il avait une haute idée de la nature de l'âme et de ses destinées. Mais cela lui a été inutile, parce qu'il n'a jamais eu un sentiment précis et efficace de la personnalité divine et de son domaine universel.

C'est seulement quand les hommes ont su clairement qu'il y a un Dieu personnel, qu'il les a tous créés par sa volonté, qu'il les destine tous à un même bonheur surnaturel, qu'il les tient pour égaux devant ce but supérieur où les plus faibles peuvent devancer les plus puissants et les plus habiles, c'est alors seulement que l'on a bien compris que tous les hommes sont frères, que leurs inégalités n'ont qu'une valeur secondaire, que le gouvernement consiste non à les plier tous à un but particulier mais à empêcher les écarts et à coordonner leurs efforts vers le bien moral et matériel de tous. Et je me demande par quelle aberration les hommes qui prêchent le plus haut de nos jours la liberté et l'égalité sont souvent les mêmes qui veulent chasser Dieu de la terre et s'ils le pouvaient du ciel, comme si la conséquence d'un naturalisme pur ne devait pas être de remettre l'homme au régime de toute la nature brute, où la force prime le droit et où le plus puissant et le plus heureux écrase sans remords le plus faible.

CHAPITRE VIII

ÉCOLE D'ARISTOTE.

Aristote n'avait pas les mêmes aspirations morales que Platon. S'il étudiait, c'était pour le plaisir de connaître. Esprit avant tout scientifique, il cherchait à saisir le vrai, tandis que son maître et rival s'attachait surtout au beau et au bien. Moins poétique, moins sublime que Platon, personne ne l'a dépassé dans l'Antiquité comme observateur et comme organisateur du savoir.

Aristote n'a pas négligé cependant la morale et la politique. Sur ces matières, il a même des idées plus précises, plus liées, plus pratiques que n'en offrent les lois ou la République de Platon. Mais les tendances sont moins élevées, les vues moins grandioses. Quant aux erreurs, elles sont au fond les mêmes ; la dignité de l'homme n'y est pas mieux comprise. Au contraire, Aristote affirme peut-être plus brutalement le principe de l'inégalité. La hiérarchie sociale est à ses yeux une affaire de supériorité native et le plus intelligent est de droit le maître. On reconnaît à cette théorie le voisinage d'un Alexandre.

Il est extrêmement douteux qu'Aristote ait reconnu l'immortalité de l'âme. Son esprit judicieux l'a préservé des rêveries de la métempsychose. Mais très préoccupé de l'intime union de l'âme et du corps, il ne paraît pas avoir compris comment l'une pouvait échapper à la destruction de l'autre. Eh ! quoi, ce grand savant, cet homme qui ne vivait que pour penser et connaître, n'aurait pas compris que l'âme puisse vivre, comme faisait son Dieu, de sa seule pensée. Il est malheureusement difficile d'aller contre les textes. Tout le monde n'a pas la charité évangélique des scolastiques. Si la vie s'éteint, si la sensation disparaît, si l'intellect passif lui-même, c'est-à-dire dans le langage du maître le sujet des pensées déterminées, s'évanouit aussi, que peut-il rester pour l'immortalité personnelle [1] ?

Nous avons dans la doctrine sur l'âme d'Aristote comparée à celle de Platon un premier exemple de cette opposition qui partage en deux camps toutes les écoles de philosophie. Ou bien elles obéissent à une préoccupation exclusivement morale et alors elles ne comprennent que les raisons qui distinguent l'âme du corps ; ou bien, comme Aristote, elles ne s'occupent que du fait constaté et ne voient que l'intime connexion de ces deux choses. Cependant il est impossible qu'au fond les nécessités morales soient en contradiction avec les nécessités scientifiques. Mais une seule école est parvenue jusqu'ici à concilier les unes et les autres, poussée par son admiration pour Aristote et en même temps maintenue par l'autorité de l'Église. Elle seule a pu créer une théorie qui sauve la destinée de l'homme et qui reste d'accord avec tous les faits constatés de la science.

[1] Cependant Aristote a enseigné l'immortalité de l'âme et la providence dans des ouvrages que Cicéron a cité. Il était très ordinaire alors d'avoir une doctrine pour le public et une autre pour l'école.

Nous nous éloignerions de notre sujet en voulant expliquer ici cette théorie avec détails. Qu'il suffise d'indiquer que, suivant les scolastiques, l'âme humaine est la forme du corps, c'est-à-dire une seule substance avec lui, conformément à la doctrine d'Aristote. Ils conservent ainsi cette parfaite unité des êtres vivants que les sciences biologiques démontrent de plus en plus. Mais ils ajoutent que ce n'est pas du corps que l'âme tient sa subsistance, puisqu'elle le dépasse par son aptitude aux actes purement intellectuels. C'est plutôt le corps qui dans le composé subsiste par elle, l'âme s'identifiant, ou, si l'on veut, se substituant pendant la durée de l'organisation aux formes ou essences inférieures qui sont le fondement des propriétés corporelles. L'âme a donc une existence propre et une action propre et peut survivre à la destruction des organes.

Cette réserve, Aristote n'avait pas eu la pensée de la faire, parce que la nature de son esprit et ses croyances personnelles ne lui en imposaient pas la nécessité.

Le spiritualisme moderne est revenu au système de Platon. Ce système est assurément plus simple ; il faut moins d'efforts pour le concevoir. Mais il a établi une opposition radicale entre l'âme et le corps, et par suite une divergence profonde entre les sciences physiques et les sciences philosophiques.

Quant à la nature de Dieu et à ses rapports avec le monde, Aristote a été très réservé. Il ne s'en est occupé qu'en passant et comme conclusion de sa métaphysique. Mais c'est chose étonnante comment un esprit si précis et si net s'est contenté sur ces matières de solutions plus qu'insuffisantes.

D'abord son Dieu n'est pas un Dieu dans le sens que comprend l'humanité, soit que le mot Dieu dérive d'un terme sanscrit qui veut dire lumière, soit qu'il dérive du vieux mot grec θίω, comme l'être qui court à travers toutes choses. Son Dieu n'illumine personne et ne s'occupe de personne. Incapable d'autre chose que de la contemplation de lui-même, il est tout nécessité; il n'a ni volonté, ni liberté, ni providence. Aristote n'a jamais conçu que Dieu s'abaissât jusqu'à l'homme. Il lui semblait que cet être suprême s'en fût dégradé, comme lui, Aristote, se serait cru dégradé de s'occuper du bien-être de son esclave. Il n'a vu en Dieu qu'une chose, le point central de l'Univers, le pivot du mécanisme universel. C'était tout ce qu'il fallait à ce sage qui n'avait que des besoins d'esprit et semblait ignorer ceux du cœur.

Son Dieu n'a ni créé, ni ordonné le monde. Il

l'attire et tout marche vers lui. Il est difficile de comprendre comment tout est attiré sans un principe d'action proportionné qui réponde à l'attrait. Cependant Aristote ne parle nulle part de Dieu comme d'une cause efficiente. Lui qui avait si bien établi les divers ordres de conditions nécessaires pour constituer les êtres, a-t-il pu croire qu'il n'était pas besoin de cause efficiente première ? ou supposait-il sans le dire que la cause finale en attirant fournissait une vertu ? ou enfin pensait-il que cette matière, pure puissance qui existe à peine, pouvait acquérir de plus en plus de réalité dans un éternel devenir, passant incessamment du non être à l'être, sans qu'elle puisât nulle part ? Je crois plutôt que ce grand philosophe sentant la difficulté de ces questions n'a fait qu'y toucher et donner quelques indications générales.

Ainsi voilà les deux plus grands penseurs de l'Antiquité, deux représentants des plus nobles passions de l'âme, le meilleur ami du bien, le meilleur ami du vrai, qui n'ont pu résoudre d'une manière satisfaisante aucun des grands problèmes que poursuit l'humanité, ni celui de la nature de Dieu, ni celui de la destinée de l'homme. Cependant ils étaient tellement supérieurs à leur temps que personne ne put les suivre et qu'après eux on retomba dans les subtilités de la logique ou dans l'étroite conception d'un monde purement sensible.

Si l'un d'eux a laissé des ouvrages dont l'élévation nous frappe d'étonnement, si l'autre a posé les fondements encore inébranlables aujourd'hui de plusieurs sciences, si cependant tous deux ont échoué sur les problèmes moraux, religieux et cosmologiques, il faut bien croire qu'à ces problèmes est attachée une difficulté spéciale.

CHAPITRE IX

ÉCOLE STOÏCIENNE.

Quelques personnes ont prétendu que l'antiquité païenne s'était élevée graduellement comme par une préparation naturelle, jusqu'à ce qu'elle fût transformée par l'apparition du christianisme. Quoiqu'on puisse dire de ce point de vue à d'autres égards, il n'est certainement pas applicable en philosophie. Les trois siècles avant l'ère chrétienne ne nous offrent plus qu'une éclipse presque complète de l'aptitude aux hautes spéculations.

Les deux écoles dominantes sont celles de Zénon

et d'Épicure. Leur philosophie n'est au fond qu'un matérialisme plus ou moins grossier. La faculté de concevoir les réalités immatérielles semble avoir disparu ; on ne comprend plus que des corps. On parle, il est vrai, de Dieu et de l'âme ; mais ce Dieu et cette âme ne sont conçus que comme un feu subtil, une matière. Dans les premiers siècles de l'Église cette tendance durait encore, et l'on voit Tertulien, dans un ouvrage écrit sous une inspiration déjà hérétique, déclarer l'âme corporelle.

Toutefois il faut rendre justice à l'école stoïcienne ; elle fut le refuge des grandes âmes. Au milieu de l'abaissement des conceptions intellectuelles, la volonté conserva encore de belles et nobles aspirations. Plus la religion populaire perdait son empire, plus la science s'égarait dans les confusions de sa métaphysique et les ignorances de sa physique, plus certains hommes cherchaient à sauver ce qu'ils sentaient en eux d'amour du bien et de générosité native. Quand ils représentaient le sage seul tenant ferme au milieu des orages, des luttes et des dangers, comme le rocher au milieu des tempêtes, ils ne faisaient pas une simple image poétique ; ils exprimaient la vérité de leur situation morale.

Quel fut donc le ressort de ces âmes puissantes ?

Sur quoi s'appuyèrent-elles pour résister à la corruption universelle ?

Il faut bien le dire, elles s'appuyèrent sur l'orgueil, leur vertu fut avant tout une pose devant le public et devant soi-même. Je n'ai point le courage de les en blâmer. L'orgueil est assurément un vice, mais en dehors de l'idée du devoir on ne trouve point de mobile plus élevé.

Nous avons montré plus haut que l'idée du devoir repose sur une conception nette et précise de la personnalité divine. Une telle conception a fait défaut aux plus grands philosophes de l'antiquité, à plus forte raison aux stoïciens.

Le stoïcien cherchait avant tout à réaliser le bien honnête, c'est-à-dire à se conformer à une sorte d'idéal qu'il appelait la vertu. Mais pourquoi être vertueux ? Vous ne trouverez pas dans l'antiquité, ni peut-être hors du christianisme de meilleure réponse que celle-ci : parce qu'il est beau de l'être.

Magnifique réponse ! diront quelques penseurs. Je n'en suis pas aussi enthousiaste.

Que ferez-vous avec cette réponse de la vertu du grand nombre ? Est-ce que ceux qui sont courbés vers la terre par le travail ont le temps de penser au beau et au grand ? Est-ce que leur humble position leur permet ici-bas des aspirations aussi superbes ? Le stoïcisme n'est pas fait pour eux : il n'a pas de promesse pour le peuple, ni dans le présent, ni dans l'avenir. D'ailleurs l'âme seule du sage est immortelle, selon Chrysippe. La vertu est une aristocratie.

Si le stoïcisme exclut les trois quarts du genre humain, il exclut aussi les trois quarts des vertus. Il est l'inspirateur privilégié des grandes vertus publiques. Ayez une belle position sociale, posez pour l'intégrité, pour la fermeté du caractère, formez autour de vous une cohorte d'admirateurs. Cela prouve une âme élevée assurément. mais cela n'est peut-être pas trop difficile. Il y a des esprits généreux pour lesquels la louange est une récompense suffisante et qui mourront même un jour d'enthousiasme pour qu'on dise qu'ils ont bien agi. Mais que faites-vous des petites vertus, de ces vertus privées qui coûtent tant et qui n'ont pas de spectateurs, de ces vertus qui sont comme le parfum de la vie, mais qui n'embaument tout au plus que la famille? Celles-là sont inconnues au stoïcien. Rien ne l'empêche d'être dur pour ses esclaves, d'être un proconsul avare et rapace, de nourrir des vices secrets. Tout ce que l'opinion publique ne condamne pas trop, il peut se le permettre, surtout dans l'intérieur de la famille. Il n'en sera pas moins admiré ; il ne s'en admirera pas moins lui-même. De l'avis des maîtres de l'école toutes les actions sont indifférentes ; il suffit d'agir pour le bien.

Qu'est donc le bien pour le stoïcien, s'il ne consiste pas dans certaines actions essentiellement bonnes ? c'est en définitive une seule chose : braver la tempête, homme faible et passible, se mettre au-dessus de la douleur, s'égaler à Dieu, sinon en ayant comme lui une existence immuable, du moins en tenant son âme immuable au-dessus des accidents de ce monde. Pour cela, il faut se raidir, il faut faire un constant effort. Et que gagnerons-nous à cet effort ? Rien, sinon de pouvoir se dire: je suis beau, je suis grand.

Brutus n'avait-il pas raison de dire de la vertu stoïcienne : vertu, tu n'es qu'un nom !

Je sais qu'il est un stoïcisme plus doux. Celui-là on pourrait le définir simplement : vivre suivant l'ordre et suivant l'honneur par respect pour soi-même. Il y a quelque chose de plus aimable dans cette vertu dont on trouve souvent des exemples en dehors des convictions religieuses, et qui veut moins se grandir à ses propres yeux que ne point se dégrader.

Mais cette vertu ne se conçoit guère que dans un milieu où les traditions d'honneur et de dignité sont entretenues par une autre cause. On ne veut point s'avilir et on a raison. Mais pour connaître d'une manière précise ce qui avilit l'homme, il faudrait connaître exactement son rôle présent et à venir. Or la connaissance précise de la destinée de l'homme a jusqu'ici échappé à tous les stoïciens anciens et modernes.

Le respect de soi-même est d'ailleurs un mobile suffisant peut-être pour les caractères élevés, mais non pour les caractères faibles qui sont la masse. Et quel caractère n'est pas faible à certaines heures ?

Il y a des gens qui pensent que c'est abaisser l'homme que de le conduire par la crainte des peines et l'espoir des récompenses. Mon Dieu, non; ce n'est point l'abaisser, c'est le prendre au niveau peu élevé où il est réellement. Le christianisme, d'ailleurs, comme l'a remarqué M. Caro, tout en maintenant l'idée des peines et des récompenses, sait très bien nous offrir un mobile plus noble, mais ce n'est pas le mobile vague et abstrait des modernes stoïciens. Le vrai mobile chrétien, c'est l'idée du devoir, l'idée que nous appartenons à Dieu, que nous devons faire sa volonté et la faire avec amour. Nous suivons l'ordre, non pour l'attrait du beau et du grand, mais pour la déférence et l'affection que nous devons à l'auteur de cet ordre. Il en coûte à un enfant bien né de ne pas suivre la volonté de son père; il en coûte au chrétien parfait de ne pas se conformer à la volonté de Dieu. Il n'y a là nul intérêt personnel; il y a dévouement absolu à un être réel et supérieur.

Cela ne vaut-il pas mieux que le dévouement à une pure idée, sentiment qui peut être utile, mais qui de soi est une inconséquence. Comment comprendre en effet que le réel soit sacrifié à une loi idéale, le concret à l'abstrait? C'est ce que fait tout système qui propose pour but à l'homme le bien, le beau, l'ordre, etc., sans que ces idées soient réalisées en quelque chose de subsistant. Il veut que mes efforts, mon sang, ma vie, soient sacrifiés à la glorification d'une chimère. Je puis me laisser éblouir, car ces idées sont belles; elles sont après tout des miroirs qui reflètent la vraie lumière. Mais quand arrive l'heure de la catastrophe, que la réalité m'échappe et que je cherche en vain à saisir ce rayon qui m'attirait, je m'écrie à mon tour: vertu, tu n'es qu'un nom!

CHAPITRE X

ÉCOLE D'ÉPICURE.

Ne parlons pas de la morale de l'école épicurienne. Non que j'accuse Épicure lui-même des désordres que l'on a voulu justifier par son autorité. Mais sa morale est au moins la doctrine du laisser aller, de la vertu facile, l'art de ménager sa petite vie sans s'attirer trop d'embarras. Elle ne console point le malheureux ; tout au plus peut-elle aider l'heureux, qui l'entend bien, à ne pas descendre à des niveaux trop bas, parce que sa prudence l'avertit qu'il y compromettrait sa tranquillité à venir.

La philosophie d'Épicure offre un point de vue plus intéressant à noter. Il est le patron des matérialistes, de ces gens qui ont voulu donner une explication de l'origine du monde en ne supposant que la matière.

D'après l'enseignement d'Épicure, le monde n'est formé que d'atomes. Ces atomes sont toujours en mouvement et, dans leurs rencontres, ils s'attachent l'un à l'autre et finissent par constituer tout ce que nous voyons : la terre, les astres, les animaux, les âmes et les dieux mêmes. Car Épicure ne niait pas l'existence des dieux : « Ils existent, disait-il, puisqu'on les voit dans les rêves. » Une preuve aussi étrange et qui donne la mesure de la valeur intellectuelle de cette école, n'a pu sauver l'idée de la divinité chez les épicuriens, qui ont glissé presque tous dans l'athéisme.

La conception d'Épicure indique un esprit assez ouvert à l'observation physique. Il est remarquable que la science, après de longs travaux et de nombreuses expériences, en arrive à une manière de considérer les corps assez analogue à la sienne. Si la théorie atomiste, au sens d'Épicure, n'est peut-être pas le dernier fond de la physique rationnelle, qui semble incliner plutôt au dynamisme, il est incontestablement établi que les corps sont tous composés de molécules aggrégées, et il est assez probable que les molécules primitives sont toutes identiques.

A certain point de vue, je préfère la théorie d'Épicure aux théories matérialistes contemporaines. Elle est assurément très grossière, mais elle est claire, précise et dit exactement ce qu'elle veut dire. Celui qui parle de matière et de force semble au premier aspect dire quelque chose de plus et apporter une solution plus élevée; mais c'est une solution indéfinissable, par le fait même que ces grands mots sont mal définis et comportent beaucoup d'illusions. Quand on parle d'atomes et de mouvements, on indique des faits précis et qui se laissent examiner.

Oui, tout est atomes en mouvement dans le monde physique; le tort des matérialistes n'est pas d'avoir prévu ou admis cette conclusion des sciences d'observation. Leur malheur dans tous les temps est de n'avoir pas compris qu'il y a d'autres réalités que les réalités matérielles et que les réalités matérielles ne se peuvent expliquer par elles-mêmes.

L'homme est enfoui dans la matière; dans tout ce qu'il fait, dans tout ce qu'il pense, il part de la matière. Les nécessités même de la vie font que la matière est sa préoccupation la plus habituelle. Il peut assurément s'élever au-dessus, mais cela exige un travail, un effort. Pourquoi fera-t-il cet effort ? Ce sera par un sentiment d'élévation morale comme Platon; l'enthousiasme lui donnera des ailes. Ou bien, comme Aristote, une intelligence très élevée, une justesse exquise de la pensée, une profondeur de vues spontanée ou développée par l'éducation, lui fera sentir ce qu'il y a de vrai, de réel dans ce qui ne tombe pas sous les sens. Ou enfin une tradition reçue lui imposera la croyance à un monde supérieur.

Mais qu'il se trouve, et il s'en trouve souvent, des hommes intelligents, élevés en dehors des traditions admises ou les ayant secouées, peu touchés des aspirations morales qui tourmentent certaines âmes, n'ayant pas reçu d'ailleurs une très forte éducation intellectuelle, ces hommes ne se donneront probablement pas la peine de sortir du matérialisme où nous naissons tous.

Tel fut Épicure.

Et s'il arrive, comme de nos jours, que les sciences physiques acquièrent un magnifique développement, qu'elles centuplent le bien être de l'homme, qu'elles le séduisent par la beauté du spectacle qu'elles lui révèlent, qu'elles le captivent par la possession de vérités inférieures, mais enfin de vérités nettes, précises, lumineuses : alors le danger de matérialisme devient très grand. Il devient infiniment probable que beaucoup se laisseront retenir par cette science, qui n'est cependant que la science du dehors, dirais-je la baga telle de la porte Pour avancer plus loin, il faut ou un génie très puissant, ou une très forte discipline intellectuelle et morale.

On peut définir le matérialiste un homme qui ne

va pas au fond des choses. S'il allait au fond des choses, il comprendrait qu'aucun artifice de langage ne peut masquer la différence profonde qu'il y a entre le mouvement physique que nos yeux voient et les actions dont notre conscience est le témoin. Il comprendrait également que la matière et la force, l'atome et le mouvement peuvent expliquer les complications du monde physique, mais ne peuvent expliquer leur propre existence. Malheureusement quand on pose ces difficultés aux matérialistes, ils ne comprennent pas; si claires que soient ces idées pour ceux qui ont acquis l'habitude de les manier, elles font l'effet de ténèbres à un esprit qui n'est pas formé à les considérer en face. Un membre qu'on n'exerce jamais finit par s'atrophier, de même l'œil de l'intelligence pure, s'il n'est jamais exercé, finit par devenir incapable de supporter la lumière. Suivant la belle comparaison de Platon, le matérialiste est dans une caverne où il est habitué à ne voir que des ombres, tout au plus un demi-jour; le plein soleil l'éblouit.

Une science matérialiste ne devrait être qu'une science de début. Qu'au premier regard jeté sur le monde l'homme ne voie que la matière, c'est chose naturelle. J'excuse alors le sage qui vient nous dire que tout sort de l'eau ou que tout vient du feu.

Mais qu'après Aristote et Platon on soit retombé dans ces enfantillages, je n'y puis voir qu'une preuve de l'immense difficulté qu'éprouvait le génie païen à se maintenir sur les hauteurs intellectuelles.

Pour le païen, en effet, les conclusions suprasensibles, si bien prouvées qu'elles fussent, avaient nécessairement quelque chose d'insaisissable. Son esprit purement terrestre s'y trouvait mal à l'aise; il était convaincu sans être persuadé. Il lui semblait marcher sur un nuage. Le christianisme seul a pu donner à l'homme plus de hardiesse, parce qu'il est une confirmation positive, historique et palpable des plus hautes déductions de la raison. Aussi, bientôt après son apparition, voyons-nous la philosophie, même hétérodoxe, se lancer de nouveau et un peu étourdiment peut-être vers les régions de l'abstrait et de l'idéal.

CHAPITRE XI

ÉCOLE D'ALEXANDRIE.

Le christianisme a-t-il vraiment influé sur l'école d'Alexandrie? Cette question a souvent été posée et dans ces derniers temps, je dois le dire, elle a été tranchée plutôt d'une manière négative.

Il est cependant remarquable que le premier fondateur de cette école paraisse avoir été chrétien. Il y avait à Alexandrie, en même temps que les néoplatoniciens, une école chrétienne importante, continuant sans doute l'école juive de Philon. Il est bien improbable que les deux écoles s'ignorassent l'une l'autre. On parle de l'influence des doctrines orientales, mais qu'entend-on par là qui se puisse historiquement justifier? Veut-on parler des doctrines juives ou gnostiques? Au point de vue philosophique, ces doctrines émanent de la même source que le christianisme.

Il y a dans la philosophie alexandrine trois choses remarquables et qu'on n'avait guère vu jusque là, au moins en Occident : la tendance à se changer en une sorte de religion, tendance que l'Antiquité grecque avait rencontrée tout au plus chez les premiers pythagoriciens ; l'importance donnée à l'idée divine au-dessus de toutes les notions particulières ; enfin le rejet du concept d'une matière existant par elle-même. Il est curieux que cette nouvelle attitude de la philosophie ait coïncidé exactement avec le développement du christianisme.

Nous ne voulons pas plus pour l'école d'Alexandrie que pour les autres faire une critique complète; chaque école exigerait un volume. Nous voulons seulement, et cela suffit pour notre but, relever dans chacune le point faible et montrer pourquoi il est faible.

L'erreur fondamentale des Alexandrins est d'avoir cherché l'origine du monde réel dans l'abstraction. Tandis que les écoles de l'âge précédent ne s'élevaient guère au-dessus d'un naturalisme physique, ils se sont enivrés de métaphysique.

Plotin, le véritable fondateur de l'école, avait compris que tout doit dériver d'un premier principe et remonter vers lui. Mais quel est ce principe?

Suivant Plotin, ce ne peut être l'intelligence, car le premier principe est parfaitement simple et l'intelligence est nécessairement multiple. Cette observation est vraie dans une certaine mesure et la théologie chrétienne en tient compte, puisqu'elle admet une distinction entre le Verbe ou la parole divine et le Père qui l'émet. Plotin ne pouvait atteindre à ce mystère où l'unité parfaite de la substance se trouve fécondée par la diversité réelle des relations. Mais un métaphysicien moins idéaliste que lui aurait compris qu'il y a une grande différence entre l'unité réelle et l'unité abstraite, que les conditions de l'une ne sont pas celles de l'autre et que si l'unité mathématique est nécessairement pure, l'unité réelle et pratique n'exclut pas une certaine variété. La nature au contraire semble mesurer la perfection des êtres au degré d'unité et ensemble de complexité dont ils sont capables. Rien n'est plus parfait dans le domaine de notre expérience que l'âme humaine parce que rien n'est à la fois plus simple et plus fécond.

Que l'intelligence donc ou l'action ne se conçoive pas sans une certaine multiplicité, il ne s'ensuit pas que cette multiplicité soit absolument incompatible avec l'unité parfaite de la substance. Autrement le premier principe serait inutile, puisqu'il ne peut causer sans agir. Cette multiplicité n'est directement contraire qu'à l'unité abstraite que nous nous faisons dans l'esprit. Aristote l'avait bien compris et n'avait pas hésité à définir le premier être *la pensée de la pensée.*

Plotin au contraire définit le premier principe l'un ou le bien : ce principe est au-dessus de l'intelligence, au-dessus même de l'être. Qu'est-il donc qu'une notion vague et indéterminée ? Ce qui est déterminé est un ; mais l'unité d'elle-même ne détermine rien, elle s'applique à tout. Quand on demande quel est un être, ce n'est pas répondre que de dire qu'il est l'un.

L'unité, premier principe, est évidemment incapable d'action. Aussi n'est-ce point par son action ou par sa causalité qu'elle produit le monde : c'est par émanation, par rayonnement, selon l'expression de M. Vacherot, termes vagues, images plutôt qu'idées qui n'indiquent rien de précis. De l'unité émane d'abord l'intelligence; celle-ci engendre l'âme et la matière sensible. Ainsi l'un en se multipliant ou en se divisant s'abaisse jusqu'aux corps, le bien s'obscurcissant descend jusqu'au mal ; car, selon Plotin, le mal c'est la matière.

Le moyen d'être bon et heureux est donc d'échapper autant que possible au corps. Il faut que l'âme remonte par la science jusqu'à l'intelligence. Ensuite par la contemplation elle s'élève plus haut encore ; elle atteint à l'extase où l'Un lui apparaît.

Telle est dans son ensemble la doctrine de Plotin, doctrine d'abstractions réalisées. On y objective l'un, non pas tel ou tel être un, l'intelligence, non pas telle ou telle intelligence, l'âme, non pas telle ou telle âme. Ce n'est point la réalité étudiée, c'est une construction intellectuelle. Plotin est un de ces faiseurs de systèmes, comme il y en a eu tant de nos jours en Allemagne, qui avec quelques idées générales, en dehors de toute considération expérimentale ou pratique, veulent trouver d'emblée le mot de l'univers.

Puis comment comprendre ces émanations successives ? Comment comprendre que l'un, principe qui par définition ne peut être l'intelligence, produise l'intelligence ? Peut-on donner ce qu'on n'a pas ? Ou bien si l'intelligence est l'acte de l'un n'est-il pas par là même intelligent ? M. Vacherot très bienveillant pour les alexandrins, croit que l'un de Plotin est une essence constituée par un acte, et que de cette essence émane un autre acte qui est l'intelligence. Mais, outre qu'il est très peu conforme à l'esprit du néoplatonisme de mettre un acte dans l'un absolu, il est tout-à-fait inadmissible qu'un acte émane de l'essence, sans avoir l'essence pour sujet. *Actiones sunt suppositorum*, disent les scolastiques, ce sont les sujets qui font l'action. Quel est le *suppositum*, le sujet de l'acte d'intelligence, si ce n'est l'essence. L'essence est donc intelligente, si elle fait acte d'intelligence ; ou bien sans être intelligente, elle produit un autre être à qui elle donne l'intelligence. Dans un cas nous abandonnons la doctrine de l'un pur, dans l'autre nous nous heurtons à une contradiction.

Combien plus simple et plus claire est la doctrine

de la création: Dieu, être réel, comprenant éminemment toutes les perfections dans une perfection suprême, et produisant d'autres êtres réels auxquels il donne quelque degré de ces mêmes perfections. Il est vrai qu'il y a dans cette notion une antinomie. Les êtres produits ne sont pas des parties de Dieu, bien qu'ils tirent tout de lui. C'est la distinction nécessaire des idées de cause et de substance, de l'*esse ab* et de l'*esse in* que nous avons déjà signalée ailleurs. Mais cette antinomie n'est pas une contradiction; elle résulte simplement de l'impossibilité où nous sommes de nous représenter un mode d'action dont nous ne connaissons aucun type.

L'école d'Alexandrie est en définitive plus loin de la vérité que l'école de Platon et celle d'Aristote.

Ceux-ci du moins connaissaient un Dieu réel, s'ils ne connaissaient pas toute sa perfection; ils aimaient les conceptions nettes et précises, honneur du génie grec. Les Néoplatoniciens semblent se plaire aux doctrines nuageuses et insaisissables. Voisins des écoles chrétiennes, ils n'en prennent qu'un vague idéalisme et des tendances mystiques qui les poussèrent bientôt vers les pratiques théurgiques les plus singulières.

En compensation ils ont appris, peut-être par les écoles chrétiennes et juives, qu'une matière subsistant par elle-même est chose impossible, et ils ont déployé une puissance d'analyse métaphysique qui depuis Aristote semblait étrangère à la philosophie de l'Occident.

Nous venons d'envisager les plus hautes conceptions philosophiques auxquelles ait pu atteindre l'Antiquité. Elle s'était posée la question de savoir d'où vient le monde et où va l'homme : c'est cela même qu'elle a appelé philosophie ; c'est là qu'elle a cherché un phare pour éclairer la marche du genre humain : noble ambition servie par un magnifique développement du génie grec. Jamais cependant elle n'a pu produire une conclusion inattaquable et généralement acceptée. Elle a saisi de beaux aperçus ; elle a créé chemin faisant plusieurs sciences. Quant au problème lui-même elle n'en a point donné de solution qui ne soulève des difficultés, ne laisse de côté des faits très-importants et n'entraîne des contradictions.

Voyons si la philosophie moderne, qui s'appelle volontiers métaphysique depuis que l'on a abandonné la vraie métaphysique, avec l'expérience de ses prédécesseurs, avec des connaissances physiques et morales bien plus étendues, aura été plus heureuse.

CHAPITRE XII

ÉCOLE DE DESCARTES.

Nous avons déjà fait connaître notre opinion sur le caractère de la révolution philosophique menée à fin par Descartes; nous n'avons point à revenir ici sur ce sujet. Nous voulons seulement résumer en quelques mots les points les plus importants du système cartésien.

Descartes a eu une intention analogue à celle des anciens. Pour lui comme pour eux, la philosophie est une règle de conduite. Il indique nettement ce but dans son discours sur la méthode, tout en marquant les affirmations qu'il conserve à titre provisoire, comme règle de vie, jusqu'à ce qu'il soit en possession de la vérité philosophique.

Descartes savait bien que le christianisme donne la vérité morale, et l'on comprendrait qu'il eût voulu la justifier et la développer par la raison. Mais pourquoi vouloir la retrouver comme si elle n'existait pas? Pourquoi vouloir chercher un chemin par un terrain vague, quand il connaissait le chemin battu? Cette fantaisie, difficile à justifier, est devenue celle de toute la philosophie moderne et a beaucoup contribué aux égarements où elle est tombée.

Il semble à première vue qu'il était facile, connaissant le terme, de se faire un chemin. Cependant Descartes a échoué. Il n'a pu établir cette science des choses suprasensibles définitive et acceptée par tous que rêve la philosophie. Son système a eu son temps comme les autres, et ce n'est point par là que son influence s'est conservée dans les écoles modernes.

Je crois même que la connaissance qu'il avait du but a contribué à son échec; il a voulu y marcher tout droit et ne s'est pas donné le temps de reconnaître le chemin.

On prétend que Gassendi répondait aux arguments de Descartes par cette exclamation : O esprit! Descartes, en effet, c'est le spiritualisme à tout prix, allant à son but sans s'inquiéter du reste. Comme Platon avec lequel il a une certaine ressemblance de situation, il exagère volontiers les preuves. Son but est avant tout moral, et s'il croit l'atteindre, il ne paraît pas se soucier de trancher les difficultés au lieu de les résoudre. C'est ainsi qu'il arrive à former un système où toutes les idées sont claires, au moins d'une clarté superficielle, mais ne se rapportent le plus souvent qu'à un côté de la question.

En outre, Descartes n'avait aucune habitude de l'analyse métaphysique. Cela paraît dans tous ses ouvrages. Il prévoit rarement les difficultés ; il ne se doute pas du sens divers des termes. Quand une objection le presse, il change d'acception sans s'en apercevoir et avec une bonne foi naïve qui accuse son ignorance.

Descartes était un mathématicien de génie. Malgré l'analogie des méthodes, les mathématiques ne rendent pas très-propre à la métaphysique. Les deux sciences sont déductives parcequ'elles tirent des conséquences de principes fondamentaux: mais tandis que dans les mathématiques la déduction est tout parce qu'elles reposent sur des principes très simples et très connus qui n'ont pas besoin d'être étudiés, dans la métaphysique au contraire les principes sont assez nombreux et assez cachés ; la principale difficulté est de les bien préciser. Aussi, mettre la métaphysique en théorèmes sera toujours une déception, la régularité du raisonnement ayant peu d'importance si les prémisses sont mal éclaircies. Les mathématiques demandent plus de logique, la métaphysique plus de pénétration.

Ainsi Descartes spiritualiste, voulant établir le

spiritualisme, entreprenait une tâche pour laquelle il était mal préparé. Qu'est-il arrivé? Il a établi le spiritualisme par des arguments assez médiocres, et lui, savant, il a donné des conclusions souvent peu concordantes avec la vérité scientifique.

Sa preuve préférée de l'existence de Dieu est l'existence en nous d'une idée très mystérieuse, l'idée de l'infini. Il peut sembler ingénieux au premier abord de montrer que l'existence de l'être infini est certaine dès lors que nous le pensons. Mais il eût fallu montrer préalablement l'impossibilité d'avoir l'idée de l'infini autrement que d'une manière directe. Il ne suffit pas de nommer une chose pour être assuré d'en posséder la notion immédiate. Descartes eût pu savoir, s'il eût daigné savoir quelque chose du passé, que cette question avait été fort agitée par les scolastiques et que la controverse n'avait pas tourné précisément en faveur de l'idée innée de l'infini. Fallait-il donc présenter cette preuve comme un argument irréfragable et le plus propre à arracher un aveu aux sceptiques, quand beaucoup de spiritualistes avaient refusé de l'admettre.

La théorie de l'âme de Descartes n'est pas plus profonde que sa théorie de l'existence de Dieu, et elle est, à vrai dire, le grand vice du cartésianisme.

Descartes attachait, et avec raison, une grande importance à établir la distinction de l'âme et du corps. Il crut trouver une preuve incontestable dans la différence qui existe entre la pensée et l'étendue. Ces deux choses ont des caractères complètement opposés : la pensée procède par actes indivisibles, l'étendue, au contraire, est divisible de tous les côtés. La même substance ne peut donc, d'après Descartes, avoir à la fois les deux attributs, car elle ne peut avoir deux manières d'être opposées. En effet, l'attribut, selon le philosophe de La Haye, n'est autre chose que la manière d'être, l'essence de la substance.

Ce raisonnement qui peut sembler à première vue décisif couvre de grandes difficultés.

La principale, suivant la remarque du P. Liberatore, est que Descartes a confondu la simplicité et l'immatérialité[1], deux choses tout à fait distinctes. Toute force simple n'est pas par là même immatérielle. Si l'on y veut bien réfléchir, les corps sont pleins de principes simples, nécessairement conçus comme indivisibles en tant qu'ils sont sources de force. Peut-être même, et c'est une théorie assez appuyée aujourd'hui, les atomes de la matière ne sont-ils eux-mêmes que des centres indivisibles de

---

[1] *Mét. spec. Psych.* ch. 1, art. 4.

force. En faisant de la simplicité un titre à l'immatérialité, Descartes se mettait dans la nécessité, qu'il a pleinement subie, de refuser aux corps toute force propre, de faire du monde entier un vaste mécanisme vivant d'une impulsion étrangère. Et encore pourrait-on se demander comment un être absolument inerte est capable de conserver une impulsion. Descartes a dû faire également du végétal un mécanisme, de l'animal même un automate; conséquences aussi peu d'accord avec le bon sens qu'avec les sciences naturelles.

Les scolastiques savaient très bien que les conditions de la pensée et de l'étendue s'opposent; mais ils ne croyaient pas nécessaire pour cela de les attribuer à des substances isolées. Ils reconnaissaient dans l'homme deux éléments : l'un plus particulièrement racine de l'étendue, l'autre plus particulièrement racine de l'intelligence et de l'action.

Mais pour eux, ni l'étendue, ni la pensée n'est l'essence même qui leur sert de racine et qui reste substantiellement une au-dessous de ces propriétés. Ils conservaient ainsi le moyen d'accorder aux êtres corporels une activité propre distincte de leur étendue, une vie progressive s'élevant de la force physique jusqu'à la pleine sensation.

Pour les scolastiques d'ailleurs l'immatérialité de l'âme ne résultait pas de ce qu'elle est simple mais de ce qu'elle dépasse les conditions de la matière. Les êtres matériels ne sont pas seulement actifs, ils sont passifs dans leur substance et dans toutes leurs manifestations. L'intelligence a des opérations purement actives, elle n'a besoin pour s'exercer d'aucune influence physique extérieure ; ce n'est qu'indirectement que les sensations la servent en lui fournissant des objets de connaissance. Voilà pourquoi elle est immatérielle et l'âme, son sujet, est immatérielle comme elle.

Qui dit immatériel, dit immortel, en ce sens du moins qu'il n'a pas en soi de raison de destruction. Mais le fondement d'immatérialité admis par les scolastiques explique bien pourquoi l'âme humaine seule étant immatérielle est immortelle. L'âme animale, même dans ses plus hautes manifestations, reste passive, car elle n'agit jamais sans l'impulsion d'un mouvement organique et sans un but matériel. Elle n'aurait donc en dehors du corps ni moyen d'action, ni raison d'être.

En voulant mettre entre l'être matériel et l'être spirituel une distance qui lui paraissait plus facile à préciser et plus infranchissable, Descartes a rompu l'union des sciences physiques et de la philosophie. Les savants occupés des êtres matériels n'avaient plus à se soucier des philosophes vivant dans le monde complètement séparé de l'esprit. La théorie de l'âme et celle des corps n'avaient plus de lumières à se fournir l'une à l'autre. Cette séparation a pu plaire pendant un certain temps. Les savants n'avaient encore que des observations à faire. Les philosophes étaient débarrassés de ce qu'il y a de plus difficile en métaphysique, l'ontologie de la matière. Mais on commence à s'apercevoir aujourd'hui des inconvénients de cet isolement. Les faits accumulés ont fait surgir des questions de de plus en plus difficiles. Les philosophes ne s'en occupant pas ou ne donnant que des réponses illusoires, les savants essaient de répondre par eux-mêmes. Ils s'en tirent fort mal, mais à qui la faute?

Tout ceci prouve que même avec de bonnes intentions, même en se laissant guider par les lumières du Christianisme, il n'est pas tout simple de faire une bonne philosophie. Il faut encore de la patience, de la réflexion et le culte de la tradition dans une étude qui offre trop de difficultés pour être approfondie dans le cours d'une vie humaine. Assurément, il y a quelques arguments fondamentaux qui apparaissent d'abord à tout esprit droit; de plus le spiritualisme se fonde d'une manière inébranlable sur les nécessités morales de l'homme : mais ces arguments sont très généraux et le sentiment des nécessités morales est quelque chose de trop individuel pour servir de base fixe à la controverse. De bien autres études sont nécessaires pour former une philosophie spiritualiste vraiment complète, organisée et en état de répondre à tous les sophismes.

CHAPITRE XIII

SPINOSA.

Descartes a été le point de départ d'un très grand mouvement philosophique. Malheureusement de toutes les écoles créées sous son influence, celle qui est proprement cartésienne, qui a conservé les doctrines du maître, est loin d'avoir été la plus répandue. Après un premier éclat auquel ont beaucoup contribué Bossuet, Fénelon et Malebranche, la plupart des penseurs se sont détournés de ce spiritualisme mal établi, qui pouvait être utile tant que l'on y cherchait seulement quelques grands arguments à l'appui des convictions religieuses, mais qui s'ébranlait aussitôt qu'on voulait le ramener à une rigueur scientifique.

Chaque nation prit alors dans le cartésianisme ce qui convenait le mieux à son génie particulier. Les Anglais, gens pratiques, renoncèrent aux grandes conceptions et s'adonnèrent surtout à la psychologie expérimentale. C'est là que l'influence cartésienne donna ses meilleurs fruits. Ailleurs on essaya d'autres systèmes en les fondant sur certains points de vue spéciaux suggérés par Descartes. Ce sont les systèmes qu'il nous faut considérer, puisque nous cherchons à savoir s'il est possible d'arriver scientifiquement à une explication générale des choses visibles et invisibles.

Les principaux de ces systèmes, ceux qui ont eu le plus grand retentissement sont panthéistes. On en accuse le génie des Allemands auteurs de la plupart. Je pense plutôt que depuis l'apparition du christianisme qui, en enseignant le dogme de la création, a rendu évidente l'impossibilité d'une matière et d'un Dieu coéternels, il n'y a plus à choisir, hors de lui, qu'entre le matérialisme qui est la suppression de la métaphysique et le panthéisme qui en est l'exagération.

Le panthéisme s'est introduit dans la philosophie moderne par deux voies différentes : d'abord par l'application des fausses notions métaphysiques de Descartes, et ensuite parce qu'on a appelé assez bien psychologisme, cette tendance créée par la philosophie cartésienne à considérer dans la connaissance l'idée plutôt que la chose connue.

C'est Spinosa qui a déduit le panthéisme de la métaphysique de Descartes. Leibniz appelait ce philosophe un cartésien immodéré.

On sait comment Spinosa, s'emparant de la fausse définition cartésienne de la substance et l'exagérant même, a confondu la substance avec la cause, et a tiré de cette définition par une série de théorèmes en forme géométrique tout un système panthéiste. Nous avons déjà signalé l'inconvénient de ce mode de procéder. Spinosa donne pour base à ses théorèmes un petit nombre de définitions. Mais outre que ces définitions ne sont pas exactes et n'expriment pas complètement la véritable nature de chaque chose définie, elles ne suffisent pas pour tenir compte des aspects si nombreux que comporte la réalité.

Malgré ce défaut fondamental, le panthéisme de Spinosa me semble encore le plus régulier et le plus soutenable de tous les panthéismes. Il n'explique pas la dérivation du fini comme les gnostiques par une sorte de génération, ou comme les

Alexandrins par émanation, termes très vagues malgré leur apparence scientifique. Il a recours à un fait connu, presque expérimental, le rapport de la substance aux phénomènes.

Deux substances, d'après son opinion, sont chose impossible, soit qu'on leur donne le même attribut, soit qu'on donne à chacune un attribut différent. Il n'y a donc qu'une seule substance parfaite et infinie, avec deux attributs, la pensée et l'étendue. Ici, comme on le voit, Spinosa se sépare complètement de Descartes.

Dans cette substance infinie douée des deux attributs fondamentaux se manifestent les modes qui sont les choses. Nous le disions tout à l'heure, le rapport de la substance à ses modes est un rapport connu, défini. Mais peut-il s'appliquer ici? Si je comprends l'explication spinosiste dans le sens vulgaire, il en résulte que les choses n'ont d'autre existence que celle de la substance. En effet, dans l'usage ordinaire aussi bien que dans le langage métaphysique, le mot mode est synonyme de propriété ou de détermination. Ce n'est pas l'essence dernière et intime de la chose, c'est un détail particulier qui complète cette essence, qui en est distinct plus ou moins formellement, comme diraient les scolastiques, mais jamais physiquement. Est-il admissible que les choses contingentes qui sont distinctes physiquement entre elles, ne le soient pas également de la substance première? cela semble contradictoire.

Spinosa dit, il est vrai, que les choses sont des modes de Dieu comme les idées sont des modes de l'intelligence; mais ici, de même qu'il a confondu la substance avec la cause, de même il confond le mode ou la détermination avec l'effet. J'admets que les idées sont des modes de l'intelligence, mais elles en sont en même temps des actes. Si donc Dieu cause les choses, comme l'intelligence les idées, il produit des actes; nous voilà presque à la création. Il ne s'agit que de savoir si ces actes de Dieu peuvent être immanents, c'est-à-dire être des modes ou des déterminations de sa substance.

Je dis que l'immanence est impossible en ce cas et contradictoire. L'acte immanent étant une modification de sa propre cause, cette modification n'a pas d'existence propre, or les choses contingentes ont certainement une existence propre. Quand mon âme produit des pensées, ces pensées n'existent qu'en elle, il est impossible de connaître ces pensées sans connaître du même coup l'existence du sujet qui pense. Mais nous pouvons parfaitement envisager les choses sans considérer en même temps l'existence du premier être.

En outre par l'infini, ou vous entendez l'indéfini, l'indéterminé, et alors il faudra se demander comment l'indéterminé peut se déterminer lui-même, ou bien vous entendez le véritable infini, perfection positive qui n'est que la totalité de la perfection absolue. Dans ce cas, comment des actes finis et variés pourraient-ils limiter, accroître ou perfectionner la substance divine? Du moment qu'elle est, elle a par essence tout ce qu'elle peut avoir. Ce n'est pas qu'elle ne forme vraiment un acte immanent, mais cet acte, c'est sa perfection même infinie. Si Dieu pouvait émettre des actes variés, modifiant sa propre essence, ces actes diminueraient ou perfectionneraient cette essence; ils ajouteraient ou retrancheraient à ses perfections. Sa substance ne serait donc plus essentiellement infinie, et si elle n'était plus infinie, Dieu ne serait plus la cause première.

L'infini est de soi et par son essence même absolument immuable et éternel; il ne souffre ni changement, ni modification. Tout ce qui est changement ne peut donc exister qu'en dehors de l'infini, et il est impossible que Dieu soit aux choses contingentes une cause immanente, parce qu'il varierait lui-même en les variant. Que les choses soient des pensées de Dieu, je le veux bien ; plus d'un Père de l'Église a employé cette expression. Mais ce sont des pensées extérieures, solidifiées pour ainsi dire, plus analogues à la parole que nous prononçons qu'aux conceptions que nous portons dans notre âme.

Mais, dira-t-on, la doctrine de la création n'offre-t-elle pas le même inconvénient ? L'effet est extérieur, il est vrai ; mais la volonté libre qui le détermine est certainement un acte intérieur. Dieu a donc en lui quelque chose qui est contingent, qui pourrait ne pas être, qui par conséquent est surajouté et qui pourtant fait partie de lui-même.

Nous ne nions pas qu'il n'y ait ici difficulté, antinomie, comme dans tout ce qui touche au premier être ; mais antinomie n'est pas contradiction, et c'est dans la doctrine de la création seulement qu'il n'y a pas contradiction.

Il y a contradiction à supposer deux êtres existant par eux-mêmes, que tous les deux soient infinis ou qu'un seul le soit.

Il y a contradiction à l'infini indéterminé et cependant subsistant.

Il y a contradiction à l'infini parfait et positif se développant lui-même.

Il n'y a pas contradiction à l'infini voulant librement les choses. C'est donc la seule voie ouverte à la raison et si abrupte qu'elle paraisse, il faut la prendre.

Ce qui est contingent dans l'infini, remarquez-le bien, ce n'est pas l'acte de la volonté, mais seulement son application. Dieu ne peut pas ne pas vouloir par un seul acte, qui est l'acte même constituant sa vie. Mais cet acte, en tant que volonté, s'applique à l'être connu par son intelligence, et dans cet être envisagé comme intelligible, il y a une chose nécessaire et des choses simplement possibles.

Ce qui est nécessaire, c'est Dieu lui-même, c'est le soleil du monde moral avec sa chaleur et sa lumière qui anime tout et qui éclaire tout ; ce qui n'est pas nécessaire mais seulement possible, ce sont les êtres contingents qu'il peut produire, l'irradiation de ce soleil, sa couronne qui peut s'étendre plus ou moins loin. Du moment que Dieu peut concevoir des possibles, et à cela il n'y a pas de contradiction, sa volonté peut s'appliquer à ces possibles, c'est-à-dire à des choses qui ne sont pas nécessaires et qui donnent lieu au choix. La volonté divine n'est donc pas libre proprement parce qu'il y aurait des actes de volition qu'elle pourrait ne pas faire, mais parce que son acte unique et nécessaire s'applique à des objets dont plusieurs ne sont pas nécessaires, et parmi lesquels elle a choisi par une décision libre, mais primitive, immuable et éternelle.

Spinosa connaissait cette solution traditionnelle, il a mieux aimé tenter autre chose. Il y a un avantage passager à faire du nouveau. Comme les conséquences ne s'en révèlent pas immédiatement, surtout quand ce nouveau est l'œuvre d'un esprit ingénieux et pénétrant, on peut se faire quelque temps l'illusion que l'on a écarté les difficultés. Mais la logique impitoyable qui préside au développement de l'esprit humain ne tarde pas à ruiner tous les artifices et à mettre à nu les défauts du système.

Ainsi le panthéisme de Spinosa, le plus rigoureux que l'on ait proposé jusqu'ici, ne saurait échapper au reproche de contradiction intrinsèque qui s'attache à tout système de cet ordre. Spinosa d'ailleurs n'a pas à proprement parler fait école. L'Éthique est resté comme un monument grandiose mais isolé. Il vivait dans un siècle où l'esprit public avait encore le sentiment trop chrétien, et où les intelligences connaissaient trop encore la valeur de la logique pour se laisser séduire par ces conceptions hasardées. Le panthéisme ne pouvait réussir qu'après une préparation qui ruinât peu à peu dans les esprits la forte éducation qu'ils tenaient des âges précédents. Cette préparation fut l'œuvre de ce que nous avons appelé psychologisme.

CHAPITRE XIV

ÉCOLES ALLEMANDES.

Descartes, en tant qu'il avait tenté de formuler une philosophie avait fait une philosophie objective. Il s'était occupé non d'idées, mais de choses, non de conceptions, mais de réalités.

Toutefois, il avait posé des principes dont devait sortir avec le temps la préoccupation exclusive de l'idée, qui est un des caractères et des dangers de la philosophie moderne.

Ainsi, il avait avancé que l'âme seule, en tant que pure pensée, nous est connue avec une certitude immédiate. Quand cette opinion fut devenue vulgaire, on se dit qu'avant de pénétrer dans la science, il fallait bien connaître son âme, qu'avant de se hasarder dans l'inconnu, il fallait posséder pleinement ce qui nous était connu. De là une grande préoccupation de la psychologie, qui n'a pas été un mal quand cette science a été maniée par des esprits observateurs. Mais les esprits transcendants, il y en a toujours et il en faut, se sont dit : « L'âme pour nous, ce sont les idées, nous ne la connaissons que par ses idées, et nous ne connaissons ses idées qu'en tant qu'idées. Ce sont donc les idées de l'âme qu'il faut connaître avant de s'occuper de l'extérieur. Quand nous les connaîtrons bien, alors nous pourrons savoir au juste si elles ont une valeur objective. » On sait qu'il a été impossible jusqu'ici de retrouver cette valeur objective supprimée au début par hypothèse.

Telle fut la conséquence, non pas logique peut-être, mais naturelle, d'une limitation de la certitude au sujet pensant en tant que pensant. La pensée séparée des sens est trop abstraite, elle n'est plus intuition, mais seulement réflexion. Ce n'est que dans la pensée appliquée aux sens que l'on trouve cette connaissance concrète et présente qui est le vrai point de départ de l'opération intellectuelle [1].

Descartes lui-même versa du côté du psycholo-

---

[1] Saint Thomas avait bien dit : L'intelligence ne connaît les particuliers (les particuliers sont les seules réalités concrètes) qu'en se tournant vers les images : Non intelligit singulare nisi convertendo se ad phantasmata. (*Somme th.* p. 1º, 86, art. 1.)

gismo par la théorie des idées innées, dont nous avons signalé ailleurs les inconvénients et qui donne aux notions les plus importantes un caractère purement idéal. Et en étayant la connaissance du monde extérieur sur le principe de la véracité divine, il ne faisait que rendre patent le vice intrinsèque de sa méthode, qu'il couvrait par un artifice si insuffisant. C'est par cette tendance subjectiviste, devenue chez beaucoup de ses successeurs un système que Descartes peut surtout être appelé le Père de la philosophie moderne.

Nous avons vu Locke essayer de rétablir dans la philosophie la valeur de la sensation. Il entrait dans une voie analogue à celle suivie par Aristote et les scolastiques. Mais ne connaissant plus que très vaguement les théories péripatéticiennes, il les appliqua à faux, et fit plus pour ruiner l'autorité de l'entendement que pour établir celle des sens. Son échec amena le scepticisme de Hume et le criticisme de Kant.

Le criticisme de Kant est une philosophie très raffinée. C'est un scepticisme métaphysique qui prétend se justifier par la nature même de la raison. L'œuvre de Kant est une démonstration en règle que la philosophie est impossible, qu'il n'y a pas de passage rationnel de l'abstrait au réel, de la pensée aux choses.

Nous avons montré ailleurs sur quelle méprise repose cette prétendue impossibilité. Kant cependant ne voulait pas être sceptique. Il essaya de sauver les grandes vérités religieuses en les appuyant sur la morale. Mais sur quoi appuyer scientifiquement la morale elle-même ? Sur l'idée du devoir ? S'il n'y a rien d'objectivement prouvé, s'il n'est pas constaté que le devoir répond à un droit dans un être réellement existant, qu'est cette idée du devoir, sinon un noble instinct de la conscience, une déclaration que l'homme sans cette notion et tout ce qu'elle suppose, tomberait dans la dégradation et qu'il ne veut pas être dégradé.

Kant cherche à fonder l'idée du devoir sur celle de fin : « Parmi les fins, dit-il, il doit y en avoir qui soient en même temps des devoirs, car s'il n'y en avait pas de telles, toutes les fins, par la raison que toute action doit avoir un but, ne vaudraient jamais pour la raison pratique que comme des moyens pour d'autres fins [1].

Il y a ici une confusion à laquelle Kant n'a pas pris garde. La nécessité de nature est très différente

---

[1] *Principes métaph. de morale*, introduct. § 3. traduct. de Tissot.

de la nécessité morale. Celle-là s'applique en effet aux fins dernières, mobiles indispensables de nos actions. Oui, nous sommes forcés d'avoir un but dernier, toutes les fins ne peuvent pas être des moyens. Ce but dernier est le bien ; nous ne pouvons pas ne pas vouloir le bien, c'est-à-dire la plus grande plénitude de l'être que nous puissions concevoir. Mais nous pouvons vouloir le bien de diverses manières ; nous pouvons vouloir avant tout notre bien, ou le bien d'autrui ou celui d'un être supérieur. Là-dessus nous sommes libres, bien que notre tempérament ou les circonstances puissent solliciter notre liberté dans un sens ou dans un autre. Or c'est précisément quand nous sommes libres qu'apparaît la loi morale. Celle-ci pose à côté de la nécessité métaphysique d'une fin aux actions, une nécessité d'un autre ordre. Elle nous dit : tu chercheras le bien de telle façon et non de telle autre. Sur quoi s'appuie cette nouvelle nécessité qui n'a ni le même sens, ni la même nature que la précédente? Nous cherchons le bien, parcequ'un but est nécessaire à nos actions, ceci est fatal, inévitable et par conséquent en dehors des prescriptions de la morale. Nous le cherchons dans tel bien déterminé plutôt que dans tel autre, parce que nous sentons en nous une loi qui nous oblige à préférer ce bien. Les explications de Kant indiquent-elles en aucune façon d'où vient cette loi ?

Ce sont les vérités premières qui fondent le devoir et non le devoir qui pourrait les fonder. Si l'homme n'a pas pour auteur une cause personnelle, aucune obligation ne peut-être prouvée. Je parle scientifiquement ; car l'homme a naturellement l'instinct du devoir et je ne nie pas que cet instinct ne puisse produire une conviction morale des vérités objectives nécessaires à le justifier.

A vrai dire, cette tentative d'appuyer la philosophie sur la morale était faite en désespoir de cause. La philosophie de la raison pratique ressemble beaucoup à une attaque feinte pour couvrir une retraite. Les philosophes qui ont suivi Kant ne s'y sont pas trompés.

Après Kant, la logique voulait que l'on abandonnât toute philosophie. Si Kant a raison, il est certain que les positivistes ont raison ; il n'y a plus que des sciences d'observation, puisque les notions fondamentales n'ont de rapport certain à rien de réel. Et même, si l'on poussait l'argument jusqu'au bout, il faudrait abandonner toute science ou du moins ne faire de la science que pour l'utilité de l'industrie. Qui peut en effet nous assurer que, dans cet ébranlement général de l'intelligence, l'observation puisse conserver sa valeur et nous donner quelque vérité objective?

Mais l'esprit humain ne sait pas se résigner si facilement et d'ailleurs les Allemands sont gens hardis. Ils prirent leur parti de la critique de Kant. Il est prouvé, dirent-ils, qu'il n'existe aucun passage de l'abstrait au concret; nous ne pouvons arriver par la raison à connaître la réalité. Eh bien! nous fonderons la réalité sur la raison même, nous bâtirons le concret sur l'abstrait. Si la pensée n'atteint pas la nature, il faut au moins supposer qu'elle lui est parallèle. Ce que nous aurons ainsi construit sera la répétition de la réalité. Sur cette donnée se sont établis les systèmes de panthéisme idéaliste qui ont fleuri en Allemagne dans la première partie de ce siècle.

Fichte, venu après Kant, chercha la base de ses spéculations dans le moi, ce moi si cher à Descartes. Comme certaines montagnes de son pays renvoient au spectateur son image démesurément agrandie, Fichte rêva de son moi une ombre immense, un moi pur couvrant tout l'horizon et dont le moi humain n'est plus qu'une manifestation chétive et passagère.

Mais ce n'était pas assez d'abstraction. L'idée du moi contient encore quelque chose de réel: ce n'est pas l'idée nue et primitive. Élevons donc notre esprit plus haut. Le fondement de tout c'est l'intelligible pur, et dans l'intelligible pur c'est l'absolu.

Qu'est-ce que l'absolu ? c'est, dit Schelling, l'identité indifférente ; ce qui n'a encore aucune différence, aucune détermination, aucune division. Si vous objectez qu'un tel absolu échappe à l'existence parce qu'il est indéterminé, Schelling ne vous contredira pas. Au contraire, son absolu, c'est l'idéal, l'idée pure à sa plus haute puissance, c'est-à-dire dans son plus grand dépouillement. C'est donc un simple possible, car en dehors de l'intelligence, l'être idéal n'est qu'une possibilité. C'est cela même, dira l'intrépide allemand : au delà du Rhin on ne craint pas la logique. Dieu, c'est en effet le possible qui de son vaste sein fait sortir le réel. Autrefois on croyait que le réel ne pouvait sortir que du réel, que le possible n'ayant pas l'existence ne pouvait la donner. L'Allemagne moderne a changé tout cela ; il semble qu'elle ait eu soif de contradictions.

Sommes-nous enfin à la dernière limite de l'erreur ? Non, on peut aller plus loin encore et l'Allemagne n'y faillira pas. Au fond le possible n'est rien en lui-même, c'est un pur néant. Au lieu de s'effrayer de cette difficulté, Hégel en fait la base même de son système. Il dit, il est vrai, que l'être est absolu, mais il parle de l'être indéterminé, général, c'est-à-dire en réalité du rien. L'Être est la première, le Rien la seconde définition de l'absolu. *Das Sein* et *das Nichts* ne sont que les deux faces de la même chose selon qu'on la considère subjectivement ou objectivement. L'absolu, c'est Dieu qui dort en lui-même ; c'est l'être néant qui n'est encore rien rien devenu. Mais Dieu s'éveille, le néant s'agite, il s'extériorise et voilà la nature, il revient à soi et se connaît, voilà la pensée.

Comment ce qui n'est pas peut-il produire quelque chose ? Il ne produit pas, il devient. Du devenir incessant *Das Werden* résulte la réalité, l'être actuel *Dasein* ; c'est la troisième définition de l'absolu. Autrement dit, Dieu est le monde, et le monde n'est autre chose que Dieu se faisant lui-même, devenant réel.

Le système de Hégel est immense, il renferme tout : une métaphysique, une logique, une esthétique, une religion, voire même une physique. C'est une des plus vastes élaborations que l'on connaisse dans l'histoire de la philosophie. Mais à quoi bon entrer dans les détails ! Où le fondement est ruineux, que peut valoir le système ? Toutes les philosophies allemandes tombent devant cette considération que l'indéterminé est impossible, que le néant ne peut rien produire.

Mais ce que Hégel a de particulier, c'est d'avoir affiché la contradiction plus franchement qu'aucun autre, c'est de s'en être fait gloire, et d'avoir placé audacieusement et sciemment son point de départ au centre même de l'impossible.

Le système de Hégel a eu pendant quelque temps un succès si prodigieux, il a trouvé tant d'échos en Allemagne, que l'on a pu croire un instant qu'il allait provoquer une rénovation complète de la philosophie. Le panthéisme a failli même séduire la raison si lucide de M. Cousin. Mais l'esprit français ne se prête pas à ces témérités ; il aime les idées claires et nettes, il ne se soucie pas de bâtir sur un nuage. Il inclinera plutôt vers la clarté superficielle du matérialisme ou l'insouciance du scepticisme.

On le voit, la philosophie moderne n'a guère eu de chance. Comme talents développés, je ne voudrais pas la dire inférieure à l'Antiquité. Pour l'élévation des vues, Descartes et surtout Malebranche peuvent être rapprochés de Platon ; Leibniz et Kant peuvent le disputer à Aristote pour l'aptitude métaphysique. Mais tout ce génie a été inutilisé en présence de la tâche impossible que l'esprit moderne s'est imposée de passer de l'abstrait au concret, après avoir mis en oubli cette connaissance concrète spontanée qui est la base première et nécessaire de la pensée. Autant vaudrait tenter de faire remonter l'eau plus haut que son point de départ.

La philosophie moderne a voulu comme l'antique résoudre le problème du monde, éclairer l'homme sur son origine et sa fin ; elle n'a pas mieux réussi. Quand elle a marché parallèlement au christianisme, ç'a été à l'aide d'arguments plus spécieux que forts qui l'ont compromise comme science. Quand elle a voulu faire du nouveau, inventer son système propre, elle s'est plus éloignée du but que ne l'avaient fait Aristote et Platon.

Ce n'est pas que toute la philosophie moderne soit condamnable et que tant de travaux aient été faits en pure perte. La psychologie a certainement fait des progrès. Les bases d'une bonne théorie de la connaissance ont été indiquées, bien qu'aucun philosophe ne leur ait donné une forme définitive. Il y a sur la nature de l'étendue et des corps des aperçus ingénieux. Reid, Leibniz, Kant même, Maine de Biran et beaucoup d'autres ont semé leurs ouvrages de vues utiles qui ne doivent pas être négligées. Leibniz surtout était peut-être de tous les modernes le plus capable de donner une impulsion féconde aux sciences philosophiques, s'il eût voulu s'y consacrer exclusivement, et s'il n'eût pas eu dans l'esprit quelque chose d'un peu chimérique. Il y a donc eu des progrès, et si l'on y regarde bien, la plupart de ces progrès résultent de l'application de la science à la philosophie.

Mais quant à ce qui est de diriger le monde moral et de tenir lieu d'une religion, d'éclairer l'homme sur ses devoirs, sur sa destinée, sur Dieu, sur l'ensemble du système du monde, l'échec est complet. Aucune conception n'a pu tenir. Et où en est-on aujourd'hui en France, en Allemagne, en Angleterre ? L'insouciance de la philosophie est générale, sauf chez un petit nombre d'esprits d'élite, et les théories matérialistes gagnent tous les jours.

CHAPITRE XV

Première conclusion

IMPOSSIBILITÉ PRATIQUE D'UNE SCIENCE INDÉPENDANTE DE L'ORIGINE ET DE LA DESTINÉE DE L'HOMME ET DU MONDE.

Il semble assez démontré par la raison et par l'expérience combien la science de Dieu et de la morale, la science de l'origine et des destinées de l'homme est difficile à faire, quels embarras et quelles incertitudes la raison y rencontre, si bien qu'aucune des grandes écoles de philosophie pure qui ont paru dans le monde n'a pu s'en tirer à satisfaction. Lorsque dans les sciences naturelles se rencontre un problème qu'aucun effort n'a encore pu élever au-dessus de toutes les incertitudes, on dit généralement que la question est prématurée, qu'il faut attendre de nouvelles expériences. Ainsi dirons-nous de la métaphysique, en tant qu'on appelle de ce nom la science des problèmes derniers qui intéressent l'homme. Elle est prématurée, et dans l'état actuel de l'esprit humain une science de ce genre indépendante de toute considération religieuse et s'imposant par la seule force de ses démonstrations à tous les esprits est chose pratiquement impossible.

Ce n'est pas, je crois l'avoir bien expliqué plus haut, que la raison ne puisse atteindre à plusieurs de ces problèmes et par conséquent n'en puisse faire à un certain degré la science. Mais en fait elle n'y réussit qu'à l'aide d'un appui extérieur. Il y a dans le christianisme une science de Dieu et de la morale parfaitement organisée et fondée sur des considérations exclusivement rationnelles. Mais cette science ne vaut comme telle que pour les croyants; elle ne suffit pas à réunir tous les incroyants. Non que ceux-ci aient jamais proposé une objection décisive. Mais les obscurités du sujet, l'ignorance de certaines données complémentaires, la singularité et la hardiesse de certaines conceptions les déroutent, les inquiètent et les empêchent de fixer leurs convictions. Les raisonnements ne suffisent pas à former une persuasion stable et efficace; il faut encore entre la vérité proposée et les habitudes de l'esprit un certain accord qui se trouve rarement dans ces matières. Combien souvent des difficultés analogues se rencontrent dans les sciences les plus accessibles! Que n'a-t-on pas dit, par exemple, dans les académies pour démontrer l'impossibilité des aérolithes. Cependant le jour où les faits de ce genre ont été nettement constatés, on en a trouvé aussitôt une théorie pleinement rationnelle et qui répondait à tous les doutes précédemment soulevés. Rien n'éclaire comme l'expérience, rien n'est lumineux comme le fait. De même, pour celui qui a constaté dans le grand fait historique de la fondation de l'Église, la présence et l'action d'un Dieu personnel, les doutes s'évanouissent, les objections tombent et la théorie se fait d'elle-même. La révélation est la contreéprouve et la vérification expérimentale des notions de l'ordre moral. C'est pourquoi elle en est le plus ferme appui. Otez-la, tout devient étonnant, étrange ; comme le voyageur dans la nuit, on hésite sur le chemin. Dès qu'elle paraît, tout devient simple et clair ; la science se construit en un clin d'œil. C'est bien une science rationnelle [1] fondée sur des données purement rationnelles. Mais la raison est appuyée et ne craint pas dès lors de monter très haut : comme le lierre vit bien de sa vie propre, mais ne pourrait jamais s'élever de terre, s'il ne trouvait un tronc pour le soutenir.

Platon sentait parfaitement cette nécessité d'un secours à la raison blessée par la chute primitive, et il disait qu'il est bien difficile de savoir exactement les choses d'en haut à moins qu'un Dieu ne vienne les révéler. Voilà pourquoi il y a, dans le christianisme, une science régulière, organisée, traditionnelle, sur plusieurs de ces questions de fin et d'origine, sur celles au moins qui intéressent immédiatement la conduite de l'homme ; tandis que partout ailleurs on flotte au hasard, chaque école va à l'extrême opposé de l'école voisine, ou perd le temps à des tâtonnements que la seconde ou la

---

[1] Il est évident que nous ne parlons ici que de théodicée et de morale et non de théologie proprement dite.

troisième génération reconnaît invariablement infructueux. La raison peut et ne peut pas. Elle peut, parce qu'elle possède les principes nécessaires pour traiter ces problèmes ; elle ne peut pas, parce qu'elle manque de fermeté et de confiance dans ses propres indications.

Quoi ! faut-il donc la foi pour faire la métaphysique dont nous parlons ici. Tout le monde n'a pas la foi et j'ajouterai que tout le monde ne veut pas l'avoir. La foi est en même temps une affaire de raison et de volonté. Elle doit être fondée sur des raisons solides ; la foi qui ne sait pas se rendre compte d'elle-même manque d'une garantie importante et d'une perfection obligatoire pour celui à qui elle est possible. Mais les motifs de croire ne se présentent pas ordinairement d'eux-mêmes, il faut les chercher ; or celui-là seul les cherche qui veut connaître la volonté de Dieu et l'exécuter, qui désire que Dieu ait une volonté sur nous.

Combien d'hommes très pénétrés de l'importance des devoirs sociaux, pleins d'enthousiasme pour tout ce qui est beau et grand, très dévoués à la vérité scientifique où l'esprit trouve une satisfaction si profonde, sont peu touchés de la nécessité d'une union pratique avec Dieu. Ceux-là, s'ils n'ont pas reçu une éducation religieuse, n'ont pas la foi.

Est-ce que nous les exclurons de la science des vérités morales? Est-ce que la connaissance certaine de problèmes si importants pour la conduite de la vie leur sera à jamais refusée?

A jamais, je ne voudrais pas dire ce mot. Cependant, il faut être franc, le passé n'est pas encourageant, l'avenir offre peu d'espérance. Où sont les faits naturels qui viendront trancher ces questions, qui donneront à nos descendants des lumières que nos ancêtres n'ont jamais eues? Dans l'ordre matériel, les découvertes peuvent être encore innombrables. Mais supposez, ce qui n'est pas certain, qu'on en vienne un jour à comprendre parfaitement la constitution du monde physique, en sera-t-on beaucoup plus avancé pour la conception du monde moral? Ce monde existe cependant, il faut qu'il entre dans une conception générale de l'univers et même qu'il y tienne la place la plus haute, car il n'échappera à personne que l'être intellectuel et moral est supérieur à l'être matériel. Mais du monde moral nous ne connaissons directement que la nature de l'homme. Que peut-on y découvrir de nouveau? Rien d'important. Je ne vois donc pas comment le conflit des écoles et des systèmes pourrait être apaisé un jour par la constatation de quelque fait décisif.

Bien plus, je suis porté à croire qu'il n'est pas dans l'intention de l'auteur de la nature que de pareils problèmes soient jamais résolus d'une manière purement rationnelle et avec une évidence mathématique.

Figurez-vous ce qui arriverait, s'il devenait évident à tout le monde, qu'il n'y a pas de Dieu, pas de vie immortelle, que l'homme n'est qu'un animal comme un autre n'ayant que des appétits à satisfaire. Si l'homme n'est qu'un animal, il est un animal terriblement mal fait ; c'est une honte pour la création. Les autres animaux sont bornés dans leurs désirs ; ils n'ont à satisfaire que leur ventre. L'homme est insatiable, un seul est capable de dévorer tout l'univers. Ne dites pas : la masse en se liguant contiendra l'individu. Ce serait compter sans l'homme habile qui saura toujours trouver moyen de dominer la masse. Toute société matérialiste aura son César et ce sera encore pour le mieux. Autrement, ne connaissant plus de loi que la force, chacun cherchera à exploiter son semblable et la nature humaine se détruira elle-même par l'anarchie.

Telles sont les conséquences certaines d'un matérialisme démontré. Si, au contraire, il était immédiatement évident qu'il y a un Dieu rémunérateur et une vie future, si ces vérités étaient prouvées avec une clarté à laquelle il fût impossible de se soustraire, si elles crevaient les yeux pour ainsi dire, oui, sans doute l'ordre moral et le bonheur de l'homme seraient assurés. Mais le monde serait moins parfait, il manquerait du plus haut point d'excellence où il puisse atteindre ; il n'offrirait plus ce mérite supérieur qui ressort de la difficulté vaincue.

Dieu nous a donné la liberté ; non pas, comme on a l'air de le croire, le droit de faire tout ce qui nous convient, mais la possibilité d'agir à notre guise. Pourquoi cela ? Pourquoi en nous faisant ce don a-t-il risqué quelque désordre ? Pourquoi a-t-il exposé notre bonheur même en nous mettant aux mains une arme dont nous pouvons nous blesser ? Ah ! c'est qu'à côté de notre bonheur, dont après tout nous restons les maîtres, il y a quelque chose dont Dieu fait beaucoup plus de cas, c'est la perfection que donne l'amour du bien librement voulu et cherché. Si cet amour éprouve un obstacle et le surmonte, il prouve par là même plus de force et la plus grande difficulté vaincue témoigne du plus grand amour.

Consultez votre conscience : elle vous dira qu'un bonheur qui n'est pas gagné est peu de chose ; il n'est pour ainsi dire pas à vous. Mais l'être qui a travaillé, qui a fait effort, qui a sué sang et eau pour mériter la couronne, quel magnifique spectacle il a donné au monde! Combien plus éminent, combien plus heureux même que celui qu'un bonheur accidentel a placé dans une situation paisible. Dieu a voulu cette grandeur pour l'homme, et, créature inférieure par sa nature, il l'a fait capable de mériter plus que les autres en triomphant de plus grands obstacles.

Mais cet honneur a une condition essentielle, c'est la difficulté du bien. Si l'ordre moral était tout d'abord évident, s'il n'y avait aucun doute à éclaircir, aucune attention à porter, s'il éclairait, comme le soleil, ceux mêmes qui lui tournent le dos, où serait la difficulté d'être juste? Personne ne va se heurter à la pierre du chemin quand il la voit, et, tous étant bons et saints, il n'en coûterait rien de suivre le courant général. Il semble donc entrer dans les principes du gouvernement du monde que l'ordre moral comporte quelque difficulté, qu'il n'apparaisse clairement qu'à ceux qui cherchent à le voir. Il doit être éclairé d'une lumière mêlée d'un peu d'ombre. Il faut des raisons solides et probantes pour assurer ceux qui le cherchent, il faut des obscurités pour aveugler ceux qui n'en veulent pas [1]. C'est ainsi que les intelligences font elles-mêmes leur départ les unes du côté du bien, les autres du côté du mal ; les unes pour jouir de la félicité conquise, les autres pour montrer quelles difficultés on doit vaincre pour la conquérir. Car c'est beaucoup d'avoir résisté aux séductions et aux déceptions de ce monde et l'Église croit faire un grand éloge des saints qu'elle a placés sur l'autel, en rappelant ces paroles du prophète : « Il a pu faire le mal et ne l'a pas fait [2]. »

Si tel est le plan suivi dans le gouvernement des volontés libres, il n'est pas étonnant que la vérité morale ne soit pas toujours facile à reconnaître, encore moins facile à suivre. Il est à penser aussi qu'il en sera toujours de même et que la raison qui voudra marcher sans guide et sans appui, aura toujours une grande difficulté à se maintenir sur ce terrain glissant.

Ainsi, sans oser dire qu'une solution définitive et acceptée par tous des grands problèmes qui intéressent la conduite de la vie soit absolument impossible, je la crois improbable. Je ne vois guère

---

[1] Combien souvent ces obscurités tiennent-elles à notre disposition à chercher chicane à ce qui ne nous convient pas.
[2] *Ecclésiastique.* 31. 10.

d'espoir d'arriver à une science de ces problèmes reconnue de tous, constituée par conséquent pour tous à l'état de science faite.

Faut-il donc que l'homme qui n'a pas la foi abandonne ces études? Non, il faut chercher et l'homme qui ne cherche pas a renoncé à ce qu'il y a de plus élevé dans l'homme.

Saint Paul disait autrefois à un souverain devant lequel il paraissait enchaîné : « Je souhaiterais que vous fussiez comme moi, excepté ces chaînes.[1] » Je dirai de même aux philosophes non croyants : je souhaiterais que vous fussiez comme nous croyants et chrétiens, je souhaiterais que vous eussiez comme nous cette profondeur de conviction, cette plénitude d'adhésion, cette sérénité de certitude, sans avoir nos mollesses dans le devoir, nos timidités dans l'action, et souvent notre peu d'expérience des choses. Travaillez toutefois ; l'homme ne peut se passer d'espérer la vérité. C'est un noble instinct, vous faites bien de le suivre. Nous ne pouvons promettre de marcher avec vous ; il y a des points où nous aurons notre science et vous la vôtre, si toutefois vous parvenez à avoir une science. Mais qui sait, après un détour, peut-être reviendrez-vous à nous. Il n'est sans exemple

---

[1] *Actes des apôtres*, ch. 26, v. 29.

que Dieu ait fait trouver le salut à qui ne cherchait que la science. Astres errants dans le ciel de l'intelligence, après vous être brûlés au soleil et vous être égarés jusqu'aux espaces glacés, vous finirez peut-être par vous tracer une orbite régulière autour de la vérité substantielle. En tous cas vous nous aiderez à établir certaines vérités essentielles, que le positivisme ne déclare inaccessibles que parce qu'il n'en veut pas. Vous nous obligerez à mieux appuyer nos croyances pour répondre à vos doutes. Vous contribuerez enfin avec nous à maintenir dans l'humanité un certain niveau de dignité morale.

Un jour, les Apôtres se plaignaient à Jésus-Christ qu'un inconnu prêchait au nom du Sauveur. Il leur répondit : « Celui qui n'est pas contre vous est avec vous [1]. » Je dirai de même que le philosophe incroyant, quand il entretient de nobles tendances, nous est, dans une certaine mesure, un aide et que, puisqu'il est inévitable que certaines gens n'acceptent pas la foi, il faut qu'il y en ait parmi eux qui aiment et cherchent au moins la vérité morale. Il serait fâcheux que dans le camp des incroyants tout amour des choses intellectuelles et supérieures disparût. Il y aurait alors dans l'abîme profond

[1] Saint Marc 9, 39.

creusé entre le christianisme et ses adversaires un danger plus grand sans doute que celui qui résulte de tentatives hasardées, mais quelquefois généreuses.

Cherchez donc, penseurs et philosophes, qui croyez mieux conserver votre liberté en conservant tous ses risques, vous n'arriverez pas à constituer une science au sens propre du mot, mais vous arriverez du moins à des vues élevées, peut-être à de sublimes espérances, qui alimenteront en vous et dans ceux qui vous entourent ces grands sentiments, honneur de l'humanité.

Quant à nous, nous ferons notre possible pour répandre la science de ces choses que nous possédons, mais nous connaissons bien les obstacles qui l'empêcheront probablement toujours d'acquérir l'assentiment universel.

Nous ne voulons pas forcer cet assentiment. Dieu l'a laissé au libre arbitre de chacun. Mais nous demandons au moins qu'on respecte notre liberté à nous qui avons voulu croire.

Nous ne pouvons ne pas sentir que nous avons chez nous tout ce qui fait la grandeur de l'humanité. Il n'y a pas une philosophie qui place l'homme si haut que ne fait la religion chrétienne. Ce Dieu que les philosophes vont chercher à travers les abstractions, nous l'avons au milieu de nous. Il nous admet à son intimité. Quelle créature peut-on concevoir plus élevée en dignité, puisque ce Dieu s'est fait notre chair et notre sang. Il est dans son Église non-seulement par l'inspiration de son esprit, mais par une présence réelle, quoique invisible. Il est représenté visiblement par un vieillard qui domine le monde par la seule force de son autorité morale. Est-il possible de faire à l'homme une position plus élevée au-dessus de la matière, de lui créer une royauté plus haute, de mieux assurer la supériorité des nobles côtés de sa nature ?

Ah ! si un pareil spectacle eût été promis aux anciens philosophes, à un Socrate ou à un Platon, n'auraient-ils pas tressailli du désir de le voir ? Mais nous voyons et nous ne comprenons pas [1].

Je conçois au reste que certaines gens ne goûtent pas ces mystères. Pour s'unir à l'Église de Jésus-Christ, il faut s'imposer une certaine contrainte morale, de même que pour figurer dans les cours il faut s'imposer une certaine bienséance. Tout le monde n'aime pas la gêne.

Mais ce qui est étonnant, ce sont les haines violentes que soulève une institution si grande, c'est

---

[1] Neque intelligent omnes impii, porro docti intelligent. (*Daniel* 12, 10.)

que l'homme s'acharne contre une doctrine qui n'aurait en tous cas d'autre tort que de l'élever trop haut. Elle porte atteinte à la liberté, dit-on. A quelle liberté, grand Dieu ! Est-ce à cette liberté intellectuelle, raisonnable, par laquelle l'homme veut avec réflexion ce qu'il croit être le meilleur ?

Non, cette liberté n'a qu'une chose à craindre : l'ignorance et l'erreur.

La liberté, en tant qu'elle est un privilège enviable et sacré, n'est pas le droit de prendre parti au hasard au risque de s'égarer et de se perdre. C'est le droit d'accomplir par des moyens de son choix la fin de la volonté qui est le bien et le bonheur. Pour ce faire, il faut à la volonté des points fixes qui guident ses décisions, autrement elle risque d'arriver par des démarches erronées au désordre et à la souffrance qu'au fond elle ne veut pas. Il n'y a qu'une manière de la gêner, c'est de lui imposer une obligation fausse. L'obligation vraie prescrivant simplement ce qui est nécessaire en fait pour que la créature se développe conformément aux conditions où elle a été placée, cette obligation est un affranchissement et non une restriction de la liberté raisonnable, puisqu'elle préserve la volonté des méprises et lui garantit l'arrivée au bien qu'elle recherche comme dernier terme. C'est pourquoi Jésus-Christ disait que la vérité délivre [1]. Son Église est donc favorable à la liberté dans la même mesure qu'elle possède la vérité.

Il y a, je le sais, une autre liberté, celle des passions et des sens, celle qui cherche, non pas à atteindre le bien par des moyens aussi variés que les tempéraments, les goûts et les situations individuelles, mais à se faire un bien suprême de réaliser ses caprices du moment. Cette liberté-là, je l'avoue, l'Église lui est profondément hostile. Il plaît à la génération présente de jouer avec elle. On ne veut la contraindre que dans les limites qu'on juge absolument nécessaires pour qu'elle ne trouble pas l'ordre matériel. On s'apercevra un jour et peut-être trop tard qu'il n'y pas de limites pour cette liberté quand on l'a laissée s'exalter, que plus on lui donne, plus elle est avide et qu'il n'est plus temps d'arrêter la tempête quand on a déchaîné les vents.

[1] Saint Jean 8, 32.

CHAPITRE XVI

Deuxième conclusion.

NÉCESSITÉ DE RESTAURER LA MÉTAPHYSIQUE GÉNÉRALE.

Ainsi donc en fait de théodicée et de morale, nous ne croyons pas à la possibilité d'une science universellement admise; nous ne croyons même pas qu'en dehors de la soumission au christianisme ou de la reproduction de ses enseignements, il soit possible pratiquement d'arriver à une science régulière remplissant les conditions de toute science faite. Mais, comme nous l'avons dit en commençant, là n'est pas la métaphysique proprement dite. La vraie métaphysique, qu'il importe suivant nous de restaurer, c'est la science de l'être, et celle-là nous paraît pouvoir être facilement cultivée sans aucune distinction d'opinions et d'écoles. Son sujet est accessible à tous; ses procédés sont familiers à tous ceux qui cultivent les hautes sciences. Elle n'offre rien qui puisse irriter les passions, rien qui sorte de la sphère sereine de la science désintéressée.

Très bien, dira-t-on, mais à quoi servira une telle étude isolée des grands problèmes philosophiques? où mènera-t-elle et que produira-t-elle?

Ne soyons pas si dédaigneux; la métaphysique générale, étudiée en elle-même et pour elle-même, produira, nous en sommes convaincus, des fruits abondants.

N'est-ce rien d'abord que d'apporter à l'esprit humain une connaissance exacte d'une des portions importantes de son domaine? La science ne doit avoir pour but que la vérité. Si donc la métaphysique nous donne la vérité sur un sujet quelconque, si elle nous fait concevoir plus clairement certaines données, elle doit nous être précieuse à ce seul titre. Tous les jours on se préoccupe de résoudre des formules algébriques ou des problèmes sur les lignes et les surfaces. Il se trouve des gens qui s'intéressent à ces questions sans même se demander quelle application pourrait en être faite. Pourquoi ne se trouverait-il pas également des penseurs qu'intéresserait l'éclaircissement de certaines données fondamentales? Ces données sont comprises sans étude, dit-on. C'est parler comme ceux qui n'ont qu'une vue superficielle des choses. Il y a une grande différence entre savoir de science et savoir comme le vulgaire. Tout le monde sait assurément ce qu'est un triangle, mais combien peu connaissent toutes les propriétés de cette figure. De même tout le monde sait ce qu'est une cause, mais ceux-là seuls qui ont étudié la métaphysique ont l'idée des problèmes qui peuvent se rattacher à cette notion. Comme toutes les sciences de raisonnement la métaphysique ne devient intéressante que lorsqu'on s'y est adonné quelque temps et que l'esprit s'est familiarisé avec ses ressources.

La métaphysique est d'ailleurs un excellent exercice pour l'intelligence. Cousin reconnaissait que l'étude de la logique au moyen âge avait beaucoup contribué à fortifier l'esprit moderne. Il avait raison ; mais je crois que la métaphysique a été plus utile encore. La logique apprend à raisonner exactement, à ne pas se laisser séduire par des conclusions mal déduites ; on l'étudie trop peu aujourd'hui, et c'est un tort. Mais que sert de bien raisonner si l'on n'a pas de prémisses exactes ? Or c'est la métaphysique qui apprend à ne pas se contenter de prémisses vicieuses. C'est elle qui habitue l'esprit à n'admettre que des notions strictement définies, précisées et délimitées. Le métaphysicien veut voir clair partout. Il sait par expérience qu'il n'y a guère d'idée qui n'en couvre plusieurs autres. Cette complexité rend les conclusions incertaines, chaque esprit déduisant celles-ci, sans s'en rendre compte, tantôt de l'un, tantôt de l'autre des éléments implicitement contenus dans l'idée proposée ; c'est la grande source des erreurs. Il faudrait donc arriver à ce que tous les aspects que peut offrir une notion soient explicitement connus. C'est un travail infini qui ne sera jamais complet. Mais du moins la métaphysique donne une certaine expérience des méprises auxquelles on est exposé et un sentiment droit qui fait éviter les plus graves. Jésus-Christ a dit que si l'œil est sain, tout le corps est éclairé ; on pourrait dire de même qu'une bonne métaphysique illuminera tout le savoir. Tout est plein de notions métaphysiques, elles sont le fond de toutes choses, et il est impossible de rien connaître parfaitement sans avoir d'elles une juste appréciation.

La métaphysique est à la fois la science la plus dédaignée de nos jours et cependant la plus nécessaire. Comme les estomacs malades sont dégoûtés de la nourriture même qui pourrait les rétablir, jamais siècle n'a eu plus horreur que le nôtre de la métaphysique et jamais siècle n'en a eu plus besoin. Tout est irréflexion, idées vagues. On n'agit plus que par des sentiments. On se passionne pour des mots sonores, des formules creuses que leurs auteurs auraient eux-mêmes bien de la peine à justifier. De là vient que les masses s'attachent à des espérances impossibles, que les politiques s'égarent sur la foi de théories sans base qui les conduisent à l'opposé de leur but, que les littérateurs mêlent le vrai et le faux, le bon et le mauvais, le ciel et l'enfer, que les croyants même ne comprennent pas souvent les conséquences les plus élémentaires de leurs croyances.

Toute notre société vit sur des préjugés acceptés par habitude, mélange d'erreurs redoutables et d'instincts conservateurs, et si elle adopte une opinion bonne, c'est encore quelquefois par une inconséquence. Certainement la postérité, plus frappée de ce désarroi intellectuel que de certains progrès dans les sciences, écrira au front de ce siècle le mot : Confusion.

Et les sciences mêmes, croit-on que, malgré leurs succès réels et leurs merveilleuses applications, effets d'une puissance anciennement acquise, elles n'aient pas besoin de la métaphysique? Si l'on suit leur marche avec soin on trouve encore chez nos savants des observations très fines, une grande habileté d'expérimentation, une puissance remarquable de raisonnement mathématique, mais plus de notions vagues, plus de vues contestables que dans la génération précédente. Les hypothèses de nos ancêtres ont dû être quelquefois réformées par suite de la constatation de faits nouveaux ; elles étaient du moins toujours lucides. Les théories créées de nos jours manquent souvent de netteté ; leur fondement n'est pas rigoureux, leur portée est mal délimitée. Comparez par exemple la théorie de la conservation de l'énergie dans le monde physique avec les grandes et simples hypothèses de Newton et de Laplace[1]. Plus nos théories sont profondes, dira-t-on, moins il est facile d'y être clair. Sans doute, la science moderne en poussant plus loin les observations est arrivée plus près des notions fondamentales. Mais cela même prouve qu'elle a un plus grand besoin de métaphysique. L'aptitude à l'observation et celle à la réflexion mentale ne sont point nécessairement liées, au contraire elles s'excluent le plus ordinairement. Il faut donc que ces idées premières, dont les savants s'approchent chaque jour davantage, soient étudiées par d'autres que par eux ; c'est l'œuvre des métaphysiciens.

La métaphysique devrait être avec les sciences d'observation dans les mêmes rapports que les ma-

[1] Nous ne repoussons pas le principe de la conservation de l'énergie, mais nous croyons qu'on ne se rend pas un compte suffisamment exacte de sa valeur et que par suite on en exagère souvent les conséquences.

thématiques. Les physiciens reconnaissent unanimement la valeur des sciences mathématiques, et depuis quelque temps ils font volontiers usage de leurs théories. De même il faudrait qu'ils reconnussent la valeur de la métaphysique, la nécessité de bien comprendre les données générales qu'elle étudie, et qu'ils se servissent de ses solutions quand elles conviennent au sujet. La physique approfondie a eu besoin de mathématiques, la physique plus approfondie aura besoin de métaphysique. Tout le monde s'en trouvera bien : les physiciens parce que leurs travaux auront plus de netteté et d'exactitude, les métaphysiciens parce que leurs théorèmes seront rectifiés et perfectionnés par une comparaison fréquente avec les résultats de l'observation.

Le temps presse, car il n'y a pas à s'y tromper, une science de l'erreur se forme autour de nous. Nous avons encore de grands savants qui maintiennent les anciennes traditions scientifiques; mais, à côté d'eux, beaucoup d'autres, dont quelques-uns ne sont pas d'ailleurs méprisables, s'appliquent à altérer la direction des sciences qu'ils cultivent dans l'intérêt de vues particulières. C'est un Stuart Mill qui cherche à faire une logique nouvelle bouleversant toutes les anciennes conceptions ; un Hœckel transformant la zoologie en une sorte de roman généalogique ; un Alexandre Bain étouffant la psychologie sous l'exubérance des considérations physiologiques ; un Herbert Spencer faussant les premiers principes ; un Lubbock travestissant l'archéologie pour expliquer la civilisation par l'état sauvage ; enfin toute une légion s'appliquant à détruire le sens droit que nous avions reçu de nos pères et à créer une science d'à peu près, de suppositions, de vraisemblances. Si la génération actuelle se laisse aller à ces tendances, elle deviendra rapidement incapable de la science véritable. Or la plus ferme barrière à opposer à de telles tentatives, c'est la métaphysique avec la netteté de ses définitions, la précision de ses analyses et la rigueur de ses déductions.

Enfin dans l'intérêt même des recherches que veut tenter la philosophie indépendante, puisqu'il lui plaît de rechercher ce qui est déjà connu, je dirai que l'étude spéciale et approfondie de la métaphysique est sa meilleure préparation et sa plus forte sauvegarde. La métaphysique donne aux investigations sur un monde supérieur la seule base naturelle possible ; sans elle, il n'y a qu'hypothèses, imagination, mysticisme. Quand les philosophes auront analysé à fond les notions métaphysiques, ils seront plus à même de trouver juste sur ces choses qui dépassent la métaphysique même.

La métaphysique seule ruinera définitivement le matérialisme parce qu'elle tient l'esprit en familiarité avec les choses suprasensibles ; elle combattra le panthéisme qui n'est que la confusion de la cause et de la substance, du réel et du possible. Elle mènera donc comme nécessairement à une philosophie spiritualiste et théiste. Ce n'est pas évidemment ce qui peut nous déplaire, et je ne crois pas que cette conclusion déplaise non plus à ce que la France conserve de penseurs éminents.

Mais pour que la métaphysique produisît ces résultats, il serait nécessaire qu'elle ne fût pas cultivée seulement par quelques esprits d'élite; il faudrait qu'elle entrât s'il est possible dans le cadre général de l'instruction supérieure. Il faudrait que les politiques, les savants, les médecins, les lettrés, les philosophes pussent en étudier les éléments avant d'entrer chacun dans l'ordre de travaux auxquels ils doivent se consacrer spécialement. La métaphysique devrait être le couronnement d'une éducation bien faite, parce qu'elle est un des meilleurs moyens de donner à l'esprit cette justesse, cette précision, cette exactitude qui est le caractère d'une intelligence formée. Je me permets donc en terminant d'exprimer le vœu qu'une chaire de métaphysique générale ou ontologie soit érigée dans tous les établissements d'instruction supérieure.

FIN.

TABLE DES MATIÈRES

	Pages.
Avant propos	1
Introduction	1

PREMIÈRE PARTIE

LA MÉTAPHYSIQUE EST UNE SCIENCE.

Chapitre I.	— Définition de la science.	7
Chapitre II.	— Caractères généraux des sciences.	10
Chapitre III.	— Des procédés scientifiques.	35
Chapitre IV.	— De la vraie métaphysique.	56
Chapitre V.	— Objet propre de la métaphysique.	70
Chapitre VI.	— De la métaphysique spéciale.	80
Chapitre VII.	— De la méthode en métaphysique.	90
Chapitre VIII.	— Place de la métaphysique.	99
Chapitre IX.	— Analyse de la métaphysique de Suarez.	106

DEUXIÈME PARTIE

VALEUR OBJECTIVE DES NOTIONS MÉTAPHYSIQUES.

Chapitre I.	— De l'Origine des notions métaphysiques.	135
Chapitre II.	— Controverses sur la valeur des notions métaphysiques.	152
Chapitre III.	— De la Substance.	154
Chapitre IV.	— De la Cause.	186
Chapitre V.	— De la Fin.	214

Chapitre VI.	— De l'Espace	238
Chapitre VII.	— Du Temps	258
Chapitre VIII.	— De l'Infini	268

TROISIÈME PARTIE

DES ERREURS EN MÉTAPHYSIQUE.

Chapitre I.	— Cause des erreurs en métaphysique.	299
Chapitre II.	— Des Péripatéticiens au moyen âge.	302
Chapitre III.	— Controverses de la métaphysique scolastique	311
Chapitre IV.	— Influence de l'Église sur la scolastique	323
Chapitre V.	— Influence d'Aristote sur la scolastique.	331
Chapitre VI.	— Des problèmes appelés ordinairement métaphysiques et de leur difficulté	340
Chapitre VII.	— Ecole de Platon	354
Chapitre VIII.	— Ecole d'Aristote	362
Chapitre IX.	— Ecole Stoïcienne	368
Chapitre X.	— Ecole d'Epicure	378
Chapitre XI.	— Ecole d'Alexandrie	380
Chapitre XII.	— Ecole de Descartes	388
Chapitre XIII.	— Spinosa	396
Chapitre XIV.	— Ecoles Allemandes	405
Chapitre XV.	— Première conclusion : Impossibilité pratique d'une science indépendante de l'origine et de la destinée de l'homme et du monde . .	416
Chapitre XVI.	— Deuxième conclusion : nécessité de restaurer la métaphysique générale	432

2412. — ABBEVILLE. — TYP. ET STÉR. GUSTAVE RETAUX.

www.ingramcontent.com/pod-product-compliance
Lightning Source LLC
Chambersburg PA
CBHW070546230426
43665CB00014B/1823